U0134889

昭明歷史手冊

楊碧川　編著

凡　例

1. 本年表以歐美、西亞、非洲、南亞(中日韓)為主軸分為四欄，但在1945年以後，則以歐洲、美洲、亞太、西亞・非洲四欄，由左至右分類並列。
2. 文化欄附於下，分為思想、文學、藝術及科技等四欄。
3. 年代、時間一律以西元為準，若有陰曆或俄曆則以( )為附，例如1917.11.7（10.26）。
4. 黑體字表示重大人物及事件。
5. 另附特殊年代(例「法國大革命」、「拉丁美洲獨立戰爭」、「越戰」等)。

昭明歷史手冊

參考引用書目

1.日比野丈夫編《世界史年表》，〔河出〕1997年版

2.歷史學研會編《世界史年表》第2版，〔岩波〕2001年12月版

3. Langer, W. L. "An Encyclopedia of World History"〔Boston〕1972年

4.沈堅《世界文明史年表》，〔上海古籍〕2000年9月版

5.神田文人、小林英夫《決定版20世紀年表》，〔小學館〕2001年

6.翦伯贊主編《中外歷史年表》，〔北京〕1961年

7.《遠流活用歷史手冊》，楊碧川，1981年11月版

8.《台灣現代史年表》，同上，〔一橋〕1996年版

地球・人類

距今約	46億年	地球形成
—	18億年	〔侏羅紀〕恐龍的世界，有始祖鳥、最早的哺乳動物
—	7000萬年	〔白堊紀末期〕恐龍滅絕，哺乳類崛起
—	3320萬年	喜馬拉雅山造山運動開始
—	500萬年	地球開始溫暖化，接近現在的氣候、東非猿人出現
—	250萬年	水溫急劇下降
—	300萬~200萬年	人類出現於地球
—	220萬年	氣候又開始暖化，大西洋、南極海、印度洋擴大
—	190萬年	爪哇猿人
—	170萬年	雲南元謀原人
—	100萬年	東非原人、南非原人
—	70萬~20萬年	舊石器時代中期，北京人活動
—	15萬年	歐洲尼安德塔人
—	5萬年	後期舊石器時代開始
—	4萬年	最後次冰期，尼安德塔人滅絕
—	2萬年	周口店山頂洞人
—	1.5萬年	冰河融解，海面上升4公尺
—	1.4萬年	尼羅河流域、中東各地小麥自行生長

西亞・埃及

10000

4500 尼羅河三角洲的麥里姆達~貝尼薩拉出現村落文化

4300 南美索不達米亞，烏拜特文化

3300 **蘇美人**(Sumerian)可能從中亞遷入美索不達米亞

3000 基姆人等遊牧民族入侵美索不達米亞

　　　　上埃及形成村落文化

　　　　古埃及王國統一下埃及

2900 埃及古王國建立

2700 埃及第四朝王奇阿普斯時代，他在吉薩附近建造金字塔(137公尺高)

2650 埃・哈夫拉王時代

2600 〔美索〕烏爾王麥桑尼帕達即位，第一烏爾朝(~2450前)

2500 迦南人佔領巴勒斯坦

2350 阿卡得(北美索)王**薩爾恭**(Sargon)征服美索不達米亞

2150 古埃及王國在內憂外患中滅亡

2112 烏魯克人收復巴比倫，建立最後的蘇美人烏爾王國

2050 埃及中王朝時代

2000 印歐語系遊牧民族進入小亞細亞，建立赫梯王國(~1200)

　　　　腓尼基人在敘利亞海岸定居

　　　　愛奧尼亞人移入阿蒂卡

　　　　歐洲進入**青銅器時代**

東　洋

4000　黃河流域仰韶文化出現

3000~1500　印度Harappa文化
2000　雅利安人由中亞進入印度

文化・科技

4241　埃及人通過觀測尼羅河水漲落，初定曆法
4000　北美科奇斯印地安人種玉米
3700　埃及、美索不達米亞使用銅器
3500　墨西哥印地安人種玉米、豆類、南瓜、辣椒
3000　蘇美人種大麥、烤製麵包，釀造啤酒
2800　埃及人製作木乃伊
　　　埃及、中國使用青銅器

昭明歷史手冊

照明歷史手冊

歐　洲	西亞・非洲
2000　克里特島的邁諾亞時代(Minoa)　　印歐語族進入希臘	2000~1000　薩加(Saka)—塞種人遊牧　　　　　　　於中亞 1955　埃蘭人消滅蘇美朝 1950　阿摩利人攻佔巴比倫，建立王　　　　朝(Babylonia) 1815　亞述帝國(Assyria, ~1735) 1792　巴比倫，漢摩拉比王　　　　(Hammurabi,~1750) 1700　希克索人(Hyksos)入侵埃及
1600　邁錫尼文明(Mycenae)	(~1600) 1630　赫梯王哈圖喜禮一世盛世　　　　(~1615)，滅巴比倫 1570　埃及新王國時代(~715) 1501　埃及佔敘利亞 1500　赫梯人在小亞細亞建立米坦尼王　　　　國(Mitanni)
1400　克里特宮殿被破壞	1385　埃及阿蒙諾菲斯四世改革，引起　　　　祭司及軍隊反對 1360　亞述征服米坦尼，建立亞述帝國 1358　埃及圖坦卡門即位，遷都底比斯 1295　埃及王和拉美西斯二世擊退赫梯　　　　人，佔領敘利亞南部
1250　傳說中的特洛伊(Trojan)戰爭　　　　時代	1230　摩西率猶太人走出埃及 1200　腓尼基人在巴勒斯坦建立城市 1116　亞述王提格拉帕拉薩一世時代　　　　(~1077)，征服42個國家 1100　衣索匹亞王國形成 　　　亞述人佔巴比倫 　　　多利安人佔克里特島

6

東　　亞	印度・東南亞
	2000　亞利安人入侵西北印度
1600　商湯滅夏，建都亳	
1400　盤庚遷都殷(河南安陽小屯)	
1300　武丁時代	
1200　古公亶父遷至周原	

文　化	
1950　克里特邁諾斯王宮	2000　希伯萊人釀造葡萄酒
1800　邁諾斯象形文字產生	1700　埃及有跳棋
1500　印度教經典《梨俱吠陀本經》	1500　埃及人發現水銀
完成	1400　印度、小亞細亞使用鐵器
1320　《赫梯編年史》	1195　中國人養蠶，以蠶絲織製絲絹
1200　腓尼基字母創造	

昭明歷史手冊

歐　洲	西亞・非洲
1100　希臘進入鐵器時代	1085　埃及第21朝(~945)、後王朝時代(~31朝)
1050　希臘人殖民塞浦路斯	960~930　以色列所羅門王時代
	935~621　新亞述帝國
	931　以色列與猶太國分裂
900　希臘發展幾何圖樣陶土器	900　腓尼基人殖民海外
850　伊特拉斯坎人至義大利中部	
776　第一次奧林匹克運動會	814　迦太基城建立
753　羅馬建國	
750　希臘各城邦建立，在地中海及	
裏海沿岸建立殖民地(~550)	747　亞述薩爾恭二世(~727)
743　斯巴達侵略麥錫尼	721　亞述滅以色列王國
624　雅典Drakon立法	640　米提興起(Media, ~550)
	630　瑣羅亞斯德教興於西亞
	7~4世紀，中亞出現巴克特利亞(阿姆河上游，興都庫什山以北)、粟特(澤拉夫善河與卡什卡河流域)、花剌子模(阿姆河下游三角洲)、馬爾基亞那(本爾加河流域)及馬薩該達人(鹹海、裏海)及斯奈泰人(Seythae)

思　想	文　學
800　印度《摩奴法典》制定	850　荷馬(Homer)
702　《以賽亞書》	750　Hesiod
700　〔印〕Kapila	650　Sopphos(~556)
660　Zoroaster(~583)	Hesiod《工作與時日》長詩
〔希〕泰利斯(Thales, ~545)	
?～645　管仲	
621　《摩西五書》	
700~500　拉丁字母產生	

8

東　亞	南亞・東南亞
1100　周文王建都豐邑	1000　印度亞利安人進出恆河流域， 　　　　建立種姓制度
1027　周武王滅商紂王，西周始 　　　（~770）	900　印度使用鐵器 　　　印度恆河有俱盧國
841　周厲王被趕走，共伯和代行政 　　　務，中國始有信史	
771　周幽王被犬戎所殺	
770　周平王遷都洛邑，東周始	
772　春秋時代(~403)	
685　齊桓王即位(~643，用管仲改革 　　　政治)	660　印度十六國時代 6世紀　印度恆河有Kosala國
679　齊桓公稱霸	
606　楚莊王入洛陽問周鼎之輕重	

昭明歷史手冊

歐　洲	西亞・非洲
595　第一次神聖戰爭	586　以色列人被囚至巴比倫(~538)
594　雅典梭羅Solon改革	550　阿契美尼德王居魯士滅米提，建
561　雅典Peisistrators建立僭主政治	立阿契美尼德朝 （Achemenes,
(~527)	~330)
509　羅馬建立共和國	525　波斯征服埃及
508~07　雅典Kleischenes改革	522　波斯大流士王(Darius, ~486)
494　羅馬設護民官	499　愛奧尼亞反抗波斯，波希戰爭始
490　馬拉松戰役(Marathon)	(~478)
487　雅典推行貝殼放逐制流放政敵(10	494　波斯軍陷Miletus，鎮壓小亞細亞
年期限)	的希臘人
481　塞魯士攻希臘	485　波斯塞魯士(Xerxes, ~465)
480　溫泉關戰役，斯巴達王Leonidas	460　埃及反抗波斯
及5600人陣亡	454　希臘助埃及抗波斯失敗
Salamis海戰，雅典敗波斯	
479　Plataes戰役及Mycale海戰，希臘	
解放愛奧尼亞	
478　希臘提洛同盟(Delos, ~338)	
451　羅馬成立《十二銅表法》	
443　雅典伯里克利斯時代(Perikles,	
~429)	
431　伯羅奔尼撒戰爭(Peloponnesian	
War, ~404)	
思　想	文　學
582　Pythagoras(~469)	550　《伊索寓言》
565　釋迦摩尼(~486)	525　悲劇作家 Aeschylus(~460)
552　孔子(~479)	521　Pindar(~441)
544　Herakleitos(~484)	6世紀　《詩經》完成
540　Parmenides(~470)	496　Sophocles(~406)
490　Empedocles(~432)	480　Euripides(~406)
487　Herodotus	458　埃斯庫羅斯《俄瑞斯忒斯》、
481　Protagoras(~411)	《阿伽曼儂》、《奠酒人》
孔子《春秋》完成	448　Aristophanes(~385)
470　Socrates(~339)	427　Sophodes《伊迪帕斯王》
	423　Aristophanes《雲》

東　亞	南亞・東南亞
536　鄭，子產鑄刑書	550　印度摩竭陀Magadha王國興(~184)
	512　波斯大流士侵略北印度，佔領印度河流域至賈普塔納沙漠 (犍陀羅與薩蒂吉阿兩國之地)
496　吳越之爭(~482)	493~462　〔印〕阿闍世王(Ajatasatru) 時代
473　越滅吳	
453　韓、趙、魏三家分晉	430　摩竭陀國統一恆河流域
413　魏李悝推行平糴法	
403　周天子承認韓、趙、魏為侯，戰國時代始(~221)	
4世紀末，匈奴在蒙古高原活躍	

藝　術	科　技
600　Polymedes，Cleolis雕像	590　泰利斯預言日蝕
550~500　Tenea，阿波羅像	540　畢達哥拉斯派論證大地為球形
470　Myron (雕)	400　希波克拉底集醫學大成
460　帕德嫩神廟 (希)	
Myron，擲鐵餅者	
452　Polyclitus of Argos (雕)	
430　Pheidias〈雅典娜〉	

昭明歷史手冊

昭明歷史手冊

歐　洲	西亞・非洲
399　雅典政府宣判蘇格拉底死刑	399　斯巴達和波斯爭奪小亞細亞戰爭
395　科林斯戰爭(~386)	
386　大王議和，希臘承認波斯在小亞細亞的霸權	
377　第二次阿提卡海上同盟	
375　克爾特人定居愛爾蘭	
359　馬其頓王腓力二世即位(~336)	341　波斯征服埃及
338　馬其頓征服希臘	333　Issus戰役，亞歷山大敗波斯軍
336　亞歷山大大帝即位(~323)	
334　亞歷山大東征	332　亞歷山大征服埃及，進兵巴比倫
	330~305　亞歷山大統治中亞
	329　亞歷山大入大夏(Bactria)
	326　亞歷山大至印度河
	322　埃及托洛密王朝(Ptolemy, ~30)
	312　塞琉古(Seleukos)建立敘利亞王朝(~246)
321　亞歷山大大帝國分裂	
319　亞歷山大大帝母親在奪權鬥爭中被殺	301　伊普索斯戰役，塞琉古破安提格拉，建立敘利亞王國
310　亞歷山大大帝的嫡子被殺	
思　想	**文　學**
445　Antisthenes(~365)	415　歐里庇得斯《特洛伊婦女》
431　Xenophon(~354)	401　色諾芬《遠征記》
427　柏拉圖(Plato, ~347)	343　屈原(~278)
400　修昔底斯《伯羅奔尼撒戰爭》	342　Mender(~292)〔希劇作家〕
386　柏拉圖創雅典學園	亞里斯多德《詩學》
384　Aristotle(~322)	
370　孟子(~305)	
364　莊子(~290)	317　米南德《恨世者》
347　柏拉圖《法律書》	300　〔印〕Jatakas
341　Epicurus(~271)	前4世紀　《摩訶婆羅多》史詩形成
340　亞里斯多德《修辭學》	(Mahabharata)
336　Zeno(~264)	

東　亞	南亞・東南亞
397　韓，聶政刺殺宰相俠累	4世紀〔印〕，Calinga朝
386　齊，田和為諸侯	印度南端有Pandya王朝(~3世紀AD)
375　韓滅鄭	364　難陀朝Mahapadma Nanda 建立
361　魏被秦壓迫，遷都大梁(開封)	(~324)
359　秦，商鞅變法	
350　秦遷都咸陽	
341　齊將孫臏破魏將龐涓於馬陵	
338　秦惠王殺商鞅	
孟子至魏國	
333　蘇秦遊說六國合縱抗秦	327~325　亞歷山大入侵印度
331　趙武靈王學胡人騎術	317　旃陀羅笈多滅難陀朝，建立孔雀
	王朝 (Maurya Py, ~185)
	305　敘利亞入侵印度
311　張儀離間六國(連橫策)	
301　燕昭王進略熱河、遼西，築長城	

藝　術	科　技
400　Scopas(~340)	388　巴比倫曆法
385　Ptaxiteles(~320)	372　歐多克索斯《比例論》
380　Aschepius神殿	360　中，《甘石星經》
350　秦建咸陽宮	330　歐幾里德(Eculid, ~275)
325　利西波斯〈刮汗污者〉(雕)	310　阿利斯塔克(~230)
321~185　〔印〕孔雀藝術興起(石柱)	300　《歐幾里德幾何學》

歐　　洲	西亞・非洲
300　羅馬平民與貴族同權	284　克爾特族的高盧人定居小亞細亞
264　第一次迦太基戰爭(~241)，羅馬	，自稱加拉太人
奪西西里(Punic War)	274　第一次敘利亞戰爭
238　羅馬佔薩丁尼亞	248　帕提亞(安息)脫離敘利亞獨立(
222　羅馬征服亞平寧山以南的高盧人	~224)
220　同盟戰爭(~217)	241　小亞細亞Pergamon國興
218　第二次迦太基戰爭(~201)	206　埃及人反抗托洛密朝統治
216　Cannae戰役，漢尼拔(Hannibal)殲	3世紀　希臘化時代
滅羅馬軍	255~139　希臘人在阿姆河建立大夏國
215　羅馬進攻北非迦太基本土	(Bactria)
第一次馬其頓戰爭(~205)	
206　西皮奧(Scipio)大敗迦太基軍於西	
班牙	
202　Zama戰役，西皮奧大敗漢尼拔	

思　　想	文　　學
320　公孫龍(~250)	298　〔印〕　"Ramayana"
310　荀子(~230)	290　宋玉(~222)
300　Mithraism(~275)	281　Livy(~209)
4世紀　《孫子兵法》	276　Naevius(~199)
281　韓非子(~233)	254　Plutus(~184)
276　Eukleides(~195)	201　賈誼(~169)
254　Plutus(~184)	
239　《呂氏春秋》	
234　Cato(~194)	
220　Herophilus(~150)	
206　Polybius(~123)	
200　Cato《農業志》	

東　亞	南亞・東南亞
284 燕滅齊	272﹍印度阿育王時代(Asoka, ~231)
279 齊，田單復國	260 阿育王集結佛教徒，推行達摩
269 秦將白起在長平活埋趙軍40萬人	(Dharma)政策，推廣佛教
257 魏信陵君救趙破秦軍	257~207 越南甌駱國，安陽王時代
256 秦滅周室	
246 秦王嬴政即位(~210)	
230 秦滅韓	
227 李斯取代呂不韋為秦相	
荊軻刺秦王失敗	
221 秦統一六國，秦王稱始皇帝(秦始	
皇)	
215 蒙恬攻匈奴，修築長城	
214 秦征服南越，置桂林、南海、象郡	
213 秦焚書坑儒	
210 秦二世胡亥即位	
209 陳勝、吳廣反秦，項羽、劉邦舉兵	206 南越國建立
206 子嬰向劉邦投降，項羽稱西楚霸王	
，分封諸侯	
202 垓下之戰，項羽敗亡，劉邦建立漢	
朝	
201 韓信被貶為淮陰侯	
叔孫通定朝儀	
藝　術	科　技
250 阿育王石柱	290 Mouseion
240 瀕死的高盧人(雕)	287 Arohimedes(~212)
212 秦始王建阿房宮	286 Herophilos
200 Melos的維娜斯像	250 阿基米德，浮力原理
	214 〔中〕萬里長城

昭明歷史手冊

昭明歷史手冊

歐　　洲	西亞・非洲
200　第二次馬其頓戰爭(~197)	198　敘利亞佔巴勒斯坦
191　羅馬征服義大利北部的高盧人	183　漢尼拔歿於小亞細亞
178　羅馬在伊斯特利亞建立軍事殖民地	168　猶太解放運動始 150　米提(伊朗西北部)僭入帕提亞
149　加圖去世(234~)	146　羅馬消滅迦太基 140　帕提亞(安息)興盛 129　羅馬征服貝卡摩
133　格拉古改革羅馬，分配土地給貧 　　　民而被貴族殺害	138~119　張騫至大宛(費爾干納)、康 　　　居(錫爾河)、大夏、大月氏(阿姆 　　　河)
132　羅馬鎮壓西西里奴隸起義(135~)	
121　護民官蓋約—格拉古遇害	
104　馬略為執政，改革軍隊	
102　馬略擊敗條頓人	

思　　想	文　　學
200　Plutus "Stichus"	195　P. Teretius(~159)
199　董仲舒(~？)	180　Lucillius(~103)
197　《爾雅》(分類辭典)	179　司馬相如(~117)
145　司馬遷(~60)	173　賈誼〈鵬鳥賦〉
140　波利比阿斯《通史》	161　東方朔(~87？)
135　董仲舒《春秋繁露》	143　司馬相如〈子虛賦〉
106　西塞羅（Cicero, ~43）	
98　盧克萊修(Lucretius, ~55)	
90　司馬遷《史記》	

東　亞	印度・東南亞
200 匈奴冒頓單于圍劉邦於平城，漢 　　定都長安	
196 呂后殺韓信、彭越	
188 惠帝歿，呂氏專權(~180)	187 北印度巽他王朝(Sungas, ~75)
180 陳平、周勃滅呂氏，立文帝	
176 匈奴逐月氏至伊犁	
165 召各地賢良方正	
154 鼂錯建議削諸領地，引起七國 　　之亂，周亞夫平亂	150~130 希臘王米蘭德（Menander） 　　　　統治旁遮普等西北印度地域
144 匈奴攻雁門、上郡	
141 漢武帝即位(~87)	
139 張騫至西域	
136 漢採董仲舒〈天人三策〉，罷黜 　　百家，獨尊儒家，置五經博士	
127 行推恩令，在鄂爾多斯置朔方郡	
123 衛青再攻匈奴，漢准人民買爵	
121 霍去病征服匈奴	
119 漢推行鹽鐵酒公賣制 　　張騫再赴西域	
118 漢鑄五銖錢	
112 漢平南越，置九郡(~111)	111 漢武帝滅南越國
110 桑弘羊主持均輸、平準法	
108 漢滅箕氏朝鮮，置四郡 　　漢攻車師、樓蘭	
104 漢定《太初曆》，李廣利攻大宛 　　失敗	

藝　術	科　技
198 未央宮	190 Hipparchos(~125)，天文學之父
180 〔希〕薩莫色雷斯的勝利女神(雕)	100 《周髀算經》
180~150 諸神與巨人之戰(雕)	
120 Apollo神殿	

歐　洲	西亞・非洲
90 同盟者戰爭(~88)各邦爭取羅馬公民 　　權	88 第一次米特拉達梯戰爭(Mithridatic 　　War, ~84)
87 馬略鎮壓貴族派	
82 蘇拉(Sulla)為羅馬執政(138~78)	
73 南義奴隸斯巴達克(Spartacals)起義	
71 被龐培鎮壓	64 龐培征服大馬士革
66 喀林提企圖許諾分配土地爭取支持 　　者陰謀失敗	
61 凱撒征服西班牙	
60 克拉蘇、龐培、凱撒結成前三巨 　　頭同盟對抗元老派	
58 凱撒出任高盧總督	53 克拉蘇在帕提亞作戰中陣亡
55 凱撒征服不列顛	
51 凱撒征服高盧	48 龐培逃至埃及被暗殺
49 凱撒越過盧比孔河回羅馬	凱撒征服埃及
47 凱撒征服博斯普魯斯王後，向羅馬 　　報告「我來了，看見了，勝利了！」	
45 凱撒為羅馬獨裁者	
44 凱撒被暗殺(100~)	
43 安東尼、屋大維、雷比達結成後三 　　巨頭同盟 　　西塞羅被殺	
38 西日耳曼人遷居萊茵河左岸的烏布 　　握魯姆(科隆)	37 羅馬人佔耶路撒冷 36 安東尼把羅馬東部省分封給情婦 　　埃及女王 Cleopatra
27 屋大維受元老院尊為奧古斯都 　　(Augustus)建立元首(Prince)政治， 　　稱帝(~AD14)	33~30　羅馬征服埃及，安東尼及女王 　　自殺
7 帝國境內流行「對彌賽亞的期待」	

昭明歷史手冊

東　亞	印度・東南亞
100　蘇武被匈奴拘留(~81)	100~200AD　古印度薩塔瓦哈納王國
99　李陵攻匈奴被俘，司馬遷為他辯	(Satavahana)
護 而遭宮刑	
92　巫蠱之獄，皇后及太子被殺	
87　霍光輔佐昭帝	
68　霍光歿	
66　霍氏一族被誅	
60　置西域都護府	
57　匈奴五單于分立，東、西分裂	
〔朝〕赫居世建新羅國	
54　漢置常平倉(~44)	
33　王昭君下嫁呼韓邪單于	
32　王鳳一族掌朝政	
8　王莽為大司馬	
AD1　平帝即位，王莽專權	

思　想	文　學
88 Sallust (~35)，史家	84 Catullus(~54)
81 桓寬《鹽鐵論》	77 劉向(~6)
59 李維(Livy, ~17)	70 維吉爾(Virgil, ~19)
55 西塞羅《雄辯論》	65 賀拉西(Horace, ~8)
51 西塞羅《共和論》	55 司馬遷〈報任少卿書〉
45 王莽(~23AD)	50 《所羅門詩篇》
40 薩盧斯特《喀林提叛亂記》	48 凱撒《高盧戰記》(拉丁文)
23 楊雄《法言》	47 凱撒《內戰記》
19 錫蘭巴利文《三藏》、《經藏》和	43 歐維德(Ovid, ~17AD)
《律藏》形成	3 楊雄《方言》
大乘佛教形成	
9 塞內加(Seneca, ~65AD)	
5 劉歆《七略》	

歐　洲	西亞・非洲
9　提比留斯攻略日耳曼 14　提比留斯即羅馬王位(~37) 21　高盧反抗羅馬失敗 30　耶穌被釘死 37　Caligula 即位(~41) 43　羅馬征服布列塔尼亞(英) 45　保羅傳基督教(~57)	15~65 貴霜丘就卻即位 27　耶穌(Jesus Christ)開始傳道 1~6 世紀 中亞，**貴霜帝國**(Kushana) 1~7 世紀 非洲，阿克蘇姆王國
思　想	文　學
1　Seneca(~65) 4　耶穌(~30) 17　李維《羅馬建國史》 27　王充(~91) 32　班固(~92) 46　普魯塔克(Plutarch, ~120) 50《越絕書》	8　Ovidus《雙形記》 39　Lucan(~65)，詩人

昭明歷史手冊

東　亞	印度・東南亞
8　王莽滅漢，建立新朝(~23)	23~220　東漢統治越南時期
10　王莽推行五均六莞，禁止買賣土地	
戍已校尉吏士 2000 多人降匈奴	25　印度貴霜朝獨立(~250)
17　王匡、王鳳的綠林兵起義	旃陀羅笈多即位
18　山東赤眉軍起義	40　交趾徵側、徵貳姊妹反漢，被馬援
22　劉縯，劉秀起兵	征服(~43)
23　劉秀滅新	
25　劉秀建東漢(~220)，定都洛陽	
36　吳漢滅四川的公孫述	
48　匈奴分裂為南、北二部	

	科　技
	27　Pliny(~79)
	1~10　〔墨〕印地安人建立太陽金字塔
	10~20　斯特拉波《地理學》
	43　梅拉《世界概述》
	50~100　劉徽《九章算術》

昭明歷史手冊

歐　洲	西亞・非洲
54　羅馬尼祿即位(Nero, ~68)	58　羅馬敗大夏,入侵美索不達米亞
64　尼祿火燒羅馬城,嫁禍基督教徒	保羅在耶路撒冷被捕
69　Vespanian重建羅馬帝國	65~75　貴霜王闍膏珍在位
79　維蘇埃火山(Vesuvior)爆發,埋葬	66　猶太人反抗羅馬(~70)
了龐貝古城	67　保羅遇害
96　羅馬五賢帝時代(~180)Nerva(~98	70　羅馬人毀滅耶路撒冷猶太神廟
)、Trajan(~117)、Hardrian(~138	132~135　猶太人Bar Kockba反抗羅馬
)、Antonius(~161)、Marcus	失敗
Aurelius(~180)	140~262　貴霜王色貳色伽在位
98　圖拉真擴展領土至美索不達米亞	(Kanishka)
、亞美尼亞、北阿拉伯各地	
106　羅馬征服達基亞(Dacia, ~271)	
170　羅馬再迫害基督教徒	
192　羅馬軍人皇帝時代(~284)	

思　想	文　學
56~120　塔西陀	61　Papinus Statius(~76)
60~100　《新約・四大福音》完成	1世紀末　許慎《說文解字》
78　張衡(~139)	100　馬鳴《佛所行贊》
80~115　班昭《女誡卑》	131　蔡邕(~187)
88　王充《論衡》	147~189?　古詩十九首
92　班固《漢書》	155　曹操(~220)
95　Quintillianus《辯論術範本》	177　王粲(~217)
98　塔西陀《日耳曼尼亞志》	187　曹丕(~226)
106　普魯塔克《希臘羅馬名人傳》	192　曹植(~232)
121　奧理略(Marcus Aurelius, ~180),	199　阿列尤斯《變形記》
著《自省錄》	200　印度史詩《羅摩衍那》(Ramayana)
129　何休(~183)	、《薄伽梵歌》
147　安息王子安世高譯佛教經典為漢文	
150　龍樹《大智度論》	
152　阿庇安《羅馬史》	
155　阿奎拉把《舊約》譯成希臘文	
195　第一部拉丁文《聖經》完成	
200　猶太法典《米希那》完成	

東　亞	印度・東南亞
57　倭王遣使入漢	78　〔印〕種姓新元開始
68　漢明帝在洛陽建白馬寺	146　緬甸阿拉于(若開)王國建立
73　班超至西域	192　占婆(林邑Champa)在越南中部建
92　宦官開始專權	國
93　北匈奴滅亡，鮮卑族據其地	
107　漢廢西域都護府	
125　宦官擁立順帝(~144)	
156　鮮卑稱霸蒙古高原	
166　大秦王安敦的使者至漢	
黨錮之禍	
170　張梁傳太平道	
184　黃巾之亂(~191)	
189　袁紹殺宦官，董卓入洛陽，立獻	
帝	
196　曹操扶持獻帝至許昌，挾天子以	
令諸侯	

藝　術	科　技
60　雲台二十八將圖	78　Pliny《自然史》
71　羅馬圓形大劇場	110　張衡，渾天儀
106　圖拉真記功碑	150　Galen(130~201)，整理古代醫學
120~124　羅馬萬神殿	164~190　中國發明瓷器
147~491　山東梁武祠石刻	180　華陀使用麻醉術
200~400　《梵經》	
2世紀　蓋尤斯《法學階梯》	

歐　洲	西亞・非洲
211　Caracalla帝(~217) 212　羅馬賦予各省居民公民權 235　羅馬軍人皇帝時代(~284) 250　西哥德人攻略馬其頓 　　　羅馬迫害基督教徒	226　薩珊波斯朝(Sassan, ~651) 241　波斯王Shapur一世即位，把羅馬 　　　人趕出亞美尼亞 245　摩尼教創教

思　想	文　學
204　Plotinus(~270) 218　摩尼(Mani, ~276) 233　陳壽(~297) 235　劉邵《人物志》	208　蔡琰《悲憤詩》 218　傅玄(~278) 219　曹丕《典論》 220　劉伶(~270) 223　稽康(~262) 　　　張華(~300) 227　諸葛亮《出師表》 247　潘岳(~300)

東　亞	印度・東南亞
200 官渡之戰，曹操擊敗袁紹 208 **赤壁之戰**(湖北嘉魚)，三分天下 214 劉備佔四川 220 曹操歿(155~)，其子曹丕廢獻帝 　　，建立**魏朝**(~265) 　　魏制定九品中正法 221 劉備稱帝(蜀漢) 222 孫權自立(東吳) 228 孫權稱帝，**三國時代**始(~280) 234 諸葛亮攻魏，病逝於五丈原 　　(181~) 238 魏征服遼東	220~589 東吳至南朝統治越南時期 248 交州趙嫗起義

昭明歷史手冊

25

歐　　洲	西亞·非洲
251 得西阿斯赴達西亞大戰哥德人，陣亡，伽魯士被軍隊擁立為皇帝(~253)	256 波斯入侵亞美尼亞、敘利亞
259 羅馬三十僭主時代(~268)，帝國三分	258 波斯軍攻陷美索不達米亞與敘利亞，俘羅馬皇帝瓦利利阿斯
271 奧利利安擊退阿拉曼尼人，築長城以防蠻族	272 羅馬滅巴爾米諾，俘擄女王芝諾比阿
274 奧利利安以太陽宗教為羅馬帝國國教(12月25為國祭日)	273 波斯，瓦拉蘭一世殺摩尼教祖摩尼(Mani)，獨尊瑣羅亞斯德教
283 加利亞地區巴格迪革命運動(~286)	289 阿非利加省阿拉狄翁率奴隸起義
284 戴克里先(Diocletian)即位，採用東方君主專制統治	294 羅馬鎮壓埃及反叛(~296)
286 戴克里先命Maximian為副帝(駐米蘭)，自己常駐小亞細亞	297 Galerius副帝奪回美索不達米亞
293 君士坦丁及加里烏斯為第一、第二副帝，帝國分為四人分治局面	本世紀末，非洲阿克蘇姆王阿菲拉斯跨越紅海，征服南阿拉伯葉門一帶
思　　想	文　　學
265 裴秀《禹貢地域圖》	260 左思(~330)
270 彌勒(~350)，《唯識論》	261 陸機(~302)
276 郭璞(~317)	272~79 左思《詠史》(賦)
281 汲郡戰國古墓出土《竹書記年》	280 張華《博物志》
284 陳壽《三國志》	

東　亞	印度・東南亞
251 百濟遣使至日本 258 鮮卑定都雲中的盛樂 262 司馬昭殺嵇康(223~) 263 劉禪降魏，蜀漢亡國 265 司馬昭滅魏，建立晉朝(~420) 280 晉滅吳，統一中國 285 百濟王仁攜《論語》至日本 291 賈后殺楊駿，控制朝政 299 孟觀破氐族，江統著《徙戎論》 　　，要求晉朝把馮翊、扶風各地少 　　數民族遷走	263 交趾人民殺吳國太守孫諝 271 吳征服交趾 280 扶南、越南、占婆聯合反抗中國 　　失敗

藝　術	科　技
3~7世紀　阿富汗巴米揚石窟開鑿	208 華陀歿 219 張仲景歿，著《傷寒雜病論》 　　畢嵐發明翻車 235 馬鈞發明司馬車(指南車)

歐　洲	西亞・非洲
300~500 日耳曼部族形成：薩克森人 (在易北河與萊茵河之間)、法蘭克人(在萊茵河兩岸)、阿勒曼尼人(在萊茵河上游)、圖林根人(在美茵河以北) 和哥德人(在多瑙河下游)	320 埃及出現基督教修道院
305 戴克里先退位	334 波斯進攻亞美尼亞
311 第一次日耳曼民族大遷徙(150~)結束	348 Singara戰役，羅馬大敗波斯軍
312 羅馬(西)皇帝君士坦丁 (Constantinus, ~337)	
313 君士坦丁頒佈《米蘭勅令》准許基督教徒信仰自由	
323 君士坦丁統一帝國	
325 尼西亞會議、通過〈三位一體說〉、教會迫害阿里烏斯教派	
330　君士坦丁遷都至拜占庭 (Byzantium)，改為君士坦丁堡	
337 君士坦丁歿，帝國三分	

思　想	文　學
317 葛洪《抱朴子》	301 陸機〈文賦〉
320 世親(~400)，瑜伽行派唯識論，著《攝大乘論》	318 于寶《搜神記》
330 Marcellinus(~440)	328 袁宏(~376)
332 攸西比厄斯《編年史》	330？〔印〕迦梨陀娑(~432？)
334 慧遠(~416)	
340 Ambrose(~397) 鳩摩羅什(~413)	
346 常璩《華陽國志》	
350 阿里烏斯教派的烏斐拉把聖經譯成哥德文	

東　亞	印度・東南亞
300　晉，八王之亂(~306) 301　張軌據涼州(前涼) 304　李雄在四川稱成都王，〔成漢〕 　　　匈奴劉淵稱漢王，五胡十六國 　　　時代開始 311　劉聰陷洛陽，俘虜晉懷帝(永嘉之 　　　亂) 318　司馬睿在建康(南京)即位，東晉 　　　始 319　劉曜建前趙，石勒建後趙 322　東晉，王敦之亂(~324) 329　前趙滅後趙 337　慕容皝稱燕王(前燕) 341　東晉行土斷(戶籍定於居住地) 346　百濟興起 347　桓溫滅成漢	302　〔印〕旃陀羅笈多Cbandragupta一 　　　世(~330)建立笈多王朝(Gupta) 335　Samudrapta(~375)時代，征服南 　　　印度Parrava朝

藝　術	科　技
301　王羲之(~361) 312　君士坦丁凱旋門建成 344　顧愷之(~405)	300　《孫子算經》 317　葛洪《金匱藥方》

昭明歷史手冊

歐 洲	西亞・非洲
350 埃爾曼里希在黑海以北建立東哥德王國(~375) 馬格內提烏斯成為第一個日爾曼族的羅馬皇帝(~353) 372 匈奴芬族渡過伏爾加河 375 進入歐洲，迫日耳曼民族大遷徙 378 西哥德人渡過多瑙河，在亞得里亞堡打死皇帝瓦倫斯 388 法蘭克人越過萊茵河 392 狄奧多西一世宣佈基督教為國教 395 狄奧多西一世歿(379~)、帝國分裂為東(拜占庭)，西(羅馬)兩部 西哥德入侵略希臘	384 波斯、羅馬議定瓜分亞美尼亞 390 亞美尼亞分為兩部，分屬羅馬與波斯 391 〔埃〕亞歷山卓城基督教正統派戰勝阿里烏斯教派 399 小亞細亞動亂

思 想	文 學
354 奧古斯都(St. Augustionus,~430) 372 裴松之(~451，注《三國志》) 386 賈弼之廣集百姓譜記	365 陶淵明(~427) 385 謝靈運(~445)

東　亞	印度・東南亞
350　冉閔滅後趙，建立魏國	375　超日王時代(~415)
351　符堅建前秦，滅後趙	399　法顯赴印度
354　東晉桓溫北伐	林邑王范胡達稱拔陀羅跋摩一世(
356　桓溫佔洛陽	~413)
新羅建國	
357　前秦符堅自立	
364　東晉行土斷法	
369　日本破新羅，建任那日本府	
374　高麗廣開土王(~412)	
376　前秦統一華北	
383　淝水之戰，東晉破前秦	
384　慕容垂建後燕(~417)，姚萇建後	
秦(~394)，慕容泓建西燕(~409)	
386　拓跋珪建北魏(~534)	
391　日本入侵新羅、百濟	
392　高句麗，好太王即位(~413)	
396　好太王破日軍	
397　南涼、北涼建國	
398　北魏遷都平城	
江南天師道孫恩起義	

藝　術	科　技
355　王羲之《蘭亭集序》	382　波斯鎧甲製造術由中亞傳入中國
366　沙門樂博營建敦煌莫高窟	
374　顧愷之〈女史箴圖〉	
378　義大利拉文納大教堂	
382　圍棋在晉代已定型如今制	
390　君士坦丁堡金門(凱旋門)	

昭明歷史手冊

歐　洲	西亞・非洲
403 西羅馬遷都至臘萬納 404 東哥德人、汪達爾人入義大利 405 羅馬放棄萊茵河邊界 406 汪達爾人至西班牙(~409) 　　勃艮第人在萊茵河中游建國(　　~437) 407 羅馬放棄不列顛 410 西哥德王Alaric洗劫羅馬城 415 西哥德人進入西班牙，589年征 　　服整個半島(~711) 437 勃艮第人在法國東南部另建國家(　　~534) 445 匈奴王阿提拉(Attila, ~453) 449 盎格魯人、薩克森人和朱特人佔 　　不列顛，克爾特人仍留在蘇格蘭 　　和威爾斯	409 北非阿哥尼斯特運動在努比亞再 　　興(~420) 415 埃及亞歷山卓城迫害異教徒 425 嚈噠人越過阿姆河入侵波斯(~427 　　) 429 汪達爾人蓋塞里克從西班牙入 　　侵北非，430攻努米比亞，431擊 　　退東、西羅馬援軍 439 汪達爾人在迦太基建立汪達爾王 　　國(~543)
思　想	文　學
401 奧古斯丁《懺悔錄》 416 奧古斯丁《三位一體說》 420 法顯《佛國記》 426 奧古斯丁《上帝之城》 427 聶斯脫利〔敘〕主張基督二性二 　　位說 445 范曄《後漢書》 450 猶太教口傳律法集《巴勒斯坦塔 　　木德》完成	403 劉義慶(~442) 420 陶淵明〈桃花源詩並記〉 421 鮑照(~456) 444 劉義慶《世說新語》 444 江淹(~505) 462 謝朓(~500？)

東　亞	印度・東南亞
401　北涼沮渠蒙遜自立 　　　印度僧鳩摩羅什至長安譯印度佛 　　　經 402　桓玄佔建康(~404)，柔然據漠北 403　日軍大戰高句麗軍 407　赫連勃勃建夏國(~413) 412　晉呂敬道殘部入交州，殺九真郡 　　　太守 413　倭王讚遣使至東晉 417　劉裕滅後秦 418　赫連勃勃陷長安 420　劉裕滅東晉，建宋(~479) 429　北魏統一長江以北，南北朝開始 　　　(~589) 445　北魏，蓋吳之亂 446　北魏壓迫佛教	403　佛陀瞿沙從錫蘭攜《三藏經》至 　　　下緬甸 433　南印度潘地亞人入侵蘭卡島(錫蘭) 　　　，建立泰米爾王朝(~459) 446　劉宋攻林邑
藝　術	科　技
420　西秦積石山炳靈寺石窟始建	401　聖梅斯維普創制亞美尼亞字母 412　北涼趙歐創《元始曆》 444　何承天制《元嘉新曆》

昭明歷史手冊

33

歐　洲	西亞・非洲
451 羅馬，西哥德聯軍在Catalaunia擊 　　敗阿提拉 452 阿提拉侵略義大利 455 汪達爾人洗劫羅馬城 456 汪達爾人佔科西嘉島 476 **西羅馬滅亡**(日耳曼傭兵 　　Odavacar廢黜羅慕路斯奧古斯皇 　　帝) 481 克洛維一世為法蘭克王，建立梅 　　洛文朝(~751) 486 克洛維在蘇瓦松戰勝西羅馬末代 　　皇帝斯亞格留斯，建立法蘭克王 　　國 493 狄奧德里克在義大利建立東哥德 　　王國(~554)	451 西美尼亞人反抗波斯失敗 453 嚈噠人大敗波斯，乘勢南下北印 　　度 468 汪達爾王敗東西羅馬艦隊 480 波斯王菲魯茲攻巴克特里亞嚈噠 　　人兵敗被俘 481 亞美尼亞及格魯吉亞人反抗波斯(　　~484) 484 波斯王再攻嚈噠而敗死 491 波斯馬茲達克教派起義(~529)
思　想	文　學
452 陶景弘(~536)道教 480 St. Benedict(~547) 494 沈約《宋書》 5世紀末 《薩利克法典》	452~550 樂府民歌《木蘭詩》 475 江淹《別賦》 495 孔稚珪(447~501)〈北山移文〉 499 〔印〕迦梨陀婆

東　亞	印度‧東南亞
450　宋、北魏大戰 460　沮渠氏結束在吐魯番的統治 476　北魏馮太后獨裁 479　蕭道成滅宋，建立齊朝(~502) 483　北魏禁同姓通婚 485　北魏行均田、三長制 487　高車建國 490　北魏孝文帝親政，493遷都洛陽 　　　力行漢化政策 493　麴氏據吐魯番建立高昌國 5~6世紀，柔然(蠕蠕)活躍於蒙古高原	459　蘭卡摩利耶家族驅逐入侵者，建 　　　立王朝(~522) 464　尼泊爾李查維朝國王馬納德瓦即 　　　位 5~7世紀，爪哇多羅磨國

藝　術	科　技
453　雲岡石窟開鑿(~494) 455　印度大乘佛教那爛陀寺始建 465~472　陸探微〈孔子與十弟子〉(畫) 493　北魏開鑿龍門石窟(~523)	462　祖沖之創制《大明曆》 479　雷斅《雷公炮炙論》 495　(北魏)天竺僧跋陀建立少林寺

歐　洲	西亞・非洲
500 巴朱瓦爾人從波希米亞進入巴伐利亞 捷克人佔領波希米亞 蘇格蘭人從北愛爾蘭遷入蘇格蘭(844年建國)，克爾特人被趕至布列塔尼 527 東羅馬查士丁尼一世(Justinian，~556) 529 《查士丁尼法典》 532 拜占庭藍、綠黨起義(Nika之亂) 542 東哥德王托蒂拉奪取羅馬和義大利(~550) 546 倫巴底人佔領潘諾尼亞(匈亞利南部) 550 韃靼族阿瓦人(Avars)向多瑙河推進	5~6世紀50、60年代噘噠(Ephthalite，白匈奴)統治中亞 523 波斯屠殺馬資達克派教徒10萬人 524 葉門希米葉爾朝末代王祖若瓦斯強迫臣民改信猶太教，屠殺奈季蘭的基督徒 533 東羅馬消滅汪達爾王國 540 波斯侵略黑海沿岸 努比亞穆庫拉王國出現
思　想	文　學
510 僧祐《出三藏記》 519 慧皎《高僧傳》 526 蕭子顯《南齊書》 527 酈道元歿，著《水經注》 531 智顗(~579)，天台宗 547 楊衒之《洛陽伽藍記》 549 吉藏(~623)	501 昭明太子(蕭統，~531) 502 劉勰《文心雕龍》 507 范縝〈神滅論〉 513 沈約〈四聲譜〉 518 徐陵(~581) 519 江統(~594) 　　徐陵《玉台新詠》 　　鐘嶸《詩品》 530 《昭明文選》 543 顧野王《玉篇》

東　亞	印度・東南亞
502　蕭衍滅齊建梁朝(~557)	500　芬人入侵印度
	503　梁武帝封扶南王憍陳如為「安南將軍扶南王」
	515　〔印〕Mihtra Kula(嚈噠人)即位，統治北印度
518　宋雲、惠生赴西域	
520　梁、北魏修好	
521　柔然降北魏	
527　達摩至廣州	
531　北魏，爾朱世隆立節閔帝	
532　高歡殺爾朱世隆，立孝武帝	
533　高歡立孝敬帝(東魏)；宇文帝殺孝武帝	540　〔EP〕笈多王朝亡國
549　東晉侯景反叛，梁武帝死	541　〔越南〕李賁起義，544 建萬春國(~548)
550　高洋建立北齊，滅東魏	550　真臘進攻扶南

藝　術	科　技
503　甘肅麥積石山石窟始鑿	550　賈思勰《齊民要術》
510　A.M.波愛修《音樂原理》	
525　北魏嵩岳塔寺	
532　謝赫《古畫品錄》	
拜占庭興建索菲亞大教堂(~538)	
547　顧烜《錢譜》	

歐　　洲	西亞・非洲
554 東羅馬征服東哥德人，佔領義大利	552 第一突厥汗國伊利可汗遣其弟點密西攻中亞
	562 拜占庭與波斯媾和(50年和約)
568 威尼斯建國	567 突厥聯波斯軍滅嚈噠
570 阿瓦人在匈牙利建國	571 突厥拉展至阿姆河沿岸
	575 波斯奪佔葉門
582 阿瓦人進攻拜占庭帝國	583~659 西突厥統治中亞
592 拜占庭攻略斯拉夫人(~597)	
597 Augustinus至英格蘭傳教	

思　　想	文　　學
554 魏收《魏書》	583 陸德明《經典釋文》
557 杜順(~640)，華嚴宗	590 王梵志(~?)
571 穆罕默德(Muhammad, ~632)	王績(~644？)
574 孔穎達(~648)	
582 神會(~674)	
589 王通(文中子，~618)	
591 顏之推《顏氏家訓》	
600 道宣《廣弘明集》	

昭明歷史手冊

東　亞	印度·東南亞
551　侯景殺幼帝，自稱漢帝(~552)	574　〔印〕帕拉瓦朝辛哈毗濕奴即位(
552　突厥滅柔然，土門自立為伊利可	~600)，征服南印度及錫蘭
汗	600　帕拉瓦朝摩哂陀羅跋摩一世即位(
佛像由百濟傳入日本	~625)
557　宇文覺滅西魏建北周	6~15世紀　庫蔑人(Khmer)在湄公河
陳霸先滅梁建陳朝(~589)	下游建立真臘國
574　北周武帝壓迫佛教徒	
577　北周滅北齊	
581　楊堅滅北周，建立隋朝(~618)	
583　西突厥獨立　隋遷都大興(長安)	
587　〔日〕蘇我馬子殺物部守屋	
589　隋滅陳，中國再統一	
592　隋行均田法	
〔日〕飛鳥時代(~710)	
593　〔日〕聖德太子攝政(~622)	
598　高句麗入侵遼西	
599　文成公主下嫁突厥啟民可汗	

藝　術·科　技
555　萬寶常(~592)，音樂家
557　歐陽洵(~641)
558　虞世南(~638)
581　萬寶常《樂譜》
591~599　〔隋〕李春建立安濟橋(趙州橋)

昭明歷史手冊

昭明歷史手冊

歐　洲	西亞·非洲
600 捷克人定居波希米西和摩拉維亞，受阿瓦人統治 塞爾維亞人遷入塞爾維亞 623 薩摩王國(~658) 630 斯拉夫族進入巴爾幹半島 639 法蘭克，宮宰(Majors)控制朝政 650 哈扎爾人佔俄羅斯南部的大保加利亞王國	610 君士坦丁堡暴民殺皇帝，立Heraclius(~641) 穆罕默德在麥加創立伊斯蘭教 613 波斯佔大馬士革 622 穆罕默德逃至麥地那(聖遷，Hejira)，伊斯蘭教紀元始〔7.16〕 624 Badr戰役，穆罕默德敗麥加軍 630 穆罕默德佔麥加 632 穆罕默德逝世，正統哈里發(Caliph)時代(~661) 阿布阿柏克即位(~634) 634~644 歐麥爾一世 636 阿拉伯人征服敘利亞 637 阿拉伯人征服巴勒斯坦 641 阿拉伯人征服埃及，焚毀亞歷山卓城圖書館 642 Nihavand之戰，阿拉伯滅薩珊波斯，統治波斯至1258年 644 阿拉伯人佔利比亞 奧斯曼為第三任哈里發(~56)
思　想	文　學
610 孔穎達《春秋正義》 622 顏思古《隋書》 633 阿巴克爾主編《可蘭經》 636 姚思廉《梁書》 令狐德棻《周書》 646 玄奘《大唐西域記》 648 房玄齡《晉書》	607 〔日〕法隆寺建成 624 歐陽洵《藝文類聚》 632 歐陽洵〈九成宮醴泉銘〉(書法) 626 閻立本〈十八學士畫〉

東　亞	印度・東南亞
600 　倭遣使入隋朝	606 　〔印〕戒日王Harsha(~647)時代
601 　突厥降隋	625 　南印度帕拉瓦王朝納拉西姆哈瓦
604 　〔日〕聖德太子制定《十七條憲	曼一世即位(~645)
法》	630 　玄奘留學印度(~644)
楊廣殺文帝即位(煬帝~618)	647 　王玄策至印度
605 　開大運河	6~8世紀　印度德干有Chalukya王朝，
606 　隋開科取士	統治南印度
607 　小野妹子入隋	7~14世紀　印尼，三佛齊(室利佛逝)
608 　裴世清至日本	王國(Srivijaya)
609 　隋征服吐谷渾，確保絲路	
611 　隋侵略高句麗失敗	
613 　楊玄感反亂	
614 　隋第三次侵略高句麗失敗	
617 　李密佔洛陽，李淵佔長安	
618 　宇文化及殺煬帝，李淵在長安建	
立唐朝(~907)	
619 　唐定租庸調法	
西突厥統葉護可汗即位(~628)	
624 　行均田法	
626 　玄武門之變，李世民殺兄弟而為	
貞觀皇帝	
626 　殺梁師都，天下統一	
629 　玄奘赴印度(~645)	
630 　李靖破東突厥，西北各民族共尊	
唐太宗為「天可汗」	
〔日〕第一次遣唐使至長安	
634 　唐攻吐谷渾，佔伏俟城	
637 　頒布〈貞觀律令〉	
640 　侯君集滅高昌，置安西都護府(西	
州)	
641 　文成公主下嫁吐蕃棄宗弄贊	
645 　〔日〕蘇我氏滅亡，開始大化革	
新	
唐攻高句麗失敗	
650 　唐高宗即位(~683)	

昭明歷史手冊

歐　洲	西亞・非洲
672　阿拉伯人圍攻君士坦丁堡 (~678) 　　，被希臘神火(柏油)擊退 679　突厥族的保加利亞人定居多瑙河 　　下游南岸建國 689　〔法〕宮宰丕平(Pepping)掌權 695　拜占庭內亂20年 700　克羅蒂亞人改信天主教	651　阿史那賀魯稱沙鉢略可汗，復興 　　十姓突厥 656　奧斯曼遇刺，阿里(Ali)為第四代 　　哈里發(~661) 661　阿里被殺，倭馬亞朝始(Omayyad 　　，~750)〈白衣大食〉 663　阿拉伯人征服中亞呼羅珊 679　裴行儉立新波斯王 680　卡爾巴拉悲劇，阿里之子阿爾・ 　　侯賽因被殺 685　阿布杜拉・馬立克即位(~705)倭 　　馬亞朝再興 697　阿拉伯人破壞迦太基 7世紀末 阿拉伯語成為帝國官方語言
思　想	文　學
653　奧斯曼定本《可蘭經》 656　魏徵《隋書》 659　李延壽《南史》 661　劉知幾(~721) 672　〔英〕Bead of the Venerable(歷史 　　神學) 680　St.Beniface(~755) 683　〔日〕一行(~727)，密宗 688　吉備真備(~770)	656　宋之問(~712) 661　陳子昂(~698) 673　張九齡(~740) 675　王勃〈滕王閣序〉 689　孟浩然(~740) 690　盧照鄰歿(？~)

東　亞	印度・東南亞
652 〔日〕推行班田收授法	7世紀　蘇門答臘出現印度教王國(~13
655 高宗廢王皇后，立武昭儀，唐出	世紀)
兵高句麗，救百濟	672 義淨至印度(~685)
657 蘇定方擒沙鉢略可汗，將西突厥	674 阿拉伯人入侵印度河流域
地置二都護府	677 西突厥阿史那都支聯吐番陷安西
659 武后殺長孫無忌等，確立統治力	四鎮(~679)
量	
660 唐、新羅滅百濟	
663 唐敗百濟與日本聯軍於白村江吐	
番滅吐谷渾	
664 武后殺上官儀，完全控制政權	
668 唐滅高句麗，在平壤設置安東都	
護府	
674 劉仁軌攻新羅	
武后稱「天后」	
683 唐高宗歿，武后臨朝	
684 武后廢中宗	
690 武則天即帝位，國號周	
693 武則天稱金輪聖神皇帝	
694 摩尼教傳入中國	
698 靺鞨人大祚榮建立渤海國	

藝　術	科　技
651 李思訓(~718)	605 馬鈞將火藥製成煙火
663 閻立本〈歷代帝王圖〉	610 單元方《病源候論》
678 李邕(~743)	630 王孝通《輯古算經》
681 李思訓〈江帆樓閣圖〉	650 《唐本草》(藥典)
687 孫過庭(638~88)作草書《書譜》	670 孫思邈《千金方》
690 吳道子(~752)	

歐　洲	西亞・非洲
710 保加利亞人推進至君士坦丁堡附近	703 阿拉伯人與北非柏柏人(Berbers)議和
711 阿拉伯人滅西哥德王國，在哥多華建立統治西班牙的首府(~1031)	709 阿拉伯人征服中亞布哈拉
717 利奧三世(敘利亞人)奪羅馬帝位(~741)	710 阿拉伯人佔丹吉爾，佔領全部北非 (馬格里布)
726 拜占庭利奧三世為奪教會土地產業，下令反對供奉神像	712 阿拉伯人佔薩馬爾罕
732 Tours戰役，查理(Charles Martel)大敗阿拉伯軍	717 阿拉伯人征服花刺子模
741 矮子丕平為法蘭克宮宰	718 阿拔斯家興起
	722 吐蕃攻小勃律(喀什米爾)被唐軍擊退
	734~42 柏柏人反抗阿拉伯人統治
	742 高仙芝攻帕米爾
	750 阿拔斯建立阿拔斯朝(Abbas,~1258)〈黑衣大食〉，遷都巴格達
	750~9世紀上半葉，阿拔斯朝統治中亞

思　想	文　學
704~767 Ibm Ishàq著《先知的傳記》	701 李白(~61)
705 不空(~774)	王維(~95)
	702 杜甫(~70)
720 〔日〕舍人親王《日本書記》	706 張虛若〈春江花月夜〉
吳兢《貞觀政要》	712 太麻仲呂(？~723)《古事記》
Ibm al-Muqaffa(~756)	717 湛然(~82)
734 比德《英國教會史》	723 元結(~72)
738 《唐六典》	736 徐堅《初學記》
	740 司馬曙(~90)
	758 伊本・格穆里《卡里萊和笛術》(童話集)
	8世紀 日本《萬葉集》

44

東　亞	印度・東南亞
701 〔日〕完成《大寶律令》	8世紀，驃族(Pyu)在緬甸興起
705 唐中宗復位	8世紀初，伊拉克總督攻印度信德
武后歿	722 〔越南〕梅黑帝(梅叔鸞)起義
711 唐置河西節度使	723 尼泊爾建坎提普爾城(加德滿都)
712 唐玄宗(明皇)即位	732 〔爪哇〕散查亞王國建立
713 開元之治(~755)	738 雲南白族皮羅閣稱王
716 阿倍仲麻呂、吉備真備入唐	
721 宇文融推行「括戶」	
723 〔日〕推行三世一身法	
733 分天下為十五道	
737 〈開元律令〉格式頒佈	
740 〔日〕藤原廣嗣反亂	
741 〔日〕詔令各地建國分寺	
744 回紇滅東突厥，受唐冊封懷仁可	
汗，在蒙古高原建國	
748 楊貴妃一家被重用	

藝　術	
708 李邕《李思訓碑》	
723 曹霸補修凌煙閣二十四功臣圖像	
740 楊惠之，長安北太華觀玉皇雕像	
741 日本東大寺	
750 張旭草書《古詩四帖》	
750~1250 印度奧里薩神廟	

45

昭明歷史手冊

歐　洲	西亞・非洲
751　丕平建立卡洛林朝(Caroling,~987) 756　〔西〕後倭馬亞朝拉赫曼(750~ 　　　788)建立王朝，定都哥多華 771　查理曼大帝(Charlemange, ~814) 774　倫巴底亡國 777　查理曼征服薩克森 790　查理曼攻阿瓦人 793　北歐維京人入侵英格蘭 800　教皇為查理曼加冕為神聖羅馬帝 　　　國皇帝 　　　塞爾維亞人改信基督教(~879)	750　阿拔斯朝將軍阿卜杜拉在宴會中 　　　殺倭馬亞王朝80多人，只有拉赫 　　　曼逃回西班牙 754　曼殊爾即位(~775)，殺叔父阿卜 　　　杜拉 762　阿里家穆罕默德在麥加反叛 763　哈里發曼殊爾營建巴格達為新帝 　　　都 766　巴格達城完成 776　〔阿〕蒙面人起義 777　伊本魯斯塔姆在阿爾及利亞建立 　　　Rustam王朝(~909) 788~974　北非柏柏人建立伊德里斯王 　　　朝
思　想	文　學
769　李翱(~864) 774　〔日〕空海(~835) 782　宗密(~844)，華嚴宗 788　〔印〕商羯羅(~820) 796　Abu Tamman(~843) 800　Al~Kindi(~870)	751　孟郊(~814) 754　陸贄(~805) 768　韓愈(~824) 772　白居易(~846) 　　　劉禹錫(~842) 778　賈島(~843) 790　李賀(~843) 798　王建(~830？) 8世紀　英史詩《貝奧武甫》(Beowulf)

東　亞	印度・東南亞
751　怛羅斯戰役(Talas)，高仙芝被阿 　　　拉伯軍擊敗 754　鑑真至日本傳佛教(~763) 755　安祿山陷洛陽(安史之亂) 756　玄宗出奔四川，肅宗在靈武即位 757　安慶緒殺其父安祿山 　　　郭子儀收復洛陽 759　史思明殺安慶緒 761　史朝義殺其父史思明 763　吐蕃攻略長安 　　　史朝義自殺 764　〔日〕藤原仲麻呂反亂 775　河北藩鎮田承嗣反亂 780　楊炎推行**兩稅法** 781　大秦景教流行中國碑建立 786　吐蕃佔敦煌，切斷唐與西域交通 794　〔日〕遷都平安京	754　南詔攻驃國 757　瀾滄國在老撾建立 767~787　中爪哇夏連德拉王國 (750~800)攻占婆與真臘 769~791　越南馮興起義 8世紀~973　印度Rashtrakuta朝，統治 　　　德干 800　佛教傳入緬甸 8~12世紀　Pala朝統治孟加拉，保護 　　　佛教 8~11世紀中　Pratihara朝統治北印度 　　　中部

藝　術	科　技
753　韓滉(723~787)畫〈五牛圖〉 775　周昉〈揮扇仕女圖〉 781　顏真卿《顏氏家廟碑》 782　張躁《歷代名畫記》	751　中國的造紙術傳入阿拉伯 780　陸羽《茶經》

歐　洲	西亞・非洲
802　艾格伯特(Egbert)即位為〔英〕威 　　　塞克斯王	801　突尼斯，Aghlabid王朝(~909)
811　拜占庭皇帝及該菲羅斯被保加利 　　　亞人打死	812　哈里發王位爭奪戰(~813)，巴格 　　　達圓城被毀
814　查理曼歿，路易即位(~840)	816　〔阿〕巴貝克起義
820　諾曼人至愛爾蘭建國	820　呼羅珊塔希爾王朝(~873)
827　阿拉伯人征服西西里島	830　巴格達建立智慧之宮，翻譯希
829　艾格伯特統一英格蘭七國	臘經典為阿拉伯文
830　大摩拉維亞王國(~906)	833~36　阿拔斯朝遷都Samarra
840　波蘭皮亞斯特王朝(~1370)	834　下底格里斯地方黑奴起義
843　凡爾登條約(Verden)，法蘭克帝 　　　國三分為中法蘭克(Lotharia為王 　　　，包括義大利)；東法蘭克(Louis 　　　為王，包括日耳曼)；西法蘭克(　　　Charles III，包括古法國)	
846　北非的阿拉伯人圍羅馬	

思　想	文　學
806　〔日〕最澄創立天台宗	803　杜牧(~852)
813　李吉甫《元和郡縣圖志》	805　白居易〈長恨歌〉
813　阿布努瓦斯(756~)阿拉伯詩人	807　〔日〕齋部廣成《古語拾遺》
818　狄奧法內斯(752~)拜占庭史家，修 　　　士	813　李商隱(~853)
820　李翱《復性書》	818　日本漢詩集《文華秀麗集》
822　瓦吉迪(？~)阿拉伯史家	819　〔日〕空海《文鏡秘府錄》
840　圓仁《入唐求法巡禮記》	820　溫庭筠(~870)
〔日〕《日本後記》	821　王之渙(~910)
850　猶太人使用伊第緒語	837　司空圖(~903)
	850　韋莊(~910)

東　亞	印度・東南亞
803　唐朝宦官專政	802　〔東〕闍耶婆羅二世驅逐爪哇人
808　牛李黨爭	，建立吳哥王朝(Ankor)
813　唐攻吐蕃、回紇	832　南詔滅驃國(緬)
815　淮西反亂(~817)	846~1279　〔印〕Chola朝
819　韓愈諫迎佛骨，被貶至潮州	849　緬甸建立蒲甘城
820　宦官殺唐憲宗	
826　宦官殺唐敬宗	
830　李德裕被牛派鬥垮	
835　甘露之變，李訓等企圖殺宦官失	
敗反遇害	
840　回紇受吉爾斯(點戛斯)攻擊而衰	
微，西遷葛羅祿的建立哈剌汗國	
，遷至西州，龜茲的稱高昌回鶻	
；遷至甘州的稱甘州回鶻	
845　會昌法難，唐武宗廢佛教	
848　張議潮在沙州(敦煌)趕走吐蕃人	

藝　術	科　技
803　四川樂山大佛鑿成(713~)	808　清虛子《太上聖且金丹祕訣》
805　法蘭克建亞琛大教堂	828　托勒密《天文學大成》譯成阿拉
829　威尼斯聖馬可大教堂	伯文
847　中國始有象棋	829　巴格達建天文台
850　唐南卓《羯鼓錄》	830　哈里發馬蒙在巴格達創立智慧宮
	846　藺道人《仙授理傷續斷祕方》

昭明歷史手冊

歐　洲	西亞・非洲
862　諾曼人路列克(Rurik)在俄羅斯建 　　　立Novogorod 867　拜占庭巴希爾一世(~886)，出身 　　　亞美尼亞的奴隸，建立馬其頓王 　　　朝(~1081) 870　梅爾森條約(Mersen)，東、西法 　　　蘭克瓜分中法蘭克 871　Afred I為威塞克斯王(~899) 874　挪威人在冰島定居(~930) 875　查理二世佔義大利 878　阿拉伯人佔西西里(~1061) 　　　阿弗烈特擊敗丹麥人 879　〔俄〕基輔羅斯公國(~1169) 893　「全保加利亞及希臘皇帝」 　　　Simeom一世(~927)，第一保加利 　　　亞帝國建立(~1018) 895　馬扎爾人被芬人趕出俄羅斯，進 　　　入匈牙利	853　東羅馬出兵埃及 864　什葉派阿里朝興於大不里士(~928) 867　伊朗人建立薩法爾朝(Saffar,~903) 869　埃及土倫王朝(~905) 873~903　薩法爾朝與薩曼朝爭霸中亞 　　　河地域 874　伊朗人建立薩曼朝(Saman,~999) 877　埃及土倫朝併敘利亞 899　哈姆丹在波斯灣西岸建立卡爾馬特 　　　共和國(存在150年) 900　薩曼朝奪呼蘭珊

思　想	文　學
862　什葉派伊斯馬儀派形成 867　義玄歿(?~)，傳臨濟宗 869　《續日本後紀》 　　　西里爾(827~)拜占庭傳教士(創斯 　　　拉夫字母) 875　穆斯林・本・哈加吉(817~)，《 　　　穆斯林聖訓實錄》 876　Al-Kindi歿 889　伊本・古泰拜(829~) 891　雅庫比《列國志》 　　　《盎格魯撒克遜編年史》	863　段成式歿(803~) 869　《竹取物語》 887　唐末《進奏院狀》 888　鄭還古〈杜子春傳〉 896　歐陽炯(~971) 898　和凝(~955) 9世紀　日本創片假名及平假名

東　亞	印度・東南亞
851　唐征服黨項	890　〔柬〕建新都於耶輸陀羅補羅(吳
858　置安南都護經略史	哥城)
859~860　裘甫在浙東起義	900　越南字母「字喃」出現
862~887　〔日〕藤原良房以外戚攝政	
863　〔日〕圓仁入唐	
868　龐勛在桂州起義(~869)	
872　歸義節度使張議潮死，唐朝威力	
始衰	
874　王仙芝在河北反叛(~878)	
875　黃巢起兵(~884)	
879　黃巢佔廣州後北上	
沙陀人迫晉陽	
880　黃巢佔長安，稱齊帝	
881　僖宗逃至成都；李克用、朱溫等	
攻略華北	
882　朱溫降唐	
883　李克用(沙陀人)奪長安	
884　朱溫(全忠)殺黃巢降唐	
885　僖宗回長安	
887　藤原基經為天皇的「關白」，藤	
原氏掌權(~1192)	
891　王建據成都	
896　各地節度使自立	

藝　術	科　技
857　〔中〕山西五台山佛光寺重建	861　〔日〕《宣明曆》(~1684)
860　張潮義開鑿沙州窟	865　拉齊斯(~925)醫學家，著《醫學
872　南詔建天尊柱	集成》、《天花與麻疹》
876　埃及建伊本圖倫清真大寺	868　〔中〕雕板《金剛經》印成
9世紀《音樂手冊》完成	870　印度十進制數碼傳入阿拉伯
	879　陸龜蒙《耒耜經》

歐　洲	西亞・非洲
904 保加利亞佔阿爾巴尼亞、馬其頓	907 〔波〕薩曼朝伊世帕爾一世
906 馬扎爾人滅大摩拉維亞王國，建	(892~907)統治大不里士和呼羅
立阿爾帕德王朝	珊，定都布哈拉
911 加洛林朝絕嗣，法蘭克大公康拉	907 〔阿〕法提瑪朝(Fatima, ~1171)
德一世被選為東法蘭克國王	統治北非，再擴大至埃及、敘利
(~918)	亞(綠衣大食)
諾曼人羅倫攻略法國北部，迫查	926 法提瑪朝滅摩洛哥的伊特里斯朝
理把諾底封給他作領地	927 喀喇汗朝興於中亞(帕米爾以西回
917 保加利亞西蒙大公(890~927)時	鶻及葛邏祿等郡)
代	932 〔阿〕Buwayh朝崛起於伊朗〔什
919 薩克森的亨利一世奠立德意志帝	葉派〕
國	935 埃及伊赫什德王朝(~969)
928 亨利一世佔斯拉夫人的布蘭尼堡	935 阿拉伯人建阿爾及爾城
要塞(改為布蘭登堡)	945 Buwayh建立王朝(~1055)
929~1031 摩爾人在西班牙建立哥多	946 什葉派進出巴格達，掌實權
華王朝	10世紀中葉~12世紀中葉，中亞喀喇
936 〔德〕奧圖一世(Otto, ~973)，	汗朝(Qura Khan)，土耳其系
他擊敗丹人(940~41)馬扎爾人(	
955)	

思　想	文　學
909 伊本魯斯塔(波斯)地理學家活躍	904 〔日〕《伊勢物語》
915 雷吉諾・馮・普呂姆(德？~)編年	905 紀貫之《古今和歌集》
史家	908 伊本・阿爾穆茲塔(861~)
942 〔日〕源信(~1017)	930 紀貫之《新撰和歌集》
945 劉昫《唐書》、《舊唐書》	936 李後主(~977)
950 阿爾・法拉比(878~)	941 趙崇祚《花間集》
	波斯詩人達魯基歿(859~)
	942 哲海什雅里(？~)編《一千夜》

昭明歷史手冊

東　亞	印度・東南亞
902　楊行密稱吳王，錢鏐稱越王 904　朱溫殺唐昭宗 907　朱溫滅唐，建後梁(~923) 　　　五代十國始(~960) 916　斯奇泰族耶律阿保機稱皇帝，建 　　　立契丹(~1125) 918　王建立高麗，遷都開城 923　李存勗滅後梁，建後唐(~936) 926　契丹滅渤海國，另立東丹國 　　　〔遼〕耶律德光(太宗)即位 934　孟知祥建後蜀 936　王建統一朝鮮半島 　　　契丹支持石敬塘建立後晉，得燕 　　　雲十六州土地 938　段思平滅楊氏，建都大理 946　契丹滅後晉 947　劉知遠建後漢(~950) 　　　耶律德光入汴京(開封)，改國號 　　　為遼	901　南詔亡國 905　曲承裕自稱節度使，在越南自立 939　吳權在白藤江破南漢軍 939~965　越南吳朝，結束1000年被中 　　　國統治 944~968　〔越〕十二使君之亂

藝　術	科　技
916　日僧慧鍔建普陀山「不肯去觀音院」 918　李成(~976) 9世紀　荊浩(畫) 930　紀貫之《新撰和歌集》 935　關仝(五代畫家)	902　迪奈維里(895~)，波斯天文、植 　　　物學家 918　中國製瓷術傳入朝鮮 921　〔阿〕巴爾基《世界氣候圖集》 930　李珣(855~)，波斯藥物學家，《 　　　海藥草本》 939　後晉《調元曆》

53

昭明歷史手冊

歐　洲	西亞・非洲
955 奧圖一世擊敗馬扎爾人，鎮壓斯拉。夫人起義	960 喀拉王朝巴依塔什宣佈以伊斯蘭教為國教
960 皮亞斯特侯爵梅什科一世統治波蘭(~992)，966改信天主教	962~1186 突厥人建立加茲尼朝(Ghazna，領土包括阿富汗、東北伊朗、費爾干花刺子模及北印度)
962 奧圖一世為倫巴底義大利王國國王，受教皇加冕(義大利受德意志統治至1268年)	972 齊里創建立齊里王朝(~1152)統治突尼斯、阿爾及利亞
971 東羅馬佔領多瑙河下游的東保加利亞王國	999~1212 西部喀喇汗王朝統治中亞，滅薩曼朝
982 移居冰島的挪威人發現格陵蘭	
987 〔法〕卡貝王朝(Capet, ~1328)	
989 〔俄〕Vladimir大公強迫俄人改信東正教，採用希臘字母	
990 〔義〕威尼斯建國	
999 波列斯拉夫二世統一整個捷克，定都Praha	

思　想	文　學
953 後周國子監《九經》成	965 〔日〕清少訥言(~？)女作家
956 馬蘇迪(？~)〔阿〕歷史家，著《黃金草原》	967 林逋(~1028)
961 王溥《唐會要》	972 藤原兼家妻子《蜻蛉日記》
967 薛居正《舊五代史》	10世紀 波斯詩人達其基(？~977)
968 西班牙科多華大學創建	978 李昉《太平廣記》
980 **Avicenna**(~1037)	985 范仲淹(~1052)
985 源信《往生要集》	986 李昉《文苑英華》
988 埃及開羅愛資哈爾大學建校	990 柳永(~1050？)
989 陳摶(？~)	張先(~1078)
	991 晏殊(~1055)
	994 石曼卿(~1041)

東　亞	印度・東南亞
951　郭威建立後周(~960)，劉崇建北 　　漢(~950)	968~980　〔越〕丁部領建立丁朝(大 　　瞿越國)
955　後周世宗(柴榮)迫害佛教，吳越 　　鑄造八萬四千寶塔	980　〔越〕十道將軍黎恆稱帝，建 　　立前黎朝(~1009)
959　周世宗攻遼	10世紀末~1192　印度中部Chauhan朝(　　被穆斯林消滅)
960　趙匡胤奪後周，建立宋朝(北宋 　　，~1126)	
961　宋太朝杯酒釋兵權	
965　宋置諸路轉運使	
971　宋置市舶司 　　宋滅南漢	
975　宋滅南朝	
976　宋太宗即位	
979　滅北漢，中國再統一 　　高麗頒佈柴田科	
980　日本與宋建交	
982　李繼遷在鄂爾多斯獨立	
983　契丹改為遼國	
993　四川、湖南均產之亂(王小波)	
994　契丹征服高麗	
997　西夏李繼遷向宋朝貢 　　宋分天下為十五路	

藝　術	科　技
960　董源歿(934~)	959　〔中〕豆腐製作技術流行
961　蘇州雲岩寺塔(虎丘塔)	973　《開寶新詳定本草》
965　黃筌(903~)，畫家	984　丹波康賴《醫心方》
989　喻皓建汴京開寶寺塔	992　王懷穩《太平聖惠經》
992　王著編印《淳化閣帖》	993　〔宋〕《淳化天下圖》
	996　蔗糖由埃及傳入威尼斯
	997　夸里茲米(波)《科學之鑰》
	？1000　中國人發明火藥
	11世紀　歐洲普及三圃農耕法

昭明歷史手冊

歐　洲	西亞・非洲
1004　德皇亨利二世出兵義大利 1014　諾曼人在愛爾蘭的統治結束 　　　丹麥人佔倫敦 1015　諾曼人佔南義大利 1016　丹麥王Canute(~35)成為英王 1018　東羅馬併吞保加利亞 1023　〔西〕哥多華貧民擁立Mal- 　　　ustakif(貧民哈里發) 1024　〔德〕法蘭克朝(~1125) 1028　丹麥王兼英王克努特成為挪威 　　　國王	1000　阿拉伯人的希拉爾人至柏柏人 　　　住地，融合成阿爾及利亞人 1005　法提瑪朝阿爾・哈基姆在開羅 　　　建立「智慧之宮」 1007　阿爾及利亞，Hammadids朝 　　　(~1152) 1020　東羅馬征服亞美尼亞

東　亞	印度・東南亞
1002　黨項人李繼遷陷靈州	1001　伽色尼朝Muhmud(馬茂德)第二
1004　宋遼議和(澶淵之盟)	次侵略印度
1007　科舉改為糊名試題(填空題)	1006　室利佛逝攻東爪哇
1010　契丹陷高麗	1008　馬漢默德攻佔旁遮普
1012　江南、兩浙種占城米	1010　〔安南〕李公蘊建立李朝大越國
1022　宋仁宗即位(~63)	(~1225)，定都昇龍(河內)
1023　宋禁止商人發行支票「交子」	1018　〔印〕穆斯林第十二次攻略南
1028　李元昊敗甘州回鶻，佔領甘、涼	方，毀Mathura印度神廟
(甘肅)	1024　馬茂德毀Samnath廟，殺50萬人
1030　李元昊降宋	1025　〔印〕汪輦朝攻室利佛逝

昭明歷史手冊

歐　洲	西亞・非洲
1031 〔西〕後倭馬亞朝滅亡，基督徒開始復國運動	1035 塞爾柱的孫子突格里勒貝格進入呼羅珊，1037奪木鹿及內沙布爾1036 法提瑪朝Al-Mustansir即位　(~1094)
1032 勃艮第王國歸屬德意志	
1033 俄、德聯軍迫波蘭承認德意志的宗主權	1037 喀刺汗國分裂
1042 英國擺脫丹麥人統治，愛德華二世即位(~66)	1038 突古利貝克進入
1044 米蘭成為自治市	1055 中亞，塞爾柱帝國興起，(Seljiug, ~1308)突格里勒貝格(Tughri)受哈里發封為「蘇丹」(Sultan)
1053 諾曼人佔領倫巴底，建立國家	
1054 教皇將君士坦丁堡總主教處以破門，東西教會分裂	
1059 羅馬教皇選舉法定型，以樞機主教會議選舉	

思　想	文　學
1007 道初《景德傳燈錄》	1002 梅堯臣(~60)
1009 李覯(~59)	1007 歐陽修(~72)
1010 王欽若《寶文統錄》(道經)	1008 蘇舜卿(~48)
1011 邵雍(~77)	1015 紫氏部(978~)
1013 王欽若《冊府龜元》	1019 曾鞏(~83)
1019 周敦頤(~73)	1021 王安石(~86)
司馬光(~86)	Solomon ibn Gabriol(~70)
1020 張戴(~77)	1036 蘇東坡(~1101)
1030 伊本・米斯凱韋(波，930~)	1039 蘇轍(~1112)
1032 程顥(~85)	1045 黃庭堅(~1105)
1033 程頤(~1107)	1049 秦觀(~1100)
1035 楊時(~1153)	1053 陳師道(~1102)
1040 伊本・阿齊爾(~1119)	
1046 契丹學者蕭韓家奴(975~)歿	

東　亞	印度・東南亞
1031　〔遼〕興宗即位(~55)	1044　南宋攻打林邑
1037　契丹水軍入侵鴨綠江	緬甸Anawrahat建立蒲甘王朝
1038　奪元昊建立西夏國(~1227)	(Pagan，~1287)
1039　狄青擊退西夏軍	〔越〕大瞿越攻滅占城
1044　宋西夏議和，宋承認西夏的主	1054　安南李朝改為大越國
權	1057　蒲甘朝征服柬埔寨
1047　貝州王則反亂(~48)	
1049　儂智高反亂，(1053年被狄青鎮	
壓)	
高麗定兩班功蔭柴田科	
1053　契丹與西夏議和	

藝　術	科　技
1007　景德青瓷聞名於世	1007　樂史(930~)地理學家
1009　伊本・尤努斯(950~)，天文學家	1012　福建占城稻種在江淮兩浙推廣
1031　〔遼〕白塔(呼和浩特以東)	種植
1023~32　畫家范寬活躍	1027　王惟一《銅人腧穴針灸圖經》
	1031　沈括(~95)
	1037　《神武秘略》
	1048　畢昇發明活字印刷術

歐　洲	西亞・非洲
1061 諾曼人開始征服西西里島 1066 諾曼人從法國征服英格蘭(威廉一世)，建立諾曼王朝(~1154) 1075 〔德〕亨利四世與教皇爭奪神職任敘權 1076 教皇格列高利七世擊敗亨利四世 1077 亨利四世至卡諾莎向教皇懺悔 1080 德意志分裂為教皇黨及皇帝黨 1083 亨利四世攻陷羅馬 1095 葡萄牙建國 　　　東羅馬向教皇Ulban II求援，教皇召開Piacenza會議 1096 第一次十字軍東征(~99) 1100 義大利熱內亞共和國(~1797)	1061 北非柏柏人建立穆拉比特王朝(~1147) 1066 塞爾柱人佔領大馬士革、亞美尼亞 1073~92 塞爾柱馬里克沙(Malik Shah)即位 1077 小亞細亞，羅姆蘇丹國(~1308) 1090 〔伊〕Hasan Sabbah創立刺客教派(Assassin)於呼羅珊 1091 馬里克沙遷都巴格達 1097 十字軍佔Nicea、Dorylaeum 1099 十字軍佔耶路撒冷，Gadfred of Baldwin為王

思　想	文　學
1053 歐陽修《新五代史》 1057 孫復(992~) 1060 歐陽修《唐書》 1064 〔西〕伊本・哈茲姆(944~) 1068 劉敞(1018~) 1070 〔西〕伊本・蓋比魯勒(1021~)，猶太哲學家 1072 契嵩(1007~) 1084 司馬光《資治通鑑》 1088 〔義〕博洛尼亞大學建校 1098 范祖禹(1041~)	1057 周邦彥(~1121) 　　　麥阿里(973~)，阿拉伯詩人 1067 蔡襄(1012~) 1070 突厥文《福樂智慧》 1081 李清照(~1140) 1099 藏族史詩《格薩爾王傳》 1100 《羅蘭之歌》

東　亞	印度・東南亞
1065 「濮議」之爭(朝臣為英宗生父的尊號起爭議，~67)	1075 越南攻中國的欽、廉、邕各州(~76)
1067 宋神宗即位(~85)	1096 泰族帕耀王國建國(~1338)
1069 　王安石變法	
1070 行保甲法、募役法	
韓琦、司馬光等舊派下野，王安石為宰相(~76)	
1071 行市易法、保馬法、方田均輸法	
1076 王安石下野	
1080 元豐年間改官制	
哲宗即位，宣仁太后攝政廢新法	
1086 司馬光為宰相，廢新法	
1087 洛蜀朔三派黨爭始	
〔日〕白河上皇建立院政政治	
1094 章惇為宰相，恢復新法，趕走舊派	
1100 宋徽宗即位，章惇罷官	

藝　術	科　技
1051 李茞(~1170)	1051 阿拉伯人將十進位制傳入西班牙
1054 李公麟(~1106)	1061 蘇頌《圖經本草》
1055 宋建河北開元寺塔	1073 宋《熙寧式法》(兵器)
1059 李道醇《五代名畫補遺》	1080 王存《元豐九域志》
蔡襄建福州萬安橋(洛陽橋)	1087 〔北非〕康斯坦丁(1020~)，醫學家
1062 佛羅倫斯聖米尼亞托大教堂建成	1089 沈括《夢溪筆談》
1070年代　畫家郭熙活躍	1099 阿里・伊本愛薩《眼科醫學寶典》
1079 文同(1018~)畫家	1100 李誡重修《營造法式》
1084 朱長文《琴史》	
1090 呂大臨(1042~)，金石家(《考古圖》)	

昭明歷史手冊

歐 洲	西亞・非洲
1111 〔德〕亨利五世軟禁教皇巴斯卡爾二世，迫他放棄主教敍任權	1118 耶路撒冷王鮑爾迪溫攻埃及
1113 〔俄〕弗拉基米爾二世為基輔大公(~1125)	1120 神殿武士團在耶路撒冷建立(~1291，遷至塞浦路斯)
1118 〔西〕亞拉岡佔領薩拉哥薩	1127 塞爾柱蘇丹任命伊馬德・丁・贊吉為摩蘇爾總督(~46)
1122 沃爾姆斯(Worms)宗教會議，結束敍任權鬥爭，皇帝有權撤換主教	1130 Almohad朝在摩洛哥及西班牙建立統治(~1269)
1130 諾曼人建立兩西西里王國	

思 想	文 學
1104 鄭樵(~60)	1123 Omar Khayyam歿
1110 Abraham ibn Daud(~80)	洪邁(~1202)
1113 王重陽(~65)	1124 楊萬里(~1206)
1115 李燾(~84)	1125 陸游(~1210)
1126 Averroes(~1198)	范成大(~93)
1127 羅摩奴闍(1107~)	
1130 朱熹(~1200)	

東　亞	印度・東南亞
1102 蔡京為相，推行新法立〈元祐 　　　黨人碑〉，迫害舊黨(~06)	1112 〔東〕吳哥寺建立(~1201) 1125~50 〔印〕Sena人侵略孟加拉
1114 女真完顏阿骨打制定猛安謀克 　　　制	
1115 阿骨打建立金國(~1234)定都上 　　　京會寧府	
1118 馬政至金，西求聯軍攻遼失敗	
1119 女真文字完成	
1120 方臘反亂(浙東摩尼教的明教教 　　　主，反抗朝廷徵發花石綱)	
1121 方臘敗死	
1122 金佔遼的燕京	
1123 金割燕雲十六州的六州予宋	
1125 金滅遼，耶律大石西奔	
1126 金陷汴京，俘走徽、欽兩帝(靖 　　　康之變)	
1127 趙構在南京(河南商邱)即位，建 　　　立南宋(~1279)	
1129 宋高宗逃至杭州，改為臨安	
1130 金立劉豫為齊帝 　　　湖南均產教起義(~35)，被岳飛 　　　鎮壓 　　　岳飛破金軍	

藝　術	科　技
1113~53 〔東〕安哥窟寺廟 1118 比薩大教堂建成 1120 宋徽宗〈白鷹圖〉 1126 《宣和畫譜》 1128 李唐〈秋江得月圖〉 1129 趙明誠(1081~) 1130 米友仁〈雲山圖卷〉	1117 〔宋〕《聖濟總錄》 1120 秦九韻《算學九章》 1124 中國人發明羅盤

昭明歷史手冊

歐　洲	西亞・非洲
1143 阿拉伯數字傳入歐洲	1132 耶律大石在中亞建立「黑契丹」
1147 第二次十字軍東征(~49)	(西遼,~1211)
1150 布蘭登堡〔普魯士〕建國	1137 衣索比亞阿古人建立扎格維王朝
1152 〔德〕裴特烈即位(~90)	(~1270)
東羅馬征服匈牙利	1144 摩蘇爾贊吉攻滅十字軍埃德薩伯
1154 〔英〕金雀花王朝(~1399)	國
1156 〔奧〕獨立侯國成立	1145 北非穆瓦希德朝哈里發阿卜杜拉
1158 德皇授予Bologna大學學生特許	穆明統治伊比利半島的穆斯林地
狀	域
1160 裴特烈攻米蘭(~62)	1148 十字軍攻大馬士革失敗
1167 倫巴底同盟成立	1152 穆瓦希德朝征服今天的阿爾及利
〔英〕牛津大學(Oxford)建校	亞,滅貝賈亞的哈馬德王朝
1170 〔英〕和英王對立的坎特伯里大	1157 塞爾柱呼羅珊蘇丹桑賈爾卒,帝
主教Thomas Becket被暗殺	國東支亡
	1158 穆瓦希德王朝征服突尼斯,驅逐
	西西里的諾曼人
	1163 西遼仁宗子妹耶律普速完稱承天
	太后攝政(~1177)
思　想	文　學
1133 阿里索吉爾松《冰島史》	1139 摩西・伊本・埃茲拉(西,
1135 楊時(1053~)	1060~),希伯萊語詩人
1137 呂祖謙(~81)	1140 西班牙史詩《熙德之歌》
1139 陸象山(~93)	辛棄疾(~1207)
1143 陳亮(~94)	〔阿〕Nizami(~1202)
1147 孟元老《東京夢華錄》	1153 鴉寶明(~1216)
1150 葉適(~1223)	姜夔(~1235)
1151 金富軾(高麗,1075~),	1170 張孝祥(1132~)
〔著《三國史記》〕	
1165 艾爾伊德里斯(摩洛哥,1110~)	
李心傳(~1243)	
1167 王重陽創全真教	
牛津大學創校	
1168 親鸞(日,~1262)	

東　亞	印度・東南亞
1131　秦檜為南宋宰相 　　　和尚原戰役，宋破金軍 1137　金滅齊國 1138　宋以臨安為國都，宋、金議和 1140　岳飛在朱仙鎮敗金軍 1141　秦檜殺岳飛 1142　宋受金的冊封 1143　蒙古反金 1149　〔金〕海陵王即位 1153　金遷都燕京 1159　〔日〕平治之亂，平清盛滅源 　　　賴義朝 1160　宋發行會子 1161　金遷都汴京，準備侵宋，虞允 　　　文大敗金軍於采石磯 1165　金宋改為叔姪關係 1167　平清盛為太政大臣 1170　〔高麗〕，庚寅之亂，鄭仲夫廢 　　　毅宗，立明宗，殺文臣	1150　僧伽補羅王朝在新加坡建立 1160~66　柬埔寨羅睺起義 1164　宋封大越英王為安南國王
藝　術	科　技
1135　趙佶(宋徽宗，1082~) 1158　英建牛津大教堂 1163　〔法〕巴黎聖母院動工	1147　西西里王羅杰二世俘獲2000名 　　　希臘絲織工匠，絲織技術傳入 　　　西歐 1157　日本置漏刻 1161　虞允文用「霹靂砲」敗金兵

昭
明
歷
史
手
冊

歐　洲	西亞・非洲
1171　〔英〕亨利二世攻佔愛爾蘭	1171　庫德族薩拉丁(Saladin)推翻埃及
1174~77　〔德〕裴特烈(紅鬍子)攻義	法提瑪朝，建立艾育布朝
大利失敗	(~1250)，埃及恢復正統教派
1182　希臘人反抗拉丁人統治	1185　薩拉丁攻美索不達米亞
1183　倫巴底同盟擊敗德軍，裴特烈	1186　Muiz ud din Muhammad佔拉合
承認倫巴底各城市自治	爾，滅加茲尼朝，建廓爾朝
1184　教皇Lucius III成立異端審判廷	(Ghur)
1187　新保加利亞王國興(~1393)	1187　薩拉丁滅耶路撒冷國
1189　第三次十字軍東征	1192　薩拉丁與英國查理議和

思　想	文　學
1175　朱熹、呂祖謙《近思錄》	1175　〔法〕《列那狐的故事》
1177　赫爾莫爾德(德，1120~)，著	1185　〔俄〕《伊果里戰紀》
《斯拉夫編年史》	1187　劉克莊(~1269)
1178　魏了翁(~1237)	1190　《蕃漢合時掌中珠》(字典)
1191　蘇哈拉瓦迪(波，1155~)	耶律楚才(~1243)
1194　徐夢莘《三朝北盟會編》	

東　亞	印度・東南亞
1176 〔宋〕各地農民起義	1175 阿富汗廓爾朝入侵印度
朱熹重建白鹿洞書院	1177 占婆攻略吳哥
1180 〔日〕源賴朝舉兵，1185滅平氏	1181 〔柬〕闍耶跋摩七世(~1219)驅
1183 宋禁道學	逐占婆人
1187 金禁女真人穿漢裝	1190 闍耶跋摩入占婆
1189 鐵木真即蒙古汗位	小乘佛教由錫蘭傳入緬甸
1190 金開科取士	1199 〔印〕阿富汗廓爾朝佔孟加拉
1192　源賴朝開鐮倉幕府	
1195 慶元黨禁，韓侂胄專權	
1196 宋禁偽學(朱熹的道學)	
蒙、金聯軍破韃靼部	
1198 高麗奴婢反亂	
1200 韓侂胄為太傅	

藝　術	科　技
1175 英坎特伯里大教堂始建	1199 宋頒《統天曆》
1184 周季常〈佈施餓鬼圖〉	1200 劉宗素(1110~)，醫學家
1192 蘆溝橋建成	

昭明歷史手冊

歐　洲	西亞・非洲
1204 十字軍佔君士坦丁堡，威尼斯 　　　人建拉丁帝國(~61)，奪取克里 　　　特島 1205 匈牙利安德拉什二世(~35) 1208 教皇Innocent III號召十字軍迫 　　　害南法的Albigenos教派 1215 〔英〕貴族迫約翰簽〈大憲 　　　章〉 1219 兒童十字軍 　　　第五次十字軍東征(~21) 1222 匈牙利王頒《金璽詔書》 1223 速不台攻入南俄 1230 〔西〕卡斯提爾王費南度三世 　　　(1217~52)稱霸 1236 〔西〕卡斯提爾征服哥多華 1237 蒙古拔都征服俄羅斯 1238 〔西〕亞拉岡佔摩爾人的巴倫西 　　　亞 1240 蒙古人佔領基輔 　　　保加利亞第二帝國分裂(1186~)	1204 Theodore I建 Nicea帝國 　　　對抗拉丁帝國 　　　肯亞紀元始 1206 阿富汗廓爾朝滅亡 1218 十字軍入埃及 1219 成吉思汗佔Transoxiana 1220 成吉思汗滅花刺子模 1221 托雷滅呼羅珊 1225 德里奴隸王朝開始征服波斯 1228 突尼西亞，Hafsid朝(~1574) 1229 第六次十字軍佔耶路撒冷 1234 蒙古軍攻略亞塞拜然、美索不 　　　達米亞、格魯吉亞 1235 穆瓦希德王朝撤出伊北利半島
思　想	文　學
1205 袁樞(1131~) 1208 Saxo Grammatius歿，著《丹麥 　　　史》 1209 劍橋大學始建 1210 李心傳《建炎以來繫年要錄》 1220　Roger Bacon(~92) 1222 日蓮(~82) 1224　J. Aquinas(~74) 1225 趙汝適《諸蕃志》 1230 胡三省(~87)	1202 洪邁(1123~) 1204 德史詩《尼貝龍根之歌》完成 1208 波斯詩人Rumi(~73) 　　　董解元《西廂記諸宮調》 1212 鴨長明《方丈記》 1219 姚樞(~96) 1226 白樸(~85) 1235 〔埃〕Ibn al-Farid，詩人 1238 姚燧(~1314)

東　亞	印度・東南亞
1205　鐵木真攻西夏 1206　鐵木真稱成吉思汗(~27) 1208　宋、金議和 　　　成吉思汗滅乃蠻 1209　蒙古征服西夏、畏兀兒 1211　蒙古滅西遼 1214　蒙、金議和，金遷都至開封 1215　蒙古佔燕京 　　　浦鮮萬奴在遼東建大真國(~33) 1217　宋、金交戰 1219　成吉思汗西征 　　　〔日〕北條氏滅源氏 1221　〔日〕承文之亂，幕府鎮壓後鳥 　　　羽天皇策動的京都之亂 1227　成吉思汗滅西夏，成吉思汗歿 1229　窩闊台即汗位 1231　蒙古入侵朝鮮 1233　蒙軍佔洛陽 **1234　蒙古滅金朝** 1235　蒙古定都和林 1238　蒙軍圍四川瀘州	1203　真臘滅占婆 1206　〔印〕Kutb-ud-din Ibak建立德里 　　　奴隸王朝(土耳其系奴隸專政) 1215　〔泰〕孟拱國建立 1223　緬甸撣族建立孟乃國 1225　〔越〕陳暊奪女帝昭皇帝位，建 　　　立陳朝(1226~1400) 1238　〔泰〕泰人推翻吉蔑人，建立 　　　Sukhotai國
藝　術	科　技
1201　吳哥窟建成(1112~) 1204　法建羅浮宮(城堡) 1219　李嵩〈沽酒圖〉 1224　陳容〈九龍圖〉 　　　馬遠(1190) 　　　夏珪(？~) 1239　鄭思肖(~1316) 13世紀　馬遠〈寒江釣雪圖〉	1202　Fibonacci《算學之書》 1228　張從正(1156~)，醫學家 1234　高麗創金屬活字印刷術

歐　洲	西亞・非洲
1241 蒙古破日耳曼聯軍於Liegnitz， 　　　大掠匈牙利 1243 拔都在俄建立金帳汗國 　　　(~1480)，定都薩萊 1248 第七次十字軍東征(~54) 1253~99 〔義〕威尼斯與熱內亞爭霸 　　　戰 1254 〔德〕萊茵城市同盟 1255 〔德〕大空位時代(~73) 1265 英王亨利三世承認每州選2名代 　　　表建立(下議院) 1270 第八次十字軍東征	1243 蒙古征服魯姆蘇丹國 1244 蒙古軍進入安卡拉 1250 埃及馬姆努克王朝(~17)，破十 　　　字軍，俘法王路易九世 1253 旭烈兀攻西亞(~1259) 1258 旭烈兀滅阿拔斯朝 1265 伊朗軍大敗蒙古軍於Heart 1269 馬林王朝攻佔馬拉喀什，滅穆 　　　瓦 希德王朝 1270 法國路易九世遠攻突尼斯，病 　　　歿 　　　耶克諾阿姆克重建衣索比亞所 　　　羅門王朝(~1947)

思　想	文　學
1253 〔日〕道元(1200~) 1267 王應麟《玉海》 1272 阿奎那《神學大全》 1277 黎文休《大越史記》 1289 曹先《十八史略》 1290 William of Okham(~1349) 1298 馬可波羅《東方見聞錄》	1257 元好問(1190~) 1264 嚴羽歿(《滄浪詩話》) 1265 但丁(~1321) 1272 虞集(~1348) 1274 揭俟斯(~1344) 1281 文天祥〈正氣歌〉 1283 歐陽玄(~1357) 1286 貫雲石(~1324) 1300 關漢卿(？~)

東　亞	印度・東南亞
1245　G.de Piano Garpini至和林	1241　蒙古佔印度拉赫爾
1246　貴由汗即位(~48)	1245　蒙軍入侵孟加拉
1247　蒙古入侵高麗	1247　馬來半島單馬令出兵干涉錫蘭
1251　蒙哥汗即位(~59)	1256　蒙古攻旁遮普
1253　忽必烈滅雲南，征服吐蕃	1257　蒙軍入侵河內
1255　兀良哈台征服西南夷	1266~87　Balban建立德里新王朝
1259　蒙古侵宋，征服高麗	
1260　忽必烈即位(~94，元太祖)	
1264　定都燕京	
1268　海都之亂，蒙古軍圍襄陽	
1269　八思巴(藏人)制定蒙古文字	
1270　蒙古軍入高麗設達魯花剌監國	

藝　術	科　技
1276　喬托(~1337)	1249　宋慈《洗冤錄》
1280　吳鎮(~1354)	1265　楊輝《日用算法》
1287　王冕(~1359)	1267　波斯人札馬剌丁《萬年曆》
1293　趙孟頫〈垂釣圖〉	1275　維泰洛(1225~，波蘭)，科學家，
	著《透視》
	1281　郭守仁《授時曆》
	13世紀　歐洲人始用眼鏡

昭明歷史手冊

71

歐　洲	西亞・非洲
1273　哈布斯堡的魯道夫一世為神聖 　　　羅馬帝國皇帝 1282　〔英〕愛德華一世征服威爾斯 　　　〔義〕西西里晚禱事件，義人 　　　屠殺法國佔領者 1294　〔法〕沒收境內英國領地，兩國交 　　　戰 1295　英召開模範國會(Model 　　　Parliament) 1300　〔法〕牧羊人暴動(Pastoureaux) 　　　〔俄〕定都莫斯科	1273　伊兒汗國焚掠布哈拉 1291　十字軍退出敘利亞 1296　摩洛哥，Marinid朝興(~1470)壓 　　　制阿爾及利亞、突尼西亞 1299　鄂斯曼(Osman)即位(~1326)， 　　　建立土耳其公國 1300　蒙軍攻大馬士革，被埃及軍擊 　　　退

東　亞	印度・東南亞
1271　蒙古改為元朝(~1368)	1273　緬甸拒絕降元
1273　呂文煥堅守襄陽5年後向元軍投	1275　〔泰〕坤藍甘亨Kun Ram Kam
降	Heng即位
1274　〔日〕文永之役，蒙古由朝鮮	1277　元軍與緬甸大戰於牙嵩羌
攻日本，在壹岐、對馬被颱風	1280　〔緬〕東吁國
吹走船隻	1285　越人趕走元軍
1275　馬可波羅(Marco Polo)至大都	1287　越南降元，元征服緬甸
文天祥舉兵	1290　〔印〕奴隸王朝亡
1276　伯顏陷臨安，南宋亡	1296　〔泰〕蘭那泰王國(~1804)
1279　崖山之役，宋亡	1299　〔緬〕撣人攻蒲甘城
1281　〔日〕弘安之役，元軍攻日本	1300　〔印尼〕滿者伯夷興起
又敗	
1282　文天祥就義	
1290　江南大水患	
1294　元成宗即位(~1307)	

昭明歷史手冊

歐　洲	西亞·非洲
1302　〔法〕菲利普四世召集「三級 　　　會議」，對抗教皇 1305　法王立教皇Clement五世 1307　遷教皇於亞威農(Avignon, 　　　1378) 1308　法軍佔羅馬，俘教皇 　　　英征服蘇格蘭 1321　歐洲屠殺麻瘋病人 1328　〔法〕伐洛瓦朝(Valois, ~1498) 1330　土耳其人侵南歐及巴爾幹 1337　英法百年戰爭(~1453) 1340　波蘭征服加里西亞(~49)	1303　蒙古軍在大馬士革兵敗 1307　〔非〕尼日河上游的Man-Dingo 　　　帝國興(~1332) 1317　土耳其人奪取東羅馬的Brusa 　　　(~26) 1320　土耳其人佔Necea，奪東羅馬的 　　　小亞細亞領土 1326~61　〔土〕Orthan即位 1337　土耳其佔Nicomedia(Ismid)

思　想	文　學
1308　鄧斯·司各脫(1265~)蘇格蘭哲 　　　學家 1310　Rashid al-Din Fadl Allah 　　　(1247~1318)《世界史》 1311　劉基(~75) 1319　馬端臨《文獻通考》 1328　Wycliff(~84) 1331　趙世炎《皇朝經世大典》 1345　脫脫《宋史》、《金史》(1350) 　　　《遼史》 1349　汪大淵《島夷志略》	1304　佩脫拉克(Petrarch, ~74) 1308　薩天錫(~？) 1310　宋濂(~81) 1311　薄伽丘(Boccacio, ~75) 1321　但丁《神曲》 1325　Hafiz(波)詩人(~89) 1330　兼然《徒然草》 1344　薄伽丘《十日談》 1348　張可久(？~) 1350　冰島神話《古代薩迦》完成

東　亞	印度・東南亞
1304 窩闊台汗國與察合台汗國合併	1303 元軍退出緬甸
1309 元設尚書省，發行大元通寶	1306 元軍退出印度
1313 元舉行科舉(~35)	1312 越南侵略占婆
1314 設回回國子監	〔緬〕邦牙王朝(~64)
1321 察合台汗國分裂	1313 素可泰朝攻吳哥
1322 元禁白蓮教	1321 〔印〕Tughlk朝(~98)
1324 〔日〕正中之變，後醍醐天皇	1337 南印度Vijayanagar朝(~1646)
(1318~39)企圖推翻幕府失敗	
1325 息州趙丑廝、郭菩薩預言彌勒	
佛降世	
1333 元順帝即位(~68)	
1336 〔日〕南北朝時代(~92)足立尊	
氏立光明天皇，後醍醐天皇逃	
至吉野，足立尊氏建立幕府政	
治	
1338 袁州周子旺、漳州李志甫起義	
〔日〕足利尊氏為征夷大將軍	
1340 元再復科舉	

藝　術	科　技
1310 高克恭(1248~)畫家	1302 歐洲人發明火藥
1322 趙孟頫(1254~)	1306 紐倫堡的魯道夫發明金屬抽絲
1333 柯九思(1290~)	機
1343 S.Martin1〈聖告〉(畫)	1308 王與《無冤錄》
1350 比薩斜塔建成(1174~)	1313 王禎《農書》
	1316 郭守敬(1231~)
	1330 李澤民《聲教廣被圖》(地圖)
	1332 最早的銅火銃出現

歐　洲	西亞・非洲
1342　拜占庭吉洛特起義	1345　土耳其人至歐洲
1346~78　德意志、捷克國王查理四世	1349　伊兒汗國滅亡
在位	1359　〔土〕穆拉特一世即位(~89)
1347　〔義〕黎恩濟(Rienzi)建立羅馬	帖木兒開始入侵特蘭西奧克西阿
共和國(~54)	納
1347~53　歐洲黑死病流行	1362　土耳其人佔亞得里亞堡
1356　查理四世頒《金璽詔書》，確	1363　土軍大敗歐洲聯軍於Maritz戰役
定7個選帝侯選舉皇帝	14世紀下半葉　非洲剛果王國(~19世
1357~58　法國馬賽市民起義	紀)
1358　法，札克雷起義(Jacquelre，鄉	
下人)	
1360　英法《布勒丁尼和約》	
(Bretigny)，英放棄對法王權要	
求，法放棄Aquitaine, Calais	
1365　土耳其征服保加利亞	

東　亞	印度・東南亞
1341　山東、燕南軍隊叛變	1344　〔越〕吳陞起義(~60)
1343　編遼、金、宋史	1347~1527　〔印度〕巴赫馬尼王國
1344　黃河水患，山東益都的鹽工郭	1350　泰阿瑜陀耶(大王)王朝建立
火你赤反抗	1353　老撾瀾滄王國建立
1348　台州(浙東)方國珍反	1356　暹邏攻緬甸
1350　元通貨膨脹；倭寇入侵高麗	1359　小乘佛教傳入老撾
1351　紅巾軍起義　劉福通佔潁州，	1364~1555　〔緬〕阿瓦王朝
芝麻奪佔徐州，徐壽輝佔湖北	
稱帝(天昊國)	
1352　郭子興佔濠州	
1353　張士誠佔高郵	
1354　朱元璋佔潞州	
1355　韓林兒稱小明王，朱元璋繼承	
岳父郭子興的事業	
1357　劉福通攻汴梁，紅巾軍三路攻	
山西、陝西及山東	
明玉珍佔四川	
1358　劉福通遷都汴梁	
1359　陳友諒佔江州，稱漢王	
1360　陳友諒殺徐壽輝稱帝(漢)，朱元	
璋延攬劉基等名士	
1361　朱元璋攻陳友諒，進出長江中	
游，迎韓林兒	
1363　張士誠殺劉福通，朱元璋敗陳	
友諒於鄱陽湖	
1364　朱元璋稱吳王	

歐　洲	西亞・非洲
1367　漢撒同盟成立 1377　教皇回羅馬 1378　教會大分裂(~1417)，英、德、 　　　波、匈擁Ulban六世，法、西、 　　　葡擁Clement七世 　　　〔英〕威克里夫攻擊教會 1380　條頓武士團佔立陶宛西部 　　　Kulikovo之戰，俄敗蒙古軍 1381　〔英〕瓦特泰勒(Wat Tyler)之 　　　亂，處死John Ball 　　　英頒佈〈航海條例〉 1385　波蘭與立陶宛合併 1386　立陶宛王建Jagello朝(~1572) 1389　Kossovo戰役，土耳其擊敗塞爾 　　　維亞、波斯尼亞聯軍，征服巴 　　　爾幹 1396　匈牙利任西吉斯孟德在尼科堡 　　　被土耳其人擊敗 1397　卡爾馬聯盟(Karmal)，丹、挪、 　　　瑞共擁丹麥女王瑪格麗特 　　　(~1532)	1370　帖木兒王朝(~1507)，定都薩馬 　　　爾罕 1375~1469　伊朗黑羊王朝 1377~86　土耳其擴張至安那托利亞 1378~1502　〔伊〕白羊王朝 1381　帖木兒攻略伊朗、阿富汗(~84) 1385　土耳其征服阿爾巴尼亞(Voissa 　　　戰役) 1394　〔土〕Bayzai正式稱「蘇丹」 1399　帖木兒滅亞塞拜然、格魯吉亞 1400　帖木兒攻Sivas
思　想	文　學
1357　方孝儒(~1402) 　　　宗喀巴(~1419) 1370　宋濂《元史》 1372　胡思(Hus, ~1415) 1377　伊本・巴圖塔(1304~)，旅行家	1355　薩都刺(1305~) 1370　施耐庵(1296~) 1371　高明(1307~) 1380　阮廌(~1442)越南詩人 1384　一休(日，~1481) 1400　喬叟(Chaucer, 1343~)

東　亞	印度・東南亞
1366 朱元璋溺死韓林兒	1369 撣族在阿瓦建國統治上緬甸
1367 朱元璋捕張士誠	1374 老撾三千泰王朝建立
1368 朱元璋建立**明朝**(~1644)	1378 阿瑜陀耶王朝滅素可泰王朝
元順帝逃至開平，建立北元	1386~1425 阿瓦朝與勃固朝戰爭
1369 徐達攻開平，順帝逃至和林	1397 麻諾巴歇王國滅室利佛逝
1370 徐達破元將擴廓帖木兒	1398 帖木兒攻陷德里
1374 明罷市舶司，嚴海禁	1400~1407 〔越〕胡朝
1376 明改行中書省，為承宣布政使司	
(十二行省)	
1379 胡惟庸獄，殺汪廣洋	
1380 明廢中書省，殺胡惟庸，明太	
祖獨裁	
1381 明設賦役黃冊	
1382 置錦衣衛，設都察院	
1383 高麗李成桂破倭寇	
1387 明制定魚鱗圖冊(戶、地籍)	
1392 〔日〕南北朝合一	
李成桂建立朝鮮李朝	
1393 藍玉案，殺15000人	
1399 惠帝即位，齊泰、黃子澄建議	**藝　術**
削藩，引起燕王朱棣反叛(靖難	1354 黃公望(1269~)，畫家吳鎮
之變)	(1280~)
	1357 布拉格興建查理大橋
	1360 歐洲出現撥弦古鋼琴
	1362 王紱(~1415)
	1366 Van Dy Eycke(~1426)
	1374 倪瓚(1301~)
	1377 Brunelleschi(~1446)
	1382 南京靈谷寺無樑殿建成
科　技	1385 王蒙(1301~)
1368 居伊・德・肖利亞克(1300~)，外	1386 Donatello(~1466)
科醫生，著《大外科學》	1387 Fra Angelico(~1488)
1381 奧古斯堡人發明步槍	1400 貝里尼(~1471)

歐　洲	西亞・非洲
1400 〔義〕佛羅倫斯麥迪奇家族 (Medici)興起	1402 帖木兒擊敗土耳其軍於安格拉，俘巴雅茲德
1403 〔捷〕胡斯宣傳威克里夫的宗教改革理念	1405 帖木兒歿(1336~)，沙哈魯即位(~47)
1410 波蘭、立陶宛與條頓騎士團戰於瓦爾德	1412 葡人佔非洲Ceutai港
1415 英軍佔巴黎	1413 Mehmed I中興土耳其(~21)
1415~18 巴德爾金、西馬維領導巴爾幹及東安那托利亞反抗土耳其	1416 土耳其戰威尼斯
1419 處死胡斯，引爆胡斯戰爭(~36)	1417 土耳其攻瓦拉基亞
1429 〔法〕貞德(Jean d'Arc)活躍(~31)	1421 Murad II在布爾薩稱蘇丹(~51)
	1422 土耳其軍圍君士坦丁堡
	1423 白帳汗國可汗兀魯斯的孫子八喇自立為汗，為哈薩克汗國始祖

思　想	文　學
1401 N.Casarus(~64)	1402 陶宗儀(？~)
1404 尼咱木丁沙米《帖木兒武功紀》	1416 楊士奇《歷代名臣奏議》
1407 《永樂大典》	1420 李禎《剪燈餘話》
1409 宗喀巴建立黃教	1422 賈仲明(1343~)
1418 胡廣(1370~)	1426 Giovanni Pontano(~1530)
1428 陳白沙(~1500)	

東　亞	印度・東南亞
1402　燕王佔南京，建文帝失蹤，明 　　　成祖(永樂帝即位)	1402　馬來半島馬六甲王國建立 　　　(~1511)
1405　命宦官鄭和出使西洋(南洋， 　　　~07)	1406~07　明攻越南
1409　宗喀巴在拉薩弘揚黃教(格魯 　　　派)	1407　改安南置交阯布政使司
	1409　〔越〕陳季擴起義
1410　成祖攻韃靼本里失雅	1414　馬六甲改信伊斯蘭教
1411　日、明斷交	1418　〔越〕藍山起義(~1427)
1412　鄭和第四次下西洋	1424　黎利大敗明軍
1414　成祖擊敗瓦刺馬哈木	1428　黎利建大越國(後黎朝，~1527)
1420　山東唐賽兒(女)起義失敗 　　　置東廠	
1421　明朝遷都北京	
1425　成祖攻韃靼，病歿軍中 　　　鄭和第六次下西洋	
1428　〔日〕德政暴動(~85)	
1430　各省設巡撫	

藝　術	科　技
1401　Masaccio(~29)	1405　戴思恭(1324~)醫學家
1402　王紱〈秋山隱居圖〉	1420　〔義〕Fontana設計腳踏車
1403　Soest "Cruifixion"	
1410　Sluter〈摩西〉(雕)	
1420　北京故宮建成(1406~) 　　　雪舟(~1506) 　　　B.Gozzoli(~97)	
1425　Van Fycke〈尼可拉、羅蘭的聖 　　　母〉(畫)	
1426　沈周(~1509)	

昭明歷史手冊

歐　洲	西亞‧非洲
1431　焚死貞德	1438~1552　喀山汗國
1433　胡斯教派分裂	1439　土耳其征服塞爾維亞
1434　羅倫佐‧麥迪奇控制佛羅倫斯	1443　喀里木汗國(~1783)
市政(~49)	1444　Varna戰役，土耳其大敗歐洲聯
1438　哈布斯堡王室成為神聖羅馬帝	軍
國皇帝	1449　烏茲別克人南進錫爾河
1449　〔英〕肯特郡農民起義	1451~81　〔土〕穆罕默德二世在位
1453　4.6~5.29土耳其滅東羅馬(拜占	1455　義大利人阿爾維斯‧卡達莫斯托
庭帝國)	抵西非
1455　〔英〕玫瑰戰爭(~85)	1458　葡王阿豐索五世進擊摩洛哥，
1458　土耳其征服希臘(~61)	佔阿爾卡薩基維爾
1461　英約克家族亨利六世即位(~83)	1461　土耳其征服小亞細亞的
1462　阿拉伯人被趕出直布羅陀(711~)	Trebizond王國
1463　土耳其佔波斯尼亞	白羊王朝兼併亞塞拜然、伊拉克
1466　條頓武士團割讓西普魯士給波	1462　葡人在西非佛得角群島建立據
蘭，轉向東普魯士發展	點
1469　〔西〕亞拉岡裴迪南五世與卡斯	1468　白羊王朝滅黑羊王朝
提爾伊莎貝拉公主結婚	

思　想	文　學
1433　Marsillio Ficino	1443　〔日〕世阿彌(1363~)
1436　費信《星槎勝覽》	1447　李東陽(~1503)
1451　鄭麟趾《高麗史》	1460　祝允明(~1526)
1460　Thomas Linacre(~1520)	唐寅(~1523)
1461　李賢《大明一統志》	文徵明(~1559)
1466　伊拉斯謨斯(Erasmus, ~1526)	1470　Malory, "Morte de Artbur"
1469　馬基維利(Macchiavelli, ~1527)	

東　亞	印度・東南亞
1433　明使至日本，雙方以勘合符驗 　　　證船隻通商 1435　英宗即位，宦官王振專權 1438　在大同開馬市，與瓦剌互市 1439　瓦剌也先即位 1442　設建州右衛 1445　礦工葉宗留在福建起義 1446　朝鮮制定《訓民正音》 1448　福建沙縣佃農鄧茂七起義，稱 　　　鏟平王 1449　土木堡之變，也先俘英宗于謙 　　　立景帝 1450　于謙敗也先，英宗還都 1454　也先被殺 1457　英宗由太監曹吉祥支持復辟(奪 　　　門之變) 1465　劉通、石龍率荊襄流民起義於 　　　湖北房縣 1467　〔日〕應仁之亂(~77) 1470　劉通舊部李原稱太平王	1432　柬埔寨遷都巴山 1433~1785　〔緬〕阿拉干王朝 1455　泰（邏羅）攻馬六甲

藝　術	科　技
1435　Verroclchio(~88) 1440　Donatello〈大衛〉 1445　Botticelli(~1510) 1452　達文西(~1519)	1450　吳敬《九章算法比類大全》 1455　古騰堡用活字印刷《42行聖 　　　經》 1468　古騰堡(1397~)，印刷家

昭明歷史手冊

歐　洲	西亞‧非洲
1472 俄伊凡三世娶拜占庭末代公主 　　　索菲亞，把希臘的雙頭鷹作為 　　　國徽 1479 西班牙王國始(伊莎貝拉一世) 1480 俄掙脫蒙古統治 1485 〔英〕都鐸王朝(Tudor, ~1603) 1492 哥倫布至巴哈馬、古巴 　　　魔鬼教皇亞歷山大六世(~1503) 　　　摩爾人失去在西班牙最後據點 　　　格拉納達 1497~98 達伽馬開闢通印度航路 1500 葡人佔巴西	1471 葡人在幾內亞建立San Jorge d' 　　　el Mina 1475 土耳其征服克里米亞 1480 哈薩克汗國建立 1485 阿富汗，巴布爾(Babur, ~1530) 1488 迪亞士(Diaz)繞過非洲至好望角 1490 葡人至剛果 1491 葡人至安哥拉 1497 巴布爾佔撒馬爾罕 15世紀末~1598 西伯利亞汗國 1500 烏茲別克人昔班尼汗攻佔撒馬 　　　爾罕，建立布拉哈汗國 　　　(~1920)
思　想	文　學
1472 王陽明(~1528) 1473 王心齋(~1540) 　　　哥白尼(Copernicus, ~1543) 1478 T. More(~1535) 1481 Zwigli(~1513) 1483 Martin Luther(~1546) 1486 Pico della Mirandol《論人性的 　　　尊嚴》 1493 P. Paraclsus(~1541)〔哲〕	1488 楊慎(~1555) 1490 拉伯雷(F.Rabelais, ~1553) 1494 Hans Sachs(~1567) 　　　Brandt《愚人船》 1498 王龍溪(~1583) 1500 《一千零一夜》定本

東　亞	印度・東南亞
1477　置西廠 1480　倭寇侵福建 1488　韃靼小王子自稱達延汗(大元可 　　　汗)，統一漠北 1492　廣西古田僮族起義 1500　山東、河南白蓮教起義	1478　爪哇淡目王國建立 　　　後黎朝侵略老撾 1494　西班牙與葡萄牙簽訂《托爾德 　　　西利亞斯條約》 1498　達伽馬至印度加爾各答

藝　術	科　技
1471　杜勒(Durer, ~1528) 1472　Cranach(~1553) 1475　Memling〈聖卡特麗娜的神祕婚 　　　禮〉 　　　米開朗基羅(~1564) 1476　Botticelli〈春〉(畫) 1482　提香(Titian, ~1567) 1483　拉菲爾(Raffelo Santi, ~1520) 1487　Botticelli〈維納斯的誕生〉 1493　杜勒〈自畫像〉 　　　達文西〈最後的晚餐〉 1495　Lombardo〈亞當〉 1499　米開朗基羅〈聖母哀子像〉 1500　Bousch〈聖安東尼的誘惑〉	1493　達文西設計飛行器 　　　〔義〕帕奇歐里《算術集成》 1496　玉米由葡萄牙傳至亞洲 　　　瓦倫泰恩提出金屬三元素說 1500　英國使用黑鉛筆

昭明歷史手冊

85

昭明歷史手冊

歐　洲	西亞・非洲
1512~15　印地安人反抗西班牙先驅阿 　　　　圖依被殺 1513　Balboa 越過巴拿馬地峽至太平 　　　洋沿岸 1516~1700　哈布斯堡王朝統治西班牙 1516~56　西班牙王查理一世(Carlos) 1517　馬丁路德發表《95條》開始宗 　　　教改革運動 1519　西班牙王兼德意志皇帝(稱卡爾 　　　五世) 1519~21　西班牙征服墨西哥 　　　麥哲倫航行全球 1521　Worms帝國會議，皇帝召見路 　　　德 1522~23　德國騎士暴動 1523　瑞典脫離丹麥獨立 1524　德國農民戰爭(~25) 1525　瑞士茲文利屠殺再洗禮教派 1526　德，Speyer會議，新、舊教貴族 　　　對立 　　　土軍敗於匈牙利莫哈奇之戰 　　　(Mahocz) 1529　新教諸侯反抗皇帝，自稱抗議 　　　者(Protestant) 1530　新教諸侯成立，徐馬爾幹同盟 　　　(Schmal kalden League) 　　　西班牙佔祕魯	1502　伊朗薩非Safavi王朝(~1736) 1504　巴布爾佔喀布爾 1512~1920　中亞希瓦汗國 1514　土耳其征服波斯，佔大不里士 1516　土耳其侵黎巴嫩、敘利亞及巴勒 　　　斯坦 1517　土耳其滅馬姆努克朝，併敘利 　　　亞、埃及 1520　土耳其，蘇里曼一世在位 　　　(Suleyman, ~1566) 1521　土耳其攻貝爾格勒 1524　葡人佔亞丁 1529　法國殖民馬達加斯加 　　　土軍佔布達佩斯，圍攻維也納
思　想	文　學
1503　《大明會典》 1509　伊拉斯謨斯《愚神禮贊》 　　　喀爾文(~64) 1513　John Knox(~72) 1516　摩爾《烏托邦》	1506　歸有光(~71) 1509　唐順之(~60) 1510　吳承恩《西遊記》 1516　Aristo(1475~1535) "Orlando 　　　Furioso"

東　亞	印度・東南亞
1501　達延汗侵寧夏	1510　葡人佔印度Goa
1504　〔韓〕甲申士禍	1511　葡萄牙佔馬六甲
1506　宦官劉瑾專權	馬六甲柔佛王國（~1722）
1510　霸州劉六，劉七起義	1512　葡萄牙在暹邏設商館
誅殺劉瑾	1514　葡人至印尼馬古魯群島及菲律賓
1518　佛郎機使表(葡人)至明朝	1516　《暹葡友好通商條約》
1519　王守仁鎮壓江西寧王之亂	1518　葡人至錫蘭
1521　正德帝歿，嘉靖帝即位(~66)	1519　葡人在緬甸設商館
1524　定大禮議，群臣力爭，一百多	1520　葡人入侵帝汶
人下獄	1521　3.16　麥哲倫抵菲律賓
1531　明禁日本人至中國	1526~1858　〔印〕Babur建立蒙兀兒帝
	國(Mughal)
	1527　淡目征服異他加拉巴，改為雅加
	達

藝　術	科　技
1502　Bellini "The Doge of Leredan"	1510　達文西設計水平水車
1503　米開朗基羅〈大衛〉(雕)	1517　歐洲人始飲用咖啡
1506　達文西〈蒙娜麗莎〉	1519　西班牙人把馬匹引入美洲
1508　唐寅〈江山驟雨圖〉	
1509　米開朗基羅〈創世紀〉	
1510　Castelfranco〈沉睡的維納斯〉	
1511　拉菲爾〈雅典學園〉	
1513　蘇州拙政園	
1514　Q.Massys〈錢莊夫婦〉	
1516　米開朗基羅〈摩西像〉	
1517　西班牙塞維利亞大教堂完成	
(1402~)	

歐　洲	西亞·非洲
1531 瑞士宗教戰爭，茲文利戰死 　　〔西〕皮薩羅(Pizzaro)征服印加 　　帝國 1532 〔德〕紐倫堡和會，新舊教徒議 　　和 　　〔瑞士〕喀爾文倡宗教改革 1545 南美洲白銀流入歐洲 1546 〔德〕徐馬爾幹戰爭(~47)新教諸 　　侯戰皇帝 1547 〔俄〕伊凡四世稱沙皇(Tsar) 1550 尼德蘭迫害新教徒 1553 英瑪麗女王恢復舊教 1554 瑪麗與西班牙王子結婚，引起英 　　國人民反抗 1555 奧古斯堡和約，准新教信仰自由 　　(人民隨其君主選擇宗教)	1541 土併匈牙利、阿爾及利亞 1544 〔敘〕敘利亞人殺土耳其統治者 　　法赫魯丁一世 1548 土耳其戰波斯軍，再奪大不里士 1551 土佔塞普路斯、利比亞

思　想	文　學
1522 馬丁路德譯聖經為德文(~34) 1524 伊拉斯謨斯《論自由意志》 1527 李卓吾(~1602) 1532 馬基維利《君王論》 1533 蒙田(~92) 1536 喀爾文《基督教綱要》 　　呂坤(~1618) 1539 布丹(Budin, ~95) 1543 哥白尼《天體運行論》 1548 Bruno(~1600) 1549 Cardan《珍聞錄》	1521 徐渭(~93) 1522 《三國志通俗演義》刊行 1526 王世貞(~90) 1532 拉伯雷《巨人傳》 1544 〔義〕Tasso(~96) 1547 〔西〕塞凡提斯(Cervantes, ~1616) 1550 湯顯祖(~1617)

東　亞	印度・東南亞
1531 〔日〕法華宗信徒反叛(一揆)	1531 緬甸東吁王朝(Toungu, ~1752)
1533 大同軍士反叛	1537 蘇門答臘攻馬六甲
1535 遼東軍變	1538 明將毛伯溫攻越南莫登庸(~40)
1536 〔日〕延曆寺僧徒攻擊京都法華 　　　門徒	〔印〕謝爾罕征服孟加拉
1540 海盜李光頭等聯合葡人佔浙江雙 　　　嶼港	1540 蘇爾朝統治北印度
	1545 葡人敗西班牙人，控制印尼摩鹿 　　　加群島
1542 阿魯達侵山西，嚴嵩入閣 　　　〔日〕葡人Xavier至種子島傳教	1556 〔緬〕莽應龍Bayinnaung佔阿瓦
1544 阿魯達侵北邊，北京告急	
1545 〔朝〕乙已士禍	
1548 阿魯達侵大同	
1550 阿魯達圍北京	
1553 海盜汪直擾海邊	
1554 明准葡人在廣東互市	
1555 倭寇擾南京	

藝　術	科　技
1524 G.P.Palestrina(~94)畫家	1525 丟勒撰成第一本德國幾何學手 　　　冊
1526 盧本斯 "The Straw Hat"	
1528 Vernose(~88)畫家	西班牙步兵使用滑膛槍
1529 Altdorfer〈伊索斯之戰〉	1530 歐洲普遍使用手紡車
1530 狩野正信(1434~)，畫家	1534 奧托，布隆費爾斯(1488~)
威尼斯樂派形成	1535 〔英〕A.帕雷首次肘關節切斷術
1532 米開朗基羅〈奴隸〉	1540 雷克德《技術的基礎》
1536 Vernose〈迦南的婚禮〉	
1538 提林〈烏北諾的維娜斯〉	
1550 小提琴問世	

歐　洲	西亞・非洲
1556　〔俄〕莫斯科公國統一俄羅斯	1556　阿克巴敗阿富汗軍
1557　俄攻Livonia，引起俄、瑞典、	1561　英人A. Jenkinson至波斯
波蘭的30年戰爭	1565　土耳其佔馬爾他
1558　英伊麗莎白一世(~1603)	1574　土併突尼西亞
1559　Cateau Cambresis條約，結束法、	葡人殖民安格拉
德爭霸義大利	1578　摩洛哥人驅逐葡人勢力
1565　英Knox領導蘇格蘭新教徒反抗	1580　土准許英國為最惠國待遇
1566　尼德蘭人反抗西班牙統治	
1568　〔法〕聖巴索羅繆節大屠殺，迫	
害新教徒	
1574　萊登戰役，尼德蘭人大敗西班牙	
軍	
1580　西班牙併葡萄牙	

思　想	文　學
1552　利瑪竇(Ricci, ~1610)	1551　梁辰魚
1561　F. Bacon(~1626)	1552　E. Spenser(~99)
1564　伽利略(Calilei, ~1624)	〔西〕Lope Vega Carpio
1568　Campanella(~1639)	(~1635)，國民劇之父
1571　Kepler(~1630)	1564　莎士比亞(Shakespeare, ~1616)
1576　布丹《共和論》	1567　《金瓶梅》
1580　蒙田《隨想錄》	1568　袁宏道(~1610)
	1575　Tasso "Jerusalemme Librata"

東　亞	印度・東南亞
1556 明派鄭舜功至日本要求幕府鎮壓 　　　倭寇	1560 老撾遷都萬象，舊都川銅改為 　　　琅勃拉邦
1557 明捕汪直 　　　准許葡人至澳門定居	〔印〕阿克巴(Akbar, ~1605)即 　　　位
1559 〔朝〕林巨正在黃海道起義 　　　〔明〕蘇州無賴暴動	1563 緬、泰白象之戰(~64) 　　　緬甸三次入侵老撾(~74)
1560 織田信長大敗今川義元於尾張桶 　　　狹間	1564 馬來半島霹靂王國建立
1561 〔日〕川中島之戰，武田信玄戰 　　　勝上杉謙信	1565 西班牙佔宿霧
1562 鎮壓廣東張璉起義 　　　嚴嵩辭官	1571 西班牙人建設馬尼拉
1563 戚繼光破倭寇於福建興化	1574 緬甸征服老撾(~98) 　　　海盜林鳳攻馬尼拉
1565 四川大足蔡伯貫率領白蓮教起義	
1566 海瑞罷官 　　　**葡萄牙建設澳門**	
1567 張居正入閣 　　　明朝解除海禁	
1568 織田信長至京都	
1569 海瑞巡視江南，壓制地方士紳	
1570 葡船至日本長崎	
1571 明封阿魯達為順義王 　　　織田信長燒延曆寺	
1572 明萬曆帝即位(~1619)	
1573 **張居正改革(~82)**	
1577 張居正父喪不守孝(奪情)辭官	
1578 張居正行一條鞭法	
1580 織田信長和本願寺修好	

歐　洲	西亞・非洲
1581 尼德蘭北部七省組成荷蘭聯邦 1588 英國海盜杜拉克(Drake)擊敗西班 　　　牙無敵艦隊，英國開始稱霸 1589 法國波旁王朝(Bourbon，~1830) 1593 〔法〕亨利一世信舊教 1598 〔法〕頒佈〈南特詔書〉，承認 　　　新教信仰自由 1600 英國東印度公司設立	1585 土耳其鎮壓黎巴嫩 1595 荷蘭殖民幾內亞海岸

思　想	文　學
1582 孫夏峰(~1675) 1588 霍布斯(Hobbes, ~1679) 1590 笛卡爾(Descarte, ~1650) 1596 克卜勒《宇宙論之神祕》 1600 胡克(1553~) 　　　溫斯坦萊(Winstanley, ~1625)	1582 錢謙益(~1664) 1584 凌濛初(~1644) 1586 臧晉叔《元曲選》 1595 莎士比亞《羅密歐與茱麗葉》 1597 毛晉(~1659) 1600 莎士比亞《哈姆雷特》、《凱 　　　撒大帝》

東　亞	印度・東南亞
1581 織田信長允許天主教傳教	1581 第一批傳教士至菲律賓
1582 日本派少年使節團赴歐洲	1592 越南統一
明智光秀殺信長(本能寺之變)	1593 西班牙與墨西哥間開始大帆船貿
豐臣秀吉成為日本統治者	易
張居正歿	1594 暹邏征服柬埔寨
1583 努爾哈赤在建州舉兵	1595 柬埔寨承認西班牙的宗主權
1585 秀吉成關白	荷人在印尼馬魯格群島進行貿易
1587 秀吉強迫朝鮮來朝	1600 荷人首次進攻菲律賓
利瑪竇至南京傳教	
1588 秀吉頒〈刀狩令〉	
1590 秀吉統一日本	
1592 秀吉侵略朝鮮(壬倭倭禍)	
1593 李如松破日軍於碧蹄館	
1594 播州宣慰使楊應龍反叛	
1596 明遣宦官開礦	
1597 日軍再侵朝鮮	
1598 明軍援朝鮮，秀吉歿(1536~)、	
日軍撤回	
1599 徵四川、湖廣田稅引起民變	
1600 **關之原戰役，德川家康握天下 大權**	

藝　術	科　技
1551 仇英〈賺蘭亭圖〉	1555 玉米由美洲傳入中國
1555 董其昌(~1636)，畫家	1556 G.阿格里科拉《論金屬》
1560 Bruegel〈死神的勝利〉	1562 張景岳(~1639)，醫
1568 Bruegel〈農夫的婚禮〉	1572 邦貝利《代數學》
1573 法國宮廷芭蕾《波蘭舞會》	1578 李時珍《本草綱目》
1575 Reni(~1642)，畫家	1582 甘薯從越南引進廣東東莞
1577 Rubbens(~1640)，畫家	1590~1602 丹麥詹森、荷蘭李普希發
1589 Caravaggio〈青年的酒神〉	明望遠鏡
1596 Caravaggio〈耶茅斯的進餐〉	1591 韋達《分析方法入門》
1599 龔賢(~1689)	1592 伽利略進行落體加速運動實驗
Van Dyck(~1641)	(1589~)
1600 Lorrian(~82)	1600 吉伯《論磁體》

昭明歷史手冊

93

昭明歷史手冊

歐　　洲	西亞‧非洲
1603 英，斯圖亞特朝(Stuart, ~1714)， 　　　詹姆斯一世即位，英併蘇格蘭 　　　法國人尚普探險聖勞倫斯河 1604 法國東印度公司成立 1607 英設北美維吉尼亞殖民地 1609 西班牙放逐50萬摩爾人 　　　荷在北美設新阿姆斯特丹(紐約) 1613 俄，羅曼諾夫王朝始(Romanov, 　　　~1917) 1615 法停止三級會議 1618 三十年戰爭(~1648)，波希米亞 　　　人反抗德意志統治 1620 布拉格陷落，捷克新教徒被屠殺 　　　清教徒乘五月花號(May Flower) 　　　抵北美洲	1602 波斯、土耳其戰爭(~27) 1603 波斯王佔土耳其的大不里士 1606 奧土議和，奧放棄Transylvania 1613 〔黎巴嫩〕法赫魯丁二世反土耳 　　　其失敗 1618 法赫魯丁二世遇赦回黎巴嫩 1620 伊朗趕走葡萄牙人勢力
思　　想	文　　學
1605 培根《學問之增進》 1607 傅山(~84) 1608 中江藤樹(~83) 1610 黃宗羲(~95) 1611 方以智(~71) 1613 顧炎武(~82) 1619 王船山(~92) 1620 培根《新工具》	1601 查繼佐(~77) 1605 塞凡提斯《唐吉訶德》 　　　(Don Quixte) 1608 Milton(~74) 1609 吳偉榮(~71) 1611 李漁(~79) 1613 塞凡提斯《訓誡小說集》 1618 侯方域(~54)

東　亞	印度・東南亞
1601 利瑪竇至北京傳教 　　　蘇州織工、染工暴動 1603 德川家康建立江戶幕府 　　　(~1867) 1604 荷人佔澎湖 1609 家康命有馬晴信至台灣，擄原 　　　住民而歸 1611 東林黨與閹黨鬥爭激烈 1613 努爾哈赤滅瓦剌 1614 〔日〕冬之陣，家康圍大阪 　　　(~15，滅豐臣氏) 1615 滿洲八旗制度形成 1616 努爾哈赤建立後金 1618 後金攻撫順 1620 明光宗服紅丸而死	1602 荷人在爪哇成立東印度公司， 　　　莫臥兒帝國攻德干的阿西卡 1603 西班牙人屠殺在馬尼拉的華人 1606 第一次〈柔佛荷蘭條約〉 1610 荷人第二次攻菲律賓 1613 荷人在帝汶島西部建立殖民地 　　　英國在望加錫設商館 1615 耶穌會在越南傳教 1618 荷人建巴達維亞府(Batavia，雅 　　　加達) 　　　緬甸奪(泰)清邁 1619 印尼第一次萬丹戰爭 　　　英人至緬甸勃固

藝　術	科　技
1605 El Greco〈五旬節〉 1607 林布蘭(Rambrandt, ~59) 1610 Bernini "The Assumption" 1615 盧本斯〈亞馬遜之戰〉 1617 Fernadez "The Pieta" 1619 Brun(~1706) 　　　盧本斯〈留契波斯女兒的掠奪〉	1604 克卜勒《行星法則》 1607 利瑪竇《幾何原理》 1609 伽利略，天文望遠鏡 　　　克卜勒《新天文學》 1610 哈里奧特發現太陽黑子 1614 Napier，對數 1616 克卜勒，行星運動第三定律 1619 Harvy《血液循環論》

95

昭明歷史手冊

歐　洲	西亞・非洲
1621　西、荷開戰 1624　〔法〕黎胥留(Richelius)為宰相 　　　(~42) 1625　丹麥入侵德意志 　　　英王查理一世解散國會 　　　英國國會向查理一世提出〈權利 　　　請願書〉 1629　瑞典佔愛沙尼亞、立陶宛 　　　英王解散國會(~1640) 1630　瑞典王Gustavus Adolphub攻略德 　　　意志(~35) 　　　英人建立波士頓(Boston)殖民麻 　　　州 1631　萊比錫戰役，新教徒戰敗 1633　伽利略倡地動說而被捕 1635　瑞典、法國戰爭 1636　〔美〕哈佛大學建校 1639　蘇格蘭人反抗 1640　〔英〕長期國會(~60) 　　　葡萄牙脫離西班牙獨立	1622　英艦砲擊阿爾及爾 　　　英、荷聯艦圍攻莫三比克 1624　恩東戈女王恩辛加即位(~26)反葡 　　　萄牙入侵 1625　剛果金夏沙帝國(~1911) 1626　法在塞內加爾河口設堅路易商站 1631　荷人在好望角設東印度公司補給 　　　站
思　想	文　學
1623　巴斯卡(Pascal, ~62) 　　　康帕內拉《太陽城》 　　　陳邦瞻(？~) 1624　Bacon "New Atlantic" 1625　Grotius《戰爭與和平法》 1630　笛卡爾《沈思錄》 1633　史賓諾莎(Spinoza, ~77) 　　　洛克(Locke, ~1704) 1635　顏元(~1704) 1637　笛卡爾《方法論》 1638　閻若璩(~1704)	1621　La Fontain(~95) 1622　Moliere(~73) 1625　陳維崧(~82) 1628　John Bunyan(~88) 1629　朱彝尊(~1708) 1630　蒲松齡(~1715) 1634　王士禎(~1711) 1639　Racine(~99)

東　亞	印度・東南亞
1621　後金奪遼陽 　　　荷人在日本平戶設商館 1622　山東白蓮教徐鴻儒起義 1624　荷人退出澎湖，佔領台灣後金 　　　遷都盛京(瀋陽) 1626　明攻遼陽，努爾哈赤歿，皇太 　　　極即位 　　　西班牙人佔領台灣雞籠 1627　明崇禎帝(~1644)，後金征服朝 　　　鮮 1628　濱田彌兵衛攻台失敗 　　　西班牙人佔淡水 1631　流寇李自成起義 1632　後金滅北元 1633　日本下令鎖國(海禁) 1636　後金改為清(~1911) 1637　清征服朝鮮 　　　〔日〕島原之亂，天主教徒反 　　　抗幕府 1640　張獻忠陷四川，李自成入河南	1621　英、荷封鎖馬尼拉 1623　安汶事件，英荷爭霸戰 1628　印尼第一次巴達維亞戰爭 　　　越人佔下柬埔寨佩戈(西貢)、每 　　　吹(邊和、巴東)一帶 1630　日本驅逐傳教士至馬尼拉 1632　暹邏日僑暴動 1633　英人在孟加拉設商站 1635　西班牙在菲三寶顏建立要塞 1639　荷人殖民錫蘭 　　　印尼、齊亞王國與荷蘭爭奪蘇門 　　　答臘貿易權

藝　術	科　技
1624　〔日〕京都桂離宮(1620~) 1626　八大山人(~1750) 1627　Hals "The Merry Drinker" 1630　石濤(~1707) 　　　印度建泰姬陵(~53) 1631　惲壽平(~90) 1632　王翬(~1717) 　　　吳歷(~1718) 1636　Velazquez〈菲利普五世〉 1638　Hobbema(~1709)	1621　茅元儀《武備志》 　　　斯涅爾發現光的折射定律 1622　〔英〕《新聞週刊》創刊 1628　沙伊納發明顯微鏡 1630　李元藻(1565~)《明理探》(31) 1632　伽利略《關於托勒密和哥白尼 　　　的兩大宇宙體系的對話》 1637　宋應星《天工開物》 1639　徐光啟《農政全書》

昭明歷史手冊

歐　洲	西亞・非洲
1642 法人建立蒙特婁市(加)	1641 葡人殖民安哥拉
〔英〕清教徒革命始	1642 葡將黃金海岸讓予荷蘭
1648 三十年戰爭結束，締結〈西伐利	1648 土耳其蘇丹穆罕默德四世(~87)
亞條約〉，承認荷蘭、瑞士獨立	謝苗・捷日涅夫發現白令海峽
〔法〕貴族投石黨反亂	1652 荷人Jan van Riebeck建設南非開
1649 克倫威爾處死查理一世，鎮壓愛	普敦殖民地
爾蘭起義	1656 威尼斯艦隊封鎖土耳其達尼爾
溫斯坦萊掘地派運動	海峽
1651 克倫威爾制定反荷蘭的〈航海條	1660 土耳其大馬士革帕夏入侵黎巴嫩
例〉	
1652 英、荷爭霸海權(~54)	
1653 克倫威爾為「護國主」	
1654 荷人被葡人逐出巴西	
1655 瑞典王查理十世聯布蘭登堡大選	
帝侯侵波蘭(~60)	
英佔牙買加	
1656 英西開戰	
1658 克倫威爾歿	
1660 英王查理二世復辟(~85)	

思　想	文　學
1642 牛頓(~1727)	1642 井原西鶴(~93)
1643 萬斯同(~1702)	1646 馮夢龍歿
1644 笛卡爾《哲學原理》	1648 孔尚任(~1718)
1646 Leibniz(~1716)	1655 納蘭性德(~85)
1651 Milton《為英國人民聲辯》	1659 洪昇(~1704)
霍布斯 "Leviathan"	Defoe(~1730)
1657 新井白石(~1725)	莫里哀《可笑的女才子》
1658 谷應泰《明史紀事本末》	
1659 李恭(~1746)	
1660 溫斯坦萊(1609~)	

東　亞	印度・東南亞
1641　張獻忠破襄陽，李自成佔洛陽 　　　荷蘭趕走西班牙人佔領全台灣 1643　李自成稱奉天倡義文武大元帥 　　　清太宗歿、福臨(世祖)即位 1644　李自成建大順國 　　　3.19 李自成佔北京，崇禎帝自殺 　　　，明朝亡國 　　　4月 吳三桂開山海關引清軍入關 　　　5月 清軍入北京(~1911)福王在南 　　　京即位(弘光帝) 1645　清軍陷揚州，史可法戰死 　　　清軍佔南京 　　　李自成自殺 　　　清行薙髮令 　　　鄭芝龍擁唐王於福州 1646　〔日〕幕府拒絕鄭成功要求援兵 　　　桂王在肇慶即位 　　　張獻忠戰死 　　　鄭芝龍降清 1648　孫可望等抗清 1650　鄭成功佔金、廈 1651　順治帝親政 1652　〔台〕郭懷一反荷起義失敗 1653　清冊封西藏達賴喇嘛 1657　順天、江南科場案 1658　清軍入雲南 1660　清禁士子結社	1641　荷人佔馬六甲(~1824) 1654　英在柬埔寨設商館 1656　荷奪葡屬錫蘭 1658　〔越〕阮氏攻柬埔寨 　　　〔印〕奧朗則布(Aurangzeb)即位 　　　(~1707)

昭明歷史手冊

昭明歷史手冊

歐　洲	西亞・非洲
1661 〔法〕路易十四親政(~1715)	1662 荷讓丹吉爾予英國
1664 英奪新阿姆斯特丹，改為 New York(紐約)	1664~66 英、荷爭霸非洲
1667 法侵略荷蘭(~68)	1664 土侵奧失敗
〔俄〕拉秦(Racin)起義(~71)	1665 法佔Bourbon(Reunion)
1668 阿亨和會，法得靠近比利時的十二個城市	1666 阿富汗人反抗莫臥兒統治
1670 英設哈得遜公司開拓加拿大	1669 土併克里特
1672 法、瑞典、英聯合反對荷、奧、布蘭登堡的「荷蘭戰爭」(~78)	1672~76 土、波蘭戰爭
1679 英通過〈人身保護法〉	1676 俄佔烏克蘭
1680 非洲黑奴輸入西印度	1677 俄土戰爭(~81)
	法佔荷屬西非塞內加爾各據點
	1679 法佔岡比亞河北岸

思　想	文　學
1662 顧炎武《天下郡國利病書》配第《賦稅論》	1661 金聖嘆被殺(1608~)
1663 史賓諾莎《形而上學的思考》黃宗羲《明夷待訪錄》	1664 莫里哀《偽君子》
1666 獲生徂萊(~1728)	1667 Milton《失樂園》
1668 Vico(~1744)	1668 方苞(~1749)
1669 Pascal《沈思錄》	Alexander Poper(~1774)
1670 史賓諾莎《神學政治學》王夫之《問思錄》顧炎武《日知錄》	1670 陳忱《水滸後傳》
	1678 班揚《天路歷程》
	1679 蒲松齡《聊齋誌異》

東亞（中、日、韓）	印度‧東南亞
1661　鄭成功佔台灣 　　　康熙帝即位(~1722) 1662　永曆帝被吳三桂殺害 　　　鄭成功攻呂宋失敗，不久去世， 　　　鄭經繼位 1663　文字獄，殺莊廷瓏，毀《明史》 1667　康熙帝親政 1668　清向鄭經招降 1669　禁天主教 　　　英人至台灣通商 1673　三藩之亂(吳三桂反清) 1674　鄭經攻佔漳泉 1678　開博學鴻儒科以籠絡漢人士大夫 　　　吳三桂稱周帝，不久歿 1680　鄭經敗退回金廈	1663　荷人殖民蘇門答臘 1666　荷奪葡佔西里伯島 1668　法在印度蘇拉特建商館 　　　英租印度孟買 1669　〔印〕賈特人起義(~91) 1672　法佔印度卡提拉克海岸 1674　〔印〕馬拉塔希瓦杰自立(~80) 　　　建國 1675　〔印〕錫克教主戈文德辛格 　　　(~1708)改革教派 1679　〔印尼〕第三次摩鹿加戰爭

藝　術	科　技
1650　Quelin, "Frize"(雕) 1651　貝里尼〈四河之泉〉 1653　Corelli(~1713) 1659　Van Ostade〈農夫的宴會〉 1661　路易十四始建凡爾賽宮 1665　Jan Vermeer〈畫家的畫室〉 1666　Le Lorrain(~1743) 　　　吳歷〈江南春色圖〉	1642　托里切利發明水銀氣壓計 1644　帕斯卡，計算器 　　　Cavalierie，積分學 1648　帕斯卡測出大氣壓力 1656　惠更斯創製單擺機械鐘 1660　格里馬爾迪發現光的衍射

歐　洲	西亞・非洲
1682〔俄〕伊凡五世、彼得一世並立 　　　法宣佈密西西比河流域改為路 　　　易斯安娜 1683　土軍圍維也納(7~8月) 1685　法廢〈南特詔書〉，迫25萬新 　　　教徒流亡荷、美 1687　哈布斯堡王室繼承匈牙利王 　　　位，從土耳其奪回匈牙利 1688　11.5 英，光榮革命，奧蘭治公 　　　爵威廉登陸 　　　英法美洲爭霸戰(~97) 　　　〔俄〕彼得大帝親政(~1725) 1689　2.13〔英〕權利宣言，威廉三 　　　世、瑪麗二世共治 1697　彼得一世遊歷歐洲(~98) 1698　英、法、荷瓜分西班牙 1700　北方戰爭(俄、波、丹、薩克森 　　　對抗瑞典) 　　　〔西〕波旁家菲利普即位	1681　俄土Radzin和約，土放棄大部份 　　　的烏克蘭 1682~99　土、奧、波戰爭 1685　法佔馬達加斯加 1688　法人至阿爾及利亞探險 1695　俄土戰爭(~96)〔1〕 1696　彼得一世奪取Azov 1697　法征服塞內加爾 1699　土、奧、波、威尼斯議和 　　　(Karlowitz)，土耳其喪失匈牙 　　　利、特蘭西瓦尼西、克羅地亞、 　　　烏克蘭等地
思　想	文　學
1679　Wolff (~1754) 1683　呂留良歿(1629~) 1685　Berkely(~1735) 1686　萊布尼茲《形而上學序論》 1687　牛頓〈萬有引力〉 1693　洛克《人類悟性論》 1694　伏爾泰(Voltaire, ~1778) 1700　黃宗羲《明儒學案》 　　　Moley(~1780)	1684〔法〕高乃依(1608~) 1688　洪昇《長生殿》 1692　厲鶚(~1753) 1693　鄭板橋(~1763) 1694　松尾芭蕉歿(1644~) 1699　孔尚任《桃花扇》

東亞（中、日、韓）	印度・東南亞
1681 鄭經歿，鄭克塽繼位 1683 施琅征服台灣 1684 台灣改隸福建省台灣府 　　　康熙第一次南巡 1685 清俄雅克薩之役 1686 設廣東十三行 1689 《尼布楚條約》，劃分清俄東 　　　段邊界 1690 康熙帝攻準噶爾 1696 〔台〕吳球起義 　　　康熙帝敗準部於昭莫多 1697 噶爾丹兵敗自盡	1684 荷統治印尼萬丹 1687 〈暹法條約〉 1693 越南併占婆 1698 〔印〕奧朗則布統治印度大陸南 　　　端以外的版圖 1700 〔印〕馬拉塔國女王塔拉・巴伊 　　　攝政(~07) 1700~1812 暹、越爭奪柬埔寨

藝　術	科　技
1668 Couperin(~1733) 　　　蘭布朗特〈猶太新娘〉 1673 周亮公《讀畫錄》 1674 Vivaldi(~1741) 1684 Watteau(~1721) 1685 Bach(~1750) 　　　Handel(~1759) 1687 黃慎(~1766) 　　　金農(~1763) 1700 Vanvitelli, "Diana And 　　　Acteon"（雕）	1661 波義爾化學元素定義 1666 法國科學院成立 1673 Huygens，動力說 1675 〔英〕格林威治天文台建立 1678 萊布尼茲，微積分 1680 John Ray確定生物的「種」 1683 雷文胡克畫出細菌圖 1690 Huygens《光學論》 1695 伍德沃德《地球自然歷史探 　　　討》

昭明歷史手冊

103

歐　洲	西亞・非洲
1701 西班牙王位繼承戰爭(~13)英、荷、奧對抗法 　　　普魯士王國成立 1702 英法美洲殖民地戰爭(安妮戰爭) 1703 俄遷都彼得堡 1704 英佔直布羅陀 1707 英格蘭、蘇格蘭合併為大不列顛(Great Britain)王國 1709 Poltava戰役，俄敗瑞典 1710 俄土戰爭(~13)〔2〕	1701 阿爾及利亞群雄並立 1703 〔土〕阿赫美德三世(~30) 1705 突尼斯 Hussein ibn Ali建立王朝 1709 阿富汗興起

思　想	文　學
1703 John Wesley(~91) 　　　安藤昌益(~62) 1704 全祖望(~55) 1709 Mably(~85) 1710 巴克萊《人類知識原理》 1711 休姆(Hume, ~76) 1712 盧梭(Rousseau, ~78) 1713 狄德羅(Diderot, ~84) 1714 萊布尼茲《單子論》	1701 吳敬梓(~54) 1707 彭定球編《全唐詩》 1709 Samuel Johnson(~84) 1716 《康熙字典》 1719 曹雪芹(~63) 　　　狄福《魯賓遜漂流記》

東亞(中、日、韓)	印度‧東南亞
1702 〔日〕赤穗浪士為主復仇(忠臣藏)事件 　　〔台〕諸羅劉卻起義 1703 教皇禁中國教徒敬天祀祖 1706 清驅逐傳教士 1708 法國傳教士製作地圖 1709 營建圓明園 1710 朝鮮全羅道人民起義	1704 爪哇戰爭(~08) 1705 〔印〕旁遮普錫克教徒起義(~17) 1707 老撾瀾滄王國分裂
藝　術	**科　技**
1702 王原祁〈林壑幽棲〉(畫) 1709 〔義〕托雷利〈大協奏曲〉確立小提琴的重要地位 1717 Watteau "The Champs Elysee's"	1704 牛頓《光學》 1705 哈雷提出哈雷彗星週期 1707 point，活塞 1708 陳元龍《格致鏡元》 1709 達比用焦炭煉鐵成功 　　D.G.華倫海特發明酒精溫度計 　　和水銀溫度計 1710 伯爾哈韋發明溫室栽培

歐　洲	西亞・非洲
1713 烏特勒支條約(Utrecht)規定 　　　法、西不得合併，布蘭登堡升 　　　為普魯土王國，法割紐芬蘭、 　　　阿加底亞，哈德遜灣予英國 1714 俄佔芬蘭 　　　奧佔尼德蘭(比利時) 　　　英漢諾威王朝(Hanover, ~1917) 1717 奧、威尼斯戰土耳其 1720 南海泡沫事件	1711　馬姆努克人形成半獨立國 1714~18　土、威尼斯戰爭 1718　Passarowitz戰役，土割Banat， 　　　北波斯尼亞、小瓦拉奇亞予奧 　　　地利

東亞(中、日、韓)	印度・東南亞
1711 俄佔千島	1718 西班牙禁止大帆船運中國蠶絲
1713 清改稅制,以1711年的人口為課	及絲織品
稅標準(盛世滋生人丁)	1719~22 第二次爪哇王位繼承戰爭
定丁銀	
1714 耶穌會教士至台灣西部測量	
1715 清破策妄于哈密	
1716 〔日〕亨保改革	
1718 清軍入西藏,逐準噶爾部	
1720 清軍入拉薩,冊封達賴喇嘛七世	
〔日〕解洋書之禁	

歐　洲	西亞・非洲
1721 尼斯塔特條約(Nystad)，結束北 　　　方戰爭 　　　〔英〕Walpole內閣 　　　巴拉圭亞松森土生白人反抗西 　　　班牙人(~23) 1724 巴黎成立股票市場 1725 〔俄〕彼得一世歿 1726 俄設樞密院，貴族寡頭政治開 　　　始(~30) 1727 英、西戰爭(~29) 1730 委內瑞拉Andresote領導起義 　　　(~33)	1723 英佔甘比亞 　　　俄、波斯議和，俄佔裏海西、南 　　　岸 1725~27 俄土瓜分波斯勢力範圍 1730 伊斯坦堡阿爾巴尼亞人起義

思　想	文　學
1721 孟德斯鳩《波斯人書簡》 1723 王鳴盛(~95) 　　　戴震(~77) 1724 康德(Kant, ~1804) 1725 Vico《新科學原理》 1726 《古今圖書集成》 　　　趙翼(~1813) 1728 錢大昕(~1806) 1730 本居宣長(~1801) 1737 吉朋(Gibbon, ~94) 1738 章學誠(~1801) 1739 休姆《人性論》 　　　張廷玉《明史》 1740 崔述(~1816) 　　　彭尺木(~96)	1724 紀昀(~1805) 1725 蔣士銓(~86) 1726 Swift "Gulliver Travels"(小 　　　人國遊記) 1728 萊辛(Lessing, ~81) 1731 姚鼐(~1814) 1733 《紅樓夢》完成

東亞（中、日、韓）	印度・東南亞
1721 〔台〕朱一貴起義	
〔韓〕壬辛士禍	
1722 雍正帝即位(~35)	
〔韓〕壬寅士禍	
1723 清禁天主教	
1724 年羹堯平定青海	
清在拉薩置駐藏大臣	
1725 雍正帝賜死年羹堯	
1726 鄂爾泰奏准西南土司改土歸流	
1727 清俄〈恰克圖條約〉	
1729 呂留良案，頒《大義覺迷錄》	

藝　術	科　技
1721 巴哈〈布蘭登堡協奏曲〉	1722 洛格文發現復活島上波利尼西亞
1725 韋瓦第(Vivaldi)〈四季〉	巨石雕像
1732 海頓(Haydn, ~1809)	1723 Stahl，燃素說
1735 Cardin〈紙牌〉(畫)	1724 Fahrenheit，溫度計
1738 朗代在彼得堡建立芭蕾舞學校	1725 富蘭克林實驗電
	1728 〔俄〕白令通過白令海峽
	1733 凱伊發明紡織機的飛梭
	1735 Linnesus分類生物
	1740 Hunstsman，坩鍋煉鋼法

歐　　洲	西亞・非洲
1732　美十三州殖民地成立	1733　〔伊〕Nadir攻巴格達
1733　英在美洲公佈糖蜜條例	1736　〔伊〕那迪夏成為波斯王(~47)
波蘭王位繼承戰爭(~35)	1739　奧土議和，奧放棄基爾維亞、
1734　奧法戰於北義大利	貝爾格勒予土耳其，亞述再歸
1735　俄土戰爭(~39)〔3〕	俄羅斯
1737　奧土戰爭(~39)	1740　〔波〕那迪夏滅黑羊王朝
奧女皇瑪麗亞泰麗莎即位	1743~44　波斯內亂
1739　奧放棄進出巴爾幹	1747　Nadir被殺，阿富汗Ahamad Shah
英西殖民地戰爭(~48)	
1740　普魯士裴特烈二世即位(~86)	
奧地利王位繼承戰爭(~48)	
1741　普、瑞典戰爭(~43)	
1742　巴伐利亞卡爾成為神聖羅馬帝	
國皇帝(~45)	
1743　英法美洲殖民地戰爭(~48，喬	
治王戰爭)	
1744　第二次西利西亞戰爭(~45)	
普侵略波希米亞	
1748　阿亨條約(Aachen)結束奧地利王	
位繼承戰爭，英歸還法國魁北	
克、Brenton島；普佔西利西	
亞；承認瑪麗亞泰麗莎，奧割	
Parma，Piacenza，成立義大利	
王國	
1750　英禁止殖民地金屬工業	

東亞（中、日、韓）	印度・東南亞
1731 〔台〕吳福生起義 　　　清攻準噶爾噶爾丹 1732 清設軍機處 　　　平定台灣大甲蕃起義 1735 乾隆帝即位(~95) 　　　嚴禁台灣漢番通婚 1740 湖南苗族起義 1744 清禁台灣武官置官莊 1748 四川大、小金川苗族起義 1750 傅恒鎮壓西藏反抗	1739 那迪夏攻德里 　　　越南，黃公質起義(~68) 　　　法佔印度卡里卡 1740 〔越〕阮名芳起義(~51) 　　　〔印〕法佔馬德拉斯(~48) 1744 〔菲〕達戈霍伊起義(~1829) 1748~67 艾哈邁德入侵印度八次 1750 波斯征服旁遮普

昭明歷史手冊

111

歐　洲	西亞・非洲
1753　普奧關稅戰爭	1752　葡建莫桑比克殖民地
1754　英法殖民地戰爭	1756　法佔塞舌爾群島
莫斯科大學建校	1761　葡人殖民南非奧蘭治
1756　七年戰爭(~1763)，英、普與法、	
俄、奧、瑞典交戰	
1759　巴西驅逐耶穌會	
1760　俄、奧軍佔柏林	
英攻略〔加〕蒙特婁	

思　　想	文　　學
1741　休謨《道德與政治論》	1741　伏爾泰 "Mahomet"
1743　《大清一統志》	1744　汪中(~94)
La Mattier《人即機器》	Herder(~1803)
1748　孟德斯鳩《法意》	1749　Fielding　"Tom Johnes"
休謨《人類悟性論》	1757　約翰遜《英語字典》
邊沁(~1832)	
1749　Condercet《論人類精神的進步》	
1750　黃宗羲《宋元學案》	
1751　狄德羅《科學、藝術和手工藝	
百科全書》出版(~72)	
伏爾泰《路易十四時代》	
1755　盧梭《論不平等的起源和基	
礎》	
摩萊里《自然法典》	
1760　10.7聖西門(St. Simon, ~1825.5.	
19)	
9.23巴貝夫(Babeauf, ~97.5.27)	

東亞（中、日、韓）	印度・東南亞
1752 葡萄牙使節至廣東	1751 〔印〕英人克萊武擊敗法國支持
1754 準噶爾阿睦爾撒納降清	的薩卜希
1757 阿睦爾撒納反叛，逃至俄境	波斯征服克什米爾
1759 清平定喀什噶爾，置回部	1752 阿富汗人佔印度拉合爾
1760 天地會開始反清活動	1753 英佔爪哇
	1755 Ahamad侵略德里
	1757 英人Cliver擊敗孟加拉軍(**Plassey**
	戰爭)
	1759 馬拉塔人拉古納特・拉奧趕走波
	斯軍(佔旁遮普)
	緬軍攻暹羅
	〔印〕英荷貝拉戰役，荷人失勢
	1760 馬拉塔軍戰波斯軍於帕尼帕特

藝　術	科　技
1743 郎士寧〈十駿圖〉	1742 Celsius發明攝氏溫度計
1746 哥雅(Gaya, ~1828)	1745 克萊斯勒發明萊頓瓶
1748 J.L.David(~1825)	1750 約翰米歇爾發現磁力的平方反比
1749 韓德爾〈火花〉(音樂)	定律
1752 宮川長春(1682)(畫)	1752 富蘭克林發明避雷針
1756 莫札特(Mozart, ~91)	1760 達爾比建熔鐵爐，採用鼓風設備
1758 Bouchardon〈路易十四雕像〉	愛丁堡開辦第一所聾啞學校
1760 Chebini(~1824)	
Candletto〈聖馬可廣場〉(畫)	

歐　洲	西亞・非洲
1762 俄葉加德麗娜(Ekaterina)女王 （~96） 　　英佔古巴 1763 巴黎條約，英佔法屬加拿大及密 　　西西比以東地域 　　圭亞那伯比斯黑奴起義(~64) 1764 英在美洲公佈〈食糖稅〉，強徵 　　進口糖稅 1765 英在美洲強徵印花稅 1767 西班牙王下令把耶穌會教士逐出 　　西班牙及美洲殖民地 1768 俄土戰爭(~74)〔4〕 　　英開始產業革命 1769 北美波士頓慘案(3.7)	1763 英人在波斯設工廠 1769 〔埃〕馬姆努克人反土耳其失敗 　　（~73） 　　俄佔摩達雅亞、布加勒斯特 1770 〔埃〕馬姆努克領袖阿里・貝伊 　　宣佈脫離土耳其獨立

思　想	文　學
1762 盧梭《社會契約論》 　　Ficht(1814) 1764 伏爾泰《哲學辭典》 1766 王引之(~1834) 1770 黑格爾(Hegel, ~1831)	1762 盧梭《愛彌爾》 1763 沈復(~1808) 　　李汝真(~1830) 1770 Wordsworth(~1850) 　　德國，狂飆運動

東亞（中、日、韓）	印度‧東南亞
1762　清設伊犁將軍管理新疆南北兩路	1761　馬拉塔軍戰敗
1765　緬甸入侵雲南	1763　巴黎條約後，英國在印度的霸權
1769　傅恒征緬	確立
1770　〔台〕黃教起義	孟加拉總督密爾卡西姆對英國東
	印度公司宣戰(~64)
	1765　〔印〕錫克教國家建立
	1767　〔泰〕Jhonburi朝(~1820)
	〔印〕第一次邁索爾戰爭(~69)

藝　術	科　技
1762　Gluck "Orfeo & Euridice" (歌	1761　法國里昂開辦第一所獸醫學校
劇)	1762　瓦特發明蒸汽機
1768　Wright "Experiement with the	1763　羅蒙諾索夫《論地層》
Airpump" (畫)	1764　溫克曼發現龐貝古城
1770　貝多芬(Beethoven, ~1827)	1769　Jenner 發明種牛痘
	1770　阿克萊特發明水力機

歐　洲	西亞‧非洲
1771　俄佔克里米亞	1771　阿里貝伊奪大馬士革
1772　俄、奧、普第一次瓜分波蘭	1772　俄艦佔貝魯特(5月~秋天)
1773　俄，普加契夫起義(~75)	1773　阿里貝伊被部下刺死
〔美〕12.16波斯頓茶黨事件	1774　俄土議和，土准許俄在伊斯坦
1774　9.5〔美〕第一次大陸會議	堡建東正教教堂(庫楚克卡納齊
1775　波斯尼亞、黑山反土耳其	和約)，土割讓黑海要塞刻赤、
4.19美國獨立戰爭	耶尼卡拉、金本及高加索的大
1776　7.4美國獨立宣言	小卡巴達予俄。
〔英〕毛織工人向政府要求禁用	1775　英埃通商航運條約，英取得優
紡織機	惠待遇及特權
1777　10.17〔美〕薩拉托加大捷，獨	1776　土軍攻滅巴勒斯坦謝赫扎希
立戰爭轉捩點	爾，交給波斯尼亞出身的賈茲
1778　法助美國抗英	扎統治
1780　印加後裔Tupac Amaru反抗西班	1780　黎巴嫩人反抗賈茲扎
牙統治(~83)	

思　想	
1771　《不列顛百科全書》刊行	
5.14 R. Owen(~1858.11.17)	
1772　李嘉圖(Ricardo, ~1823)	
傅利葉(Fourier, ~1837)	
1775　Sehelling(~1854)	
1776　潘恩《常識》	
吉朋《羅馬帝國衰亡史》	
亞當斯密《國富論》	
1781　紀昀《四庫全書總目提要》	
康德《純粹理性批判》	
1787　二宮尊德(~1856)	
叔本華(Schopenhauer, ~1860)	文　學
康德《實踐理性批判》	1774　歌德《少年維特的煩惱》
1788　Cabet(~1856)	1781　席勒《群盜》
Sieyès《何謂第三等級》	1783　W.Irring(~1859)
1790　康德《判斷力批判》	1788　拜倫(Byron, ~1822)
柏克《法國大革命的反思》	1789　盧梭《懺悔錄》

昭明歷史手冊

東亞(中、日、韓)	印度‧東南亞
1771 大小金川再度反抗	1773 〔越〕西山黨阮文岳反亂
1773 開四庫全書館	(Tayson, ~1802)
1774 山東白蓮教王倫起義	1776 阮文岳稱西山王，遣弟阮文侶
英人G．Bofle至西藏	攻陷柴棍(西貢)
1776 清征服金川，置成都將軍	1777 阮文岳攻滅嘉定阮氏政權
1780 清禁紋銀出口	1778 阮文岳在順化稱帝(~93)
	1780 第二次邁索爾戰爭(~84)

藝　術	科　技
1775 Turner(~1851)(畫)	1775 法布里齊烏斯《系統昆蟲學》
1776 Constable(~1837)	1780 阿哈德在柏林提煉出甜菜糖
Houdon "Diana"(雕)	
1777 Goya "The Parasol"(畫)	
1780 Ingres(~1867)，畫家	
1781 莫札特〈費加洛的婚禮〉	
Houdon〈伏爾泰〉(雕)	
1782 David〈荷拉底兄弟的誓言〉(畫)	
Paganini(~1840)小提琴家	
1786 韋伯(‑1826)	
1788 海頓〈牛津交響曲〉	

昭明歷史手冊

歐　洲	西亞・非洲
1781 〔法〕Tugo公佈宮廷財政危機 　　　10月約克鎮戰役，結束美國獨 　　　立戰爭 1783 9.3 凡爾賽條約及巴黎條約，英 　　　承認美國獨立 1787 法召開三級會議 　　　俄土戰爭(~92)〔5〕 1789　4.30〔美〕華盛頓為第一任總 　　　統 　　　7.14 法國大革命 1790 比利時共和國成立，12月奧軍 　　　佔比利時 　　　海地首次反法國統治起義	1783 俄併克里木汗國 1787 英佔獅子山 1789 〔土〕蘇利曼三世即位(~1807) 　　　推行改革 　　　巴勒斯坦反抗賈茲扎，近逼阿 　　　卡失敗

法國大革命史年表	
1789 5.5召開三級會議 　　　6.17國民議會成立 　　　6.20第三等級代表網球場宣誓 　　　7.14巴黎市民攻佔巴士底監獄 　　　8.4通過〈禁止封建特權宣言〉 　　　8.26通過〈人權宣言〉 　　　10.5~6巴黎市民進軍凡爾賽， 　　　迫路易十六回巴黎 　　　奧屬尼德蘭起義 1790 5.14決議拍賣教會財產 　　　7.14路易十六被迫接受憲法 1791 6.14通過〈列霞白利法〉禁止勞 　　　工結社、團結及罷工 　　　6.20王室逃亡失敗，押回巴黎 　　　7.17馬爾斯校場事件，政府軍 　　　屠殺示威市民 　　　9.3通過君主立憲新憲法 　　　10.1立法議會成立	1792 4.20吉倫特內閣對奧宣戰 　　　7.11立憲議會宣布〈祖國危機 　　　宣言〉 　　　8.10巴黎市民攻擊杜埃爾宮， 　　　議會廢黜路易十六 　　　8.19普奧軍入侵 　　　9.2陷凡爾登 　　　9.20瓦爾密戰役，法軍擊退侵 　　　略軍 　　　9.22國民公會成立第一共和 1793 1.21處死路易十六 　　　2.1第一次對法大同盟(英、荷) 　　　3.10旺代保王黨叛亂，國民公 　　　會置革命裁決所 　　　4.10設公安委員會 　　　5.31巴黎市民起義，建立雅各 　　　賓派獨裁(~94) 　　　6.24通過《1793憲法》

東亞(中、日、韓)	印度・東南亞
1781 甘肅循化回民蘇四十三起義失敗	1781 泰救柬埔寨內亂
1782 《四庫全書》完成	1782 〔泰〕鄭昭被殺，Tsakri即位
1784 甘肅石峰堡回民田五起義	(Rama)，自稱鄭華，向清朝要求
1786 〔台〕林爽文起義(~88)	冊封
1788 廓爾喀入侵西藏	1784 英直接統治印度
1789 江、浙、閩沿海「艇盜」動亂	1786 英人F．Light佔檳榔嶼
1790 〔日〕寬政異學之禁，幕府以朱	1790 第三次邁索爾戰爭(~92)
子學為官學(~1793)	緬甸成為清朝的屬國

法國大革命史年表	法國革命曆(共和曆)(1793-1806)	
7.13馬拉遇刺	9.22~10.21	葡萄月
8月英軍佔土倫	10.22~11.21	霧月
8.23總動員徵兵	11.22~12.19	霜月
9月解除英荷聯軍包圍敦克爾克	12.20~1.18	雪月
9.29頒布全面限價法令	1.20~2.19	雨月
10.3逮捕吉倫特黨人送上斷頭台	2.21~3.20	風月
10.5採用革命曆	3.21~4.19	芽月
10.16處死王后瑪麗安東尼	4.20~5.19	花月
1794 4.5處死丹敦	5.20~6.18	草月
6.8羅伯斯庇爾演出最高存在祭典	6.19~7.18	收穫月
7.27熱月政變，逮捕羅伯斯庇	7.19~8.17	熱月
爾，翌日處死	8.18~9.16	果月
1795 平等派起義(~96)	9.17~21	無套褲漢月
5.31廢革命法庭		
8.22通過共和國三年憲法		
10.26解散國民公會		
10.27成立督政府		

昭明歷史手冊

119

昭明歷史手冊

歐　洲	西亞・非洲
1791 波蘭革命(廢王政)失敗 　　　10月法成立立法議會(~92) 1792 普奧聯軍侵法 　　　〔法〕7月成立國民公會，宣布 　　　共和 1793 波蘭第二次被三國瓜分 　　　1.21法處死路易十六 　　　6.24制定〈93年憲法〉羅伯斯庇 　　　爾獨裁 1794 〔波〕Kosciusko起義反俄 　　　〔法〕處死丹敦 　　　7.28熱月反動，處死羅伯斯庇 　　　爾 1795 第三次瓜分波蘭 　　　10月巴貝夫「平等會」暴動 　　　〔荷〕法國建立巴達維亞政府 　　　(~1802) 1796 拿破崙攻義大利 　　　5月巴貝夫被捕 1797 拿破崙入羅馬 　　　10月奧割比利時予法國 　　　巴貝夫被法當局處決 1798 法軍俘教皇庇護六世，建立羅馬 　　　共和國 　　　法侵瑞士 1799 第二次對法同盟(~1802) 　　　11.9~10 霧月18日政變，拿破崙 　　　自任第一執政 　　　英禁止團體間通訊往來 1800 歐文在New Lanark實驗社會主義 　　　阿爾巴尼亞侯國成立 　　　美得西屬路易斯安那 　　　〔美〕建都Washington	1792 《雅西和約》，土割黑海北岸予 　　　俄，並以頓涅斯特河為國界 1794 〔伊〕阿加・穆罕默德建立卡扎 　　　爾朝(Kajar, ~1925) 1795 英奪荷人的開普敦殖民地 1798 大馬士革起義 1799 拿破崙攻敘利亞 1800 俄併格魯吉亞 　　　易卜拉欣貝伊交出開羅，返回 　　　敘利亞 **思　想** 1791 Pain《人的權利》 1792 龔自珍(~1841) 　　　席勒《30年戰爭史》 1793 大鹽中齋(~1837) 　　　Goldin《政治正義論》 1795 蘭克(Ranke, ~1886) 　　　康德《永久和平》 1798 孔德(Comte, ~1857) 　　　馬爾薩斯《人口論》 1800 費希特〈閉鎖的商業國家〉 **文　學** 1791 《紅樓夢》30行 1792 雪萊(Shelley, ~1822) 1798 濟慈(Keats, ~1821) 　　　〔波蘭〕米克維茨(A. 　　　Michiewicz, ~1855) 1799 巴爾扎克(Balzac, ~1850) 　　　普希金(Pushkin, ~1837) 　　　海涅(Heine, ~1856) 1800 席勒《華倫斯坦》

東亞（中、日、韓）	印度‧東南亞
1791 廓爾喀再入侵西藏，洗劫日喀則，清派福康安入藏	1792 福安康入廓爾喀(尼泊爾) 阮福映由法國教士百多祿支持 復國(~1801)
1792 頒布《欽定西藏章程》 6月，英使馬嘎爾尼至大沽 8月見乾隆帝於熱河行宮	1793 泰緬戰爭結束
1795 〔台〕陳周全起義	1795 英佔馬六甲(~1814)，爪哇 (~1816)
1796 乾隆帝退位，嘉慶帝即位 (~1820) 白蓮教反亂	1796 英取代荷蘭統治錫蘭
1799 嘉慶帝親政，殺和珅	1799 第四次邁索爾戰爭結束
1800 殺白蓮教首劉協之	1800 英佔檳榔嶼

藝　術	科　技
1791 莫札特〈魔笛〉 柏林布蘭登堡門建成	1792 法國採行十進位制 默克多發明煤氣燈
1792 海頓〈驚愕〉 G．Rossini(~1828)(歌劇)	1793 Whitney發明軋棉機
1793 大衛〈馬拉之死〉(畫)	1797 Volta發明電池
1797 舒伯特(~1828)	1798 Maudolay發明車床
1800 哥雅〈裸體的瑪哈〉(畫)	1799 阮元《疇人傳》
	1800 法國士兵發現古埃及羅塞達石刻 英國皇家學會創立

昭明歷史手冊

昭明歷史手冊

歐　洲	西亞・非洲
1801 英併愛爾蘭 　　　拿破崙佔萊茵河左岸 　　　〔俄〕亞歷山大一世(~25) 　　　**杜桑盧韋爾**統一多明尼加 1802 拿破崙為終身執政 1803 美向法購買路易斯安那 1804 《拿破崙法典》公佈 　　　5.15拿破崙稱帝(~14) 　　　海地獨立 1805 拿破崙兼義大利王 　　　第三次歐洲對法同盟戰爭 1806 拿破崙組織萊茵同盟 　　　**神聖羅馬帝國亡**(962~) 　　　拿破崙宣布〈**大陸封鎖令**〉 　　　英佔布宜諾斯艾利斯(阿根廷) 1807 華沙公國建立 　　　普魯士斯坦因改革 　　　拿破崙侵略西班牙(~14) 　　　拉丁美洲獨立戰爭(~26) 1808 **西班牙反法戰爭** 　　　俄併芬蘭 　　　**拉丁美洲獨立戰爭**(~26) 1809 奧俄同盟抗法 　　　拿破崙併教皇領地 1810 法併荷蘭 　　　美洲西班牙殖民地獨立戰爭起 9.16〔墨〕伊達爾戈神父敲響多 　　　洛雷斯教堂大鐘，掀起反西班 　　　牙革命 　　　〔普〕洪堡德創立**柏林大學**， 　　　首任校長費希特	1801 英軍佔開羅，干涉埃及內政 　　　9月趕走法軍 1802 英法《亞眠和約》，埃及為土耳 　　　其帝國的一部份 1803 〔阿〕Wahabis佔麥加(~06) 　　　阿爾巴尼亞人及馬姆努克人佔領 　　　開羅 1804 塞爾維亞Kora George領導反抗土 　　　耳其 　　　俄、波斯戰爭 1805 穆罕默德阿里(阿爾巴尼亞人)壓 　　　制馬姆努克人，控制埃及 1806 俄土戰爭(~12)〔6〕 1807 阿里擊退英軍入侵埃及 1808 〔土〕穆罕默德二世即位(~39)推 　　　行現代化 1809 英、阿富汗協議，英支持阿抵抗 　　　法、波斯 　　　**思　想** 1802 聖西門《日內瓦書簡》 1803 愛墨生(Emerson，~82) 1805 費爾巴哈(Feuerbach，~73) 　　　馬志尼(Mazzini，~72) 　　　布朗基(Blangui，~81) 1807 黑格爾《精神現象學》 1808 費希特《告德意志國民書》 　　　傅利葉《四運動理論》 1809 普魯東(Proudhon，~65) 　　　達爾文(Darwin，~81)

東亞（中、日、韓）	印度・東南亞
1801 〔朝〕辛酉之獄，迫害基督教徒 1803 李長庚破蔡牽於定海 1804 蔡牽攻台灣 1805 清禁洋書洋教 1806 禁江浙米出洋 　　　〔日〕蝦夷地改由幕府直轄 1807 馬禮遜(Marrison)至廣州傳教 　　　李長庚被蔡牽打死 1808 英佔澳門砲台，旋去 1809 蔡牽死於定海戰役 1810 清禁流民出關	1802 阮福映(嘉隆帝)即位，建立越 　　　南國 1803 第二次馬拉塔戰爭(~05) 1804 英保護蒙兀兒帝國 1806 英封鎖巴達維亞 1809 泰、越瓜分柬埔寨

文　學	藝　術
1801 夏多布里昂《阿拉達》 1802 雨果(Victor Hugo, ~85) 　　　大仲馬(Alexandre Dumas, ~70) 　　　趙翼《甌北詩話》 1803 歐倫斯萊厄(丹麥)《黃金號角》 　　　（長詩） 1804 席勒《威廉泰爾》 　　　喬治桑(George Sand, ~76) 1805 華茲華斯《序曲》(詩) 1808 克雷洛夫(1768~1844)《克雷洛 　　　夫寓言》 　　　歌德《浮士德》 1809 丁尼生(Tennyson, ~92) 　　　愛倫坡(E. Allan Poe, ~49) 　　　果戈里(Gogoli, ~53) 1810 塔塔爾夫人《德意志論》	1801 Paganini "24 Coprices" 　　　David〈1796年11月17日起義〉 　　　（畫） 　　　海頓〈四季〉 1803 白遼士(Berlioz, ~69) 　　　Glink(~57) 1804 貝多芬《英雄》(第三) 　　　葛飾北齋(1760~1849)《東海道 　　　五十三》(畫) 1806 貝多芬《D大調小提琴協奏曲》 1808 哥雅〈5月2日〉(畫) 　　　貝多芬《命運》、《田園》 1809 孟德爾頌(Mendelson, ~47) 1810 Chopin(~49) 　　　Sehumann(~56) 　　　貝多芬〈愛格蒙序曲〉

昭明歷史手冊

歐　洲	西亞・非洲
1811　〔英〕拉第特黨(Luddite)破壞工 　　　廠機器 　　　〔墨〕伊達爾戈遇害，莫雷洛斯 　　　起義 1812　拿破崙攻俄 　　　9.14 佔莫斯科(~10.19撤退) 　　　英美戰爭(~14) 1813　10.16~19 萊比錫戰役，聯軍敗 　　　拿破崙 　　　波利瓦爾宣布哥倫比亞獨立 　　　〔墨〕莫雷洛斯《獨立宣言》 1814　3.18 聯軍入巴黎 　　　4.14 拿破崙退位，流放艾爾巴島 　　　9.18 維也納會議(~1815.6) 1815　3.10~6.22 拿破崙百日天下 　　　6.18 滑鐵盧戰役 　　　6.9 〈維也納和約〉奧相梅特涅 　　　建立反動體制 (Metternich, 　　　1773~1859) 　　　9.26 亞歷山大一世倡立神聖同盟 　　　11.20 英、普、俄、奧四國同盟 　　　〔普〕耶拿大學成立「學生組 　　　合」(Burschenschft) 　　　英制定〈穀物法〉(Corn Laws) 　　　〔墨〕莫雷洛斯被俘遇害	1811　埃及入侵阿拉伯(~18) 　　　〔埃〕阿里獨裁，推動現代化 　　　(~49) 1812　俄土議和(布加勒斯特條約)，俄 　　　佔比薩拉比亞 　　　俄敗波斯軍 1813　俄、波Gulistam和約，俄併亞塞拜 　　　然、巴庫等地 1814　荷割好望角予英 　　　希臘人在奧迪薩組織Philike 　　　Hetairia反抗土耳其 1815　塞爾維亞M.Obrenovich反抗土耳 　　　其 　　　法助埃及建立海軍
思　想	文　學
1811　Louis Brance(~82) 1812　黑格爾《邏輯》(~16) 　　　赫爾岑(Hertzen, ~70) 1813　歐文《新社會觀》 　　　齊克果(Kierkegaard, ~55) 1814　巴枯寧(Bakunin, ~76) 1815　杉田玄白《蘭學事始》	1812　狄更斯(Dickens, ~70) 　　　Browning(~89) 1813　Austin《傲慢與偏見》 　　　〔墨〕利薩爾迪(1776~1827) 　　　《佩里迪基略・薩尼恩記》 　　　拜倫《海盜》 1814　〔日〕《里見八犬傳》

東亞（中、日、韓）	印度·東南亞
1811 清禁西洋人在內地居住及傳教 〔台〕高夔起義 1812 〔朝〕洪景來起義(平安道) 1813 清禁鴉片販賣 天理教林清攻進紫禁城失敗 1814 訂西洋商人互市章程 1815 馬禮遜辦《察世俗每月統計 傳》，洋人在華第一份刊物	1811~16 英統治爪哇及蘇門答臘 1813 英廢東印度公司特權 越南助柬埔寨王安贊二世復位 1815 英、尼泊爾戰爭(~16) 1816 英殖民錫蘭

藝　術	科　技
1811 Liszt(~86) 1812 盧梭(畫，Rousseau, ~67) 1813 華格納(Wagner, ~83) Verdi(~1901) 1814 哥雅〈5月3日的處刑〉 米勒(Millet, ~75)，畫家 安格爾〈大宮女〉(畫) 1815 Menzel(~1905，畫) 舒伯特〈野玫瑰〉、〈魔王〉 等曲	1801 道爾頓，混合氣體分壓原理 1802 格呂薩克，氣體的膨脹係數為1/ 237 1805 道爾頓，原子論 1809 Lamark，有機進化論 1811 Arogadro，分子說 1814 史蒂芬生發明火車 1815 富爾頓號蒸汽機戰艦下水

125

昭明歷史手冊

歐　洲	西亞・非洲
1816 〔英〕歐文向國會提出〈童工保護法〉 1817 英禁止政治團體間通訊 　　　全德學生組合創立 1818 智利獨立 　　　委內瑞拉第三共和國(玻利瓦爾總統) 1819 〔普〕關稅同盟 　　　〔奧〕學生殺死特務Kotzebue(俄國記者)，梅特涅下令鎮壓 　　　大哥倫比亞共和國成立(玻利瓦爾) 　　　〔英〕曼徹斯特勞工被屠殺(彼得盧事件) 1820 〔義〕那不勒斯燒炭黨(Carbonari)反抗西班牙統治失敗 　　　〔俄〕西蒙兵團兵變失敗 　　　Troppan會議，規定各國有責任干涉某一國的革命運動	1816 波斯佔阿富汗首都Herat 1817 塞爾維亞人擁立Olrenvich為王 1820 埃及征服蘇丹(~28)
	文　學
	1817 屠格涅夫(Ivan S . Turgener,~83) 1819 Shelley "Promethus Un-bound" 　　　Witman(~92) 1820 拉馬丁《沉思錄》
	拉丁美洲獨立戰爭
	1790 海地反法國統治 1791 杜桑盧韋杜爾起義 1801 統一多明尼加 1802 杜桑被法軍誘捕 1804 海地獨立 1806 米蘭達兩度進兵委內瑞拉失敗 1807 英軍佔蒙德維迪亞 1810 加拉加斯起義
思　想	
1817 梭羅(Thoreau, ~62) 　　　李嘉圖《經濟學原理》 1818 西斯蒙地《政治經濟學原理》 　　　馬克思(Karl Marx, ~83) 　　　布克哈特(Burchhardt, ~97) 1819 叔本華《意志與表象的世界》 1820 恩格斯(F. Engles, ~95)	布宜諾斯艾利斯五月革命 　　　〔墨〕Hidalgo神父率印地安人起義 　　　智利起義 1811 烏拉圭起義

東亞（中、日、韓）	印度・東南亞
1816 英使Amhest至北京，拒向乾隆 　　　帝跪拜而被斥去 　　　英艦至朝鮮、琉球 1817 雲南高羅衣稱窩泥王失敗 1818 禁內地無賴移民蒙古 1820 道光帝即位(~50)	1816 英將爪哇蘇門答臘歸還荷蘭 1817 ［印］第三次馬拉塔戰爭(~18) 1818 英重佔馬六甲 1819 英佔新加坡(當時只有150人) 　　　阿富汗佔喀什米爾 1820 ［越］阮福皎即位，迫害天主教 　　　徒

藝　　術	科　　技
1816 羅西尼〈塞維利亞的理髮師〉 　　　(歌劇) 1817 舒伯特〈鱒魚〉 1819 Coubert(~77)畫 　　　韋伯〈邀舞〉 　　　Gericault〈梅杜薩之筏〉 　　　Offenbach(~80)(音) 　　　Suppe(~95)(音)	1816 W.Smith生物化石鑑定之地層系 　　　統 1817 Doberin，三歸律 1820 Oersted，電流的磁效應

拉丁美洲獨立戰爭	
Hidalgo遇害 　　　委內瑞拉獨立(第一共和，~12) 1812 Morelos宣布墨西哥獨立 　　　波利瓦爾《卡塔赫納宣言》 1816 新格拉納達聯合省覆亡 　　　拉普拉塔省獨立 　　　波利瓦爾進兵委內瑞拉 1817 聖馬丁越安地斯山，解放智利 　　　葡佔蒙德維迪亞 1818 智利獨立(奧希金斯) 1819 玻利瓦爾越過安地斯山，建立 　　　大哥倫比亞國	1820 聖馬丁由海路進兵祕魯 1821 墨西哥再宣布獨立 1822 聖馬丁佔利馬、祕魯獨立、巴拿 　　　馬獨立 　　　聖馬丁、玻利瓦爾在瓜基亞會談 　　　巴西獨立 1823 中美洲聯合省(瓜地馬拉、尼加拉 　　　瓜、宏都拉斯、哥斯大黎加、薩 　　　爾瓦多)，翌年改為中美洲聯邦 1824 玻利瓦爾、蘇克雷擊潰西班牙軍 1827 蘇克雷解放上祕魯、巴拉圭脫離 　　　巴西

昭明歷史手冊

歐　洲	西亞・非洲
1821　瓦拉幾亞起義，俄屠殺希臘人 　　　〔法〕巴貝夫主義者暴動 　　　〔英〕歐文倡合作主義 　　　**希臘獨立戰爭爆發** 1822　希臘宣布獨立 　　　巴西獨立 1823　法入侵西班牙鎮壓革命 　　　美宣布門羅主義(Monore 　　　Doctrine)，不許歐洲干涉美洲 1824　西班牙放棄美洲殖民地 　　　歐文在美印第安那州實驗新和諧 　　　村(~28) 1825　〔英〕通過〈工廠法〉 　　　〔俄〕十二月黨人起義 　　　尼古拉一世(~55)	1821　獅子山、甘比亞、黃金海岸併 　　　為英屬西非 　　　土、波斯戰爭(~23) 1823　土軍退出希臘 1824　埃及阿里出兵助土鎮壓希臘 　　　英佔南非納塔爾 1825　俄、波斯戰爭(~28)

思　想	文　學
1821　聖西門《產業制度》 　　　黑格爾《法哲學》 　　　〔日〕本多利明《輕世密策》 1822　傅利葉《家庭・農業組合概 　　　論》，提倡法朗吉公社 　　　蘭克《拉丁及日耳曼民族史》 1823　聖西門《產業者的政治教理問 　　　答》(與孔德合著) 　　　美國出現摩門教 1825　蘭克《羅曼日耳曼各國民族史》 　　　米涅《法國革命史》 1826　拉撒爾(Lassalle, ~64.8.3) 　　　聖西門《新基督教》	1821　杜斯妥也夫斯基(Dostoevsky, 　　　~81) 　　　Floubert(~88) 1823　Ostrovky(~86) 　　　〔匈〕Petif(~49) 　　　哥德《愛欲三部曲》

東亞(中、日、韓)	印度‧東南亞
1821 海盜林烏興犯台灣淡水	1821 泰佔馬來西亞的吉打(~24)
1822 〔台〕林泳春起義	1822 緬軍入侵印度阿薩密、孟加拉
1824 張格爾(Jehngir)反清〔回疆〕	1823 英軍擊退緬軍
1825 〔日〕〈異國船打拂令〉，幕府	1824 第一次英緬戰爭(~26)
下令攻擊入侵的西洋船隻	倫敦條約，荷割馬六甲予英
	1825 澳洲塔什馬尼亞被英征服
	印尼Dipo Negoro王子反荷的爪
	哇戰爭(~30)

藝　術	科　技
1821 韋伯〈魔彈射手〉(音)	1822 Ampere，右手定理
1824 貝多芬〈快樂頌〉	1824 布萊爾發明盲人點字
〔捷〕Smetana(~84)	1825 英建鐵路
德拉克洛瓦〈希奧島的屠殺〉	
(畫)	
1825 J. Strauss(~79)圓舞曲王	

昭明歷史手冊

歐　洲	西亞·非洲
1826 拉丁美洲國際會談 　　　烏拉圭戰爭結束(1825~) 1828 美國民主黨建黨 　　　俄土戰爭(~29)〔7〕 　　　烏拉圭獨立 1829 英解放天主教徒 1830 法侵略阿爾及利亞 　　　7.27 法國七月革命 　　　8.2 查理一世退位 　　　8.25 比利時革命(10.4 比利時宣 　　　布獨立) 　　　10~12月〔法〕里昂織工起義 　　　11.9 波蘭獨立運動(~31)	1826 土廢新軍 1827 Navarino海戰，英法敗土、埃軍 1828 Turkmanchai條約，俄併波斯的 　　　Erivan及Nakhchvan省，至此俄 　　　併吞格魯西亞、亞美尼亞和北亞 　　　塞拜然，並獲兩千萬盧布的賠款 1829 〈亞德里亞堡條約〉，土耳其承 　　　認希臘獨立，塞爾維亞、摩拉維 　　　亞、瓦拉奇亞自治；高加索黑海 　　　沿岸數省割予俄國；俄在土境內 　　　有領事裁判權 1830 法佔阿爾及利亞
思　想	文　學
1827 米敘雷《近代史綱》 1828 基佐《法國文明史》 　　　邦納羅蒂《為平等而密謀》 1829 容閎(~1912) 　　　傅立葉《新產業界與社會》 1830 孔德《實證哲學》	1827 小仲馬(A . Dumas, ~95) 1828 托爾斯泰(Lev Tolstoy, ~1910) 　　　歌德《威廉邁斯特》 　　　易卜生(Ibsen, ~1906) 1829 長塚節(~1915) 　　　李慈銘(~94) 1830 普希金 "Eugen Onegin" 　　　斯坦塔爾《紅與黑》

東亞（中、日、韓）	印度・東南亞
1827 張格爾兵敗，清重佔喀什噶爾 1828 清禁私販茶葉 1830 禁外國蕃婦居留廣州 　　　張格爾之兄玉素普(Yusuf)反清 　　　廣西、廣東、湖南農民動亂	1826 英併新加坡，馬六甲及檳榔嶼為 　　　海峽殖民地 1827 老撾淪為暹邏屬地 1828 英緬Yandabu條約 1829 〔印〕英國總督班廷克(Bentinck) 　　　禁止寡婦殉葬 1830 荷人在印尼實施「強迫種植制 　　　度」

藝　術	科　技
1826 Forster(~64)民謠 1827 孟德爾頌〈仲夏夜之夢〉序曲 　　　Blake〈凱薩林王妃畫像〉 1828 蕭邦〈離別曲〉 1829 羅西尼〈威廉泰爾〉 1830 白遼士〈幻想交響曲〉 　　　Delacroix〈自由領導國民〉(畫)	1827 歐姆定理(電) 1830 McCormic，收割機

昭明歷史手冊

昭明歷史手冊

歐　洲	西亞・非洲
1831　倫敦會議，列國承認比利時的 　　　獨立及中立 　　　奧軍鎮壓義大利中部燒炭黨 　　　馬志尼在馬賽成立青年義大利 　　　愛爾蘭大起義 　　　11月法國里昂織工起義 1832　〔英〕修改選舉法，中產階級獲 　　　勝 　　　俄併波蘭，厲行俄化政策 　　　倫敦議定書，承認希臘獨立 　　　巴黎共和派暴動 1833　俄土同盟 　　　〔西〕卡洛斯戰爭(~40) 　　　8.29英通過〈工廠法〉禁止僱 　　　用九歲以下童工 1834　德意志關稅同盟成立 　　　〔英〕歐文發起成立，全國勞 　　　工會大同盟(Grand National 　　　Consolidated Trades Union) 　　　4月里昂工人起義 　　　德意志流亡者同盟成立(巴黎) 1835　烏拉圭紅黨、白黨建立	1831~35　土埃爭奪奧斯曼帝國統治 　　　　　權、埃及佔敘利亞(~32) 1833　土埃議和(Kutahia)，埃軍撤出安 　　　那托利亞，佔領敘、黎、巴勒 　　　斯坦，承認土耳其的宗主權 　　　俄土關於達達尼爾海峽秘約 　　　(Hunkiar-Iskelesi)，土允許俄艦 　　　通過海峽 1835　〔南非〕波爾人移動 　　　阿富汗，Dost Mohammed創立 　　　Barakzai王朝

思　想	文　學
1831　《聖西門主義綱領》 　　　李嘉圖《地租論》 1832　"Socialism" 一詞始出現於聖西 　　　門主義雜誌《地球》 1833　Langer(~1912) 　　　Dühring(~91) 1835　福澤諭吉(~1901) 　　　孔西得朗《社會命運》	1831　雨果《鐘樓怪人》 1834　巴爾扎克《高老頭》 1835　蘭羅特(芬)《卡勒瓦拉》 　　　Mark Twin(~1910)

東亞(中、日、韓)	印度・東南亞
1831 朝鮮禁止英船通商 　　　廣西、江西天地會起義 1832 湖西猺族趙金龍起義 　　　台灣天地會張丙起義(~33)，攻 　　　鳳山、台灣縣、林圮埔 1833 清軍擒詹通，解嘉義之圍 1834 清驅洋船，禁鴉片 　　　英人律勞卑(Lord Napier)為廣東 　　　通商監督 1835 英船至山東 　　　山西白蓮教曹順起義	1831 孟加拉農民起義(~32) 　　　暹、越爭霸柬埔寨戰爭(~45) 1832 越併老撾川擴王國 1833 北越農文雲起義(~35) 1834 馬尼拉開放為自由港 1835 〔印〕麥考萊(Macauly)推進英 　　　語高等教育
藝　術	科　技
1831 蕭邦〈革命〉(音) 1832 Manet(~83) 1833 孟德爾頌〈義大利交響曲〉(音) 　　　Brahms(~97) 　　　Borodin(~97) 1834 Delacroix〈阿爾及利亞的女人〉 　　　(畫) 1835 Saint-Sanés(~1921)	1831 達拉第，電磁感應現象 　　　Neumann，分子熱定律 1833 V. Baer 比較胚胎學 1835 摩斯發明有線電報

昭明歷史手冊

昭明歷史手冊

歐　洲	西亞・非洲
1836~1840〔英〕Lovett組織倫敦工人協會 1836 國際革命工人組織「正義者同盟」成立(巴黎) 　　　倫敦勞動者協會成立 　　　德州脫離墨西哥獨立 1837 〔英〕維多利亞女王(Victoria，~1901) 　　　布朗基成立「四季社」 　　　〔英〕憲章運動起(~48) 1838 〔英〕反穀物法同盟成立 　　　宏都拉斯、尼加拉瓜獨立 1839 正義同盟解散，在倫敦另立勞動者教育協會 　　　5.12布朗基暴動失敗 　　　英憲章運動派150萬簽名要求普選 1840 倫敦4國條約(英俄普奧)，決定縮小埃及的領土 　　　英統一上下加拿大	1837 波斯軍圍阿富汗首都Herat，被英軍擊退 1839 〔南非〕祖魯戰爭 1838 第一次英阿(富汗)戰爭(~42) 1839 〔土〕Abdul Mejid即位(~61)由Reshiel Pasha輔政，推行改革，頒佈憲法(Hattisherif of Gulhané) 　　　法佔阿爾及利亞 　　　英佔亞丁 1840 〔南非〕波爾人建立特蘭斯瓦國 　　　英、俄、奧、普、土〈倫敦條約〉，迫穆罕默德阿里屈服
思　想	文　學
1837 卡萊爾《法國革命》 1839 布朗《勞動組織》 　　　普魯東《什麼是所有權》 1841 費爾巴哈《基督教的本質》 　　　李斯特《國民經濟學》 1842　Kropotkin(~1920) 　　　W.James(~1920) 　　　魏源《海國圖志》 1843 齊克果《恐懼與戰慄》 1844 恩格斯《神聖家族》 　　　Nietzsche(~1900) 　　　馬克思《1844年手稿》 1845 Stiner《唯一者及其所有》	1836 果戈里《檢察官》 1837 狄更斯《孤雛淚》(Oliver Twist) 1838 雷蒙托夫《現代英雄》 1842 果戈里《死靈魂》 1844 大仲馬《三劍客》 　　　海涅《德意志冬天的故事》 1845 巴爾扎克《人間喜劇》 　　　Merimee《卡門》 　　　大仲馬《基度山恩仇記》

東亞（中、日、韓）	印度・東南亞
1836 湖南猺族藍正尊起義 1837 洪秀全在廣州考試落第 　　〔日〕大鹽平八郎領導大阪人反 　　抗幕府 1838 黃爵滋奏禁鴉片，林則徐為欽差 　　大臣至廣東禁鴉片 1839 林則徐沒收外商鴉片二萬多箱焚 　　毀 　　穿鼻海戰、英艦砲擊廣州 　　〔日〕蠻社之獄，幕府迫害西化 　　派的渡邊華山、高野長英等人 　　〔5〕 1840 中英鴉片戰爭(~42) 　　英軍佔舟山 　　命琦善、尹里布與英人議和，流 　　放林則徐 　　〔日〕禁止招牌用荷蘭文字	1836 越南迫害天主教徒 1838 美艦砲擊印尼齊亞的塔帕杜安港 1840 英佔北婆羅洲

藝　　術	科　　技
1836 Rude〈馬賽曲〉(雕) 1838 Bizet(~75) 1839 Cézanne(~1906) 　　任伯年(~1915) 1840 Chakovsky(~93) 1841 Dvorak(~1907) 1843 Grieg(~1907) 1844 Rimsky-Korsakov(~1908)	1836 普魯士發明後膛槍 　　達拉第發明電池 1838 施萊登，植物生理學細胞說 1839 麥克米倫製作腳踏車 1840 焦耳，電流通過導體時的熱效 　　應 1841 道爾普特，珂羅版照相術 1844 凱爾蘭，木漿造紙 1845 施拜爾，硝化棉火藥

昭明歷史手冊

歐　　洲	西亞・非洲
1841　保加利亞農民反抗土耳其領主(　　　尼什暴動) 1842　葡萄牙革命 　　　〔西〕巴塞隆納共和革命失敗 　　　馬克思編《萊茵報》(科倫) 1843　烏拉圭蒙得維迪亞保衛戰 1844　2月馬克思、盧格編《德法年鑑》 　　　6月〔普〕西里西亞織工起義 1845　聖多明尼加獨立，分為海地與多 　　　明尼加兩國 　　　美併德克薩斯州 1846　英廢〈穀物法〉 　　　美墨戰爭(~48) 　　　波蘭克拉科夫起義 　　　2月馬克思在布魯塞爾成立共產 　　　主義通訊委員會 1847　正義者同盟改為共產主義者同盟 　　　〔英〕Orien組織青年愛爾蘭卡貝 　　　在美國德州實驗伊卡利亞公社 　　　馬恩起草《共產主義原理》	1841　土與英、法、普、奧、俄簽訂海 　　　峽協定，平時外國軍艦禁入博斯 　　　普魯斯、達達尼爾海峽 　　　〔阿富汗〕喀布爾反英運動激烈 　　　化 1842　英軍撤出喀布爾途中被殲滅 　　　〔南非〕波爾人建立奧蘭治共和 　　　國 1844　〔伊〕巴布教興 　　　法攻擊摩洛哥丹吉爾 1847　非洲第一個獨立國家賴比瑞亞 　　　(Liberia)建國
思　　想	文　　學
1846　普魯東《貧困的哲學》 1847　馬克思《哲學的貧困》 　　　中江兆民(~1901) 1848　馬克思《共產黨宣言》 　　　Mill《政治經濟學》 　　　伯恩斯坦(Bernstein, ~1932) 1850　斯賓塞《社會靜力學》 1853　嚴復(~1932) 1854　考茨基(Kautsky, ~1938) 1855　Gobineau《人類的不平等》 　　　赫爾岑《往事與隨想》 　　　齊克果去世(1813~)	1846　杜斯妥也夫斯基《窮人》 1847　艾米麗・布朗蒂《咆哮山莊》 1848　小仲馬《茶花女》 　　　別林斯基去世(1811~) 1849　裴多菲去世(1823~) 1850　莫泊桑(Mau Passant, ~93) 　　　狄更斯《大衛・考柏菲爾》 　　　霍桑《紅字》 1851　Melville《白鯨記》 1852　Stowe《黑奴籲天錄》 1855　Whitman《草葉集》 　　　密茨凱維支去世(1798~)

東亞（中、日、韓）	印度‧東南亞
1841 1月琦善與英簽訂(川鼻條約) 　　 4月英佔舟山、香港，攻鎮海、 　　 寧波 　　 5月廣州「平英團」攻擊英軍 　　 〔日〕天保改革(~43) 1842 6月，英軍佔上海 　　 7月迫近南京 　　 8.14 清朝投降 8.29(5.24)中英南京條約，清賠款 　　 2100萬兩，割香港予英，開放 　　 廣州、廈門、福州、寧波及上 　　 海五口通商 1843 虎門條約，清追認英國的最惠 　　 待遇 　　 洪秀全開始傳教 1844 中美望廈條約、中法黃埔條約 　　 〔台灣〕嘉義洪協起義，台灣 　　 府郭光租溁抗租 1845 新疆喀噶什噶爾七卓和起義 1847 英軍佔虎門要塞	1841 英人Brooke助婆羅乃領壓古 　　 晉，獲沙勞越統治權 1845 暹、越共同保護柬埔寨 　　 〔印〕第一次錫克戰爭(~46) 1846 英佔喀什米爾 　　 荷人侵略印尼巴厘巴厘島戰爭(~49) 1848 法艦攻越南

藝　術	科　技
1846 白遼士〈浮士德的罰劫〉(歌劇) 1848 高更(Gauguin, ~1903) 　　 盧梭〈楓丹白露森林的入口〉 1851 李斯特〈匈牙利狂想曲〉 1852 Verdi〈茶花女〉(歌劇) 1853 梵谷(Van Gogh, ~90) 1855 Coubert〈畫家的畫室〉	1846 伽勒證實海王星的存在 1847 布爾代數創立 1848 Kelvin，絕對溫度 1849 波林道爾發現炭疽桿菌 1853 P.M 菲舍爾發明腳踏車 1854 焦耳‧湯如遜，氣體力能量交換 　　 原理 　　 黎曼幾何學

昭明歷史手冊

歐　洲	西亞・非洲
1848 歐洲各國革命 　　2.22巴黎工人示威 　　2.24路易菲利普退位，第二共 　　　和成立(~1852) 　　2.27設國立工廠 　　3月革命　3.15(匈)布達佩斯起義 　　3.17維也納、柏林革命，梅特涅 　　出奔　3.18米蘭反奧起義 　　3.22威尼斯宣布共和 　　4月波蘭克拉科夫起義 　　4.13英政府解散憲章會議 　　5.11奧宣佈憲法 　　5.18全德國民會議(法蘭克福) 　　6.12布拉格起義 　　6.14柏林市民起義 　　6.23~26巴黎市民起義 　　10.2維也納起義 　　12.2普魯士王下令解散議會 　　12.10路易波拿巴當選法國第二 　　共和總統(~52) 　　12月中，奧皇遜位，其姪弗蘭 　　西斯約瑟夫繼位(~1916) 1849 奧鎮壓匈牙利革命 　　2月　馬志尼成立羅馬共和國 　　3.29 法蘭克福會議推普魯士王 　　為皇帝 　　4月　法軍攻羅馬 　　4.3　普王拒絕 　　4.11 佛羅倫斯反革命 　　5月　國民會議解散 　　7.3　羅馬共和國被法軍粉碎 　　8月　佛羅倫斯向奧軍投降 　　10月　奧鎮壓匈牙利革命	1848 〔波〕迫害巴布教 　　波爾人要求獨立 1850 〔波〕處死巴布教祖密爾扎 　　阿里穆罕默德(1819~) 　　英以一萬英鎊購得丹麥在黃金 　　海岸的四處據點

東亞(中、日、韓)	印度‧東南亞
1848 清禁止俄人在上海貿易 1849 湖南猺族李沅發起義 　　　日允許外國艦入長崎、浦賀 1850 咸豐帝即位(~61) 　　　12月10日，洪秀全在廣西桂平 　　　金田村起義，建立太平天國 　　　(1851.11.11~64)	1848 第二次錫克戰爭 1849 英併旁遮普 1850 荷蘭佔加里曼丹東岸

歐　洲	西亞・非洲
1851　12.2〔法〕路易波拿巴政變， 　　　　12.21，國民投票擁他為皇帝， 　　　　稱拿破崙三世(~1870) 　　　　倫敦第一屆萬國博覽會 1853　俄土戰爭(~56)〔8〕 1854　10.23克里米亞戰爭(~56) 　　　　〔美〕北方產業代表組成共和黨 　　　　英廢航海條例 1855　3.1 墨西哥革命 　　　　撒丁尼亞參加克里米亞戰爭 　　　　〔俄〕亞歷山大二世即位(~81)	1852　英承認波爾人的特蘭斯瓦共和 　　　　國獨立 　　　　李文斯頓橫越非洲，發現維多 　　　　利亞瀑布(~55) 1853　俄佔摩拉維亞 1854　土、英、法同盟 　　　　1月 希臘軍佔色雷斯、依壁魯 　　　　斯，被英法軍所阻； 　　　　3.28 英法對俄宣戰 　　　　4.20 普奧同盟，迫俄自多瑙河 　　　　兩岸退兵 　　　　9月 英、法、土聯軍登陸克里 　　　　米亞圍攻塞瓦斯托波(~55) 　　　　10.25 巴拉克拉瓦之役 　　　　11.5 英克曼之役，俄軍皆敗

東亞（中、日、韓）	印度・東南亞
1851 閏8月，太平軍佔永安 　　　10月洪秀全封王建制 1852 太平軍出永安 　　　11月佔漢陽 　　　12月佔武昌 　　　清命曾國藩在湖南辦團練 　　　捻軍張樂行在安徽蒙城起義 1853 2月太平軍佔南京，改為天京 　　　4月李開芳北上(9月至天津) 　　　8月小刀會劉麗川佔上海 　　　冬，太平天國頒《天朝田畝制 　　　度》 　　　〔台〕天地會李石、林茶佔鳳山 　　　Perry率美艦至賀浦，要求日本 　　　開港 1854 日、美神奈川條約，日本開下 　　　田、箱根，允許美國派駐使節， 　　　英、俄亦同時要求簽親善條約 　　　曾國藩收復武昌 　　　太平天國舉行科舉(天試) 　　　俄軍佔黑龍江北岸 1855 太平軍北伐失敗，林鳳祥、李開 　　　芳犧牲(1~4月) 　　　貴州苗族起義失敗 　　　雲南穆斯林杜文芳起義(~73)	1851 第二次英緬戰爭(~52) 　　　〔越〕東京起義 　　　荷佔加里曼丹西岸

昭明歷史手冊

141

昭明歷史手冊

歐　洲	西亞・非洲
1856　巴黎和約，結束克里米亞戰爭 　　　(2.25~3.30) 　　　墨西哥內戰(~60) 1857　義大利統一協會成立 　　　赫爾岑在倫敦編《鐘聲》 　　　巴枯寧流放西伯利亞 1858　愛爾蘭新芬運動開始 　　　法義Plombierre密約，拿破崙三 　　　世支持薩丁尼亞對抗奧國 1859　4月義大利統一戰爭始(~70) 　　　法支援薩丁對奧軍 　　　7.11拿破崙三世會奧皇於Villa 　　　Franca，出賣義大利	1856　土頒布〈改革詔令〉，設奧斯曼 　　　銀行 　　　〈巴黎和約〉，保加利亞三 　　　分，北部自治，中部省長由基督 　　　徒擔任，南部馬其頓至亞得里堡 　　　屬土；塞爾維亞、門得尼格羅、 　　　羅馬尼亞三國獨立；波斯尼亞、 　　　黑塞哥維那歸奧；薩羅尼加屬希 　　　臘；英佔塞浦路斯；俄佔比薩拉 　　　比亞，Arda、Kars、Bature 1857　波斯承認阿富汗獨立 1859　李希普開鑿蘇伊士運河(~69)
思　想	文　學
1856　Tocquevill《舊制度與革命》 　　　普列漢諾夫(Plekhanov, ~1918) 1858　康有為(~1927) 　　　涂爾幹(Durkheim, ~1917) 　　　胡塞爾(Husserl, ~1938) 　　　柏格森（Bergson, ~1941) 1859　達爾文《物種起源》 　　　馬克思《政治經濟學批判》 1860　布克哈特《文藝復興時期的文 　　　化 》	1856　蕭伯納(George B. Shaw, 　　　~1950） 　　　O. Wide(~1900) 　　　屠格涅夫《羅亭》 　　　福樓拜《包法利夫人》 1857　波特萊爾《惡之華》(詩集) 　　　Conrad(~1924) 　　　辜鴻銘(~1928) 1859　狄更斯《雙城記》 　　　坪內逍遙(~1935) 1860　屠格涅夫《前夜》 　　　契訶夫(Chehov, ~1904)

東亞（中、日、韓）	印度・東南亞
1856　8月太平天國内亂，韋苗輝殺 　　　　楊秀清 　　　　10.8(9.10)亞羅號（**Arrow**）事件， 　　　　英藉口船隻在廣州被盤查而攻廣 　　　　州 1857　5月石達開出走天京 　　　　11月英法聯軍攻陷廣州，俘虜 　　　　兩廣總督葉名琛 1858　4月，英法聯軍陷大沽砲台 　　　　中俄《璦琿條約》，俄佔黑龍 　　　　江左岸 　　　　5月(6月)英美法俄逼清朝簽〈天 　　　　津條約〉，開放牛莊、登州、 　　　　台灣、潮州、瓊州各港，准外 　　　　人定居傳教，有領事裁判權； 　　　　割九龍一角予英 　　　　〔日〕安政大獄，幕府壓制吉 　　　　田松陰等人 　　　　〔朝〕雀濟愚倡**東學道** 1859　僧格林沁在大沽攻英法使節船 　　　　隻，英法軍再陷大沽 　　　　石達開入湖南、廣西	1856　〔印〕英佔Avadh 1857　越南人殺法國傳教士 　　　　〔印〕5.10土兵(Sepoy)起義 　　　　(~59) 　　　　5.11土兵入德里，擁立莫臥兒 　　　　為末代皇帝 　　　　9月德里被英軍奪回 1858　〔越〕法、西聯軍佔西貢 　　　　8月英廢東印度公司，改由維多 　　　　利亞女王統治印度(11月) 1859　荷、葡瓜分帝汶島 1860　吳哥古蹟被發現

藝　　術	科　　技
1856　Offenbach〈天堂與地獄序曲〉 　　　　Ingres〈泉〉(畫) 1857　米勒〈拾穗〉 1859　米勒〈晚禱〉 　　　　Gound〈浮士德〉(芭蕾劇) 　　　　秀拉(Seurat, ~91)，(畫) 1860　柬埔寨吳哥窟重被發現	1856　杜塞多夫發現尼安德塔人頭骨 　　　　化石 1857　Paster證實發酵是微生物作用 　　　　赫爾姆霍茨，聽覺共鳴原理 　　　　諾貝爾發明氣壓計 1858　Plucker，陰極射線 1859　第一口油井在美國賓州泰特維 　　　　爾打成 　　　　布朗提發明鉛蓄電池 1860　勒努氏，內燃機

昭明歷史手冊

歐　洲	西亞・非洲
1860 法併薩伏依、尼斯 〔義〕加富爾再掌政 4月西西里革命失敗 5月加里波迪征服西西里 9月佔那不勒斯 〔美〕林肯總統　南卡羅萊那州脫離聯邦 1861 義大利王國成立，擁立庇蒙特王維克多約瑪努 2.27俄鎮壓華沙起義 〔俄〕3.3亞歷山大一世解放農奴 林肯宣布解放黑奴，引起南北戰爭(~65) 1862 〔奧〕俾斯麥(Bismark)為宰相(~90) 赫爾岑號召俄國青年「到民間去」 1863 〔德〕拉薩爾組織全德勞動者協會(萊比錫) 1864 奧國王公馬克西米連為墨西哥皇帝 普奧軍攻佔丹麥的什列斯登、霍爾斯坦 8.31 拉薩爾決鬥身亡 9.28 第一國際成立(倫敦) 1865 歐洲各地霍亂流行 4.9 美國南北戰爭結束 4.14 林肯被黑人暗殺 12月 美廢止奴隸制 普奧瓜分什列斯登及霍爾斯坦 巴枯寧建立國際兄弟會	1860 印度契約工人至南非勞動 1863 阿富汗Dost歿，王朝開始內亂(~70) 法國保護達荷美 1865 俄侵中亞(~96)，佔塔什干 〔土〕青年土耳其運動興起 (1867年成立「新奧斯曼協會」)

昭明歷史手冊

東亞（中、日、韓）	印度・東南亞
1860 3月，太平軍再破江南大營，東佔 　　　蘇、常 　　　美國人華爾組成「洋槍隊」助清朝 　　　〔日〕櫻田門外事件，水戶藩武士 　　　殺幕府大老井伊直弼 　　　8.1 英法聯軍佔北塘 　　　9.22 咸豐帝逃至熱河 　　　10.13 英法聯軍佔北京 　　　10.18 火燒圓明園 　　　10.24 恭親王與英、法簽北京條約 　　　11月 清俄北京條約 1861 清置總理各國事務衙門 　　　11.2 西太后聯恭親王政變，逮捕肅順 　　　11.6 同治帝 (6歲即位，~74) 　　　曾國藩創辦安慶內軍械所，開始洋 　　　**務運動** 1862 李秀成再攻上海 　　　華爾在上海組織「常勝軍」助清兵 　　　4月 台灣戴萬生起義 　　　5月 太平軍英王陳玉成被捕 　　　11月 李鴻章組織淮軍 1863 〔日〕長州藩砲擊外國船隻，英艦 　　　砲擊鹿兒島 　　　清軍捕捻軍的張樂行 　　　英人戈登指揮常勝軍 　　　4月石達開在四川大渡河被清軍消滅 1864 6.1 (4月) 洪秀全病死 (或自殺)， 　　　洪天貴福即位 　　　7.19 曾國荃佔天京，太平天國亡國 　　　〔日〕四國聯合艦隊砲擊下關 1865 捻軍入山東，殺僧格林沁 　　　中亞浩罕國阿古柏入侵新疆 　　　李鴻章在上海設立江南製造局	1861 英保護錫金 1862 法越西貢條約，越割讓交趾支 　　　那三省予法 1863 法保護柬埔寨 1864 法保護越南

昭明歷史手冊

歐　洲	西亞・非洲
1866　普義結盟抗奧 　　　4.4〔俄〕尼古拉伊壽丁小組謀 　　　刺沙皇失敗； 　　　6.14~7.3 普奧戰爭，奧國戰 　　　敗，退出德意志聯邦，什列斯 　　　登、霍爾斯坦歸奧，義大利併 　　　威尼斯 1867　北德聯邦成立 　　　6月奧法朗茲約瑟夫為匈牙利 　　　王，奧匈帝國成立(~1918) 　　　美向俄購得阿拉斯加 　　　法退出墨西哥，皇帝馬克西米 　　　連被殺 　　　加拿大自治領成立 1868　西班牙革命 　　　馬克思鬥爭巴枯寧派 　　　奧國社會民主黨成立 　　　9月巴枯寧在日內瓦組織「國際 　　　社會主義者同盟」 1869　〔普〕李卜克內西(Liebknecht) 　　　組織社會民主工人黨(愛森納赫 　　　派) 　　　美國勞動騎士團成立 1870　7.19 普法戰爭 　　　9月墨西哥工人大團結成立 　　　9.2 拿破崙三世在色當(Sedan)被 　　　俘 　　　9.4 巴黎革命，宣布第三共和 　　　9.19 義大利軍佔羅馬 　　　10.2 羅馬公民投票決定加入義 　　　大利王國，義大利完成統一 　　　10.9 甘必大在 Tour 組閣	1866　李文斯頓探險尼羅河水脈(~71) 1867　南非奧蘭治發現鑽石礦 1868　俄保護布拉哈 1869　蘇伊士運河開通 1870　〔南非〕慶伯利發現鑽石礦 **科　技** 1863　Huxely，有機進化論 　　　赫爾姆霍茨，樂音和諧原理 1864　Mandel，遺傳定律 1869　門捷列夫，化學元素週期表 **思　想** 1861　麥考萊《英國史》 　　　Mill《代議政治》 1862　拉薩爾《勞動者綱領》 1863　Mill《功利主義》 　　　梁啟超(~1929) 　　　Sombart(~1941) 　　　岸田俊子(~1901) 1864　韋伯(M. Webber, ~1920) 　　　Unamuno(~1936) 1865　譚嗣同(~98) 1867　馬克思《資本論》第一卷 1870　Lenin(~1924) 　　　堺利彥(~1933)

東亞（中、日、韓）	印度・東南亞
1865 〔日〕3.7 薩摩、長門藩聯盟 　　　回軍佔伊犁 　　　7.14 左宗棠奏請設福州船政局 　　　〔朝〕丙寅邪獄，迫害天主教 　　　徒，法艦攻佔江華島 　　　清設北京同文館、天文算學館 1867 9月清加強取締哥老會 　　　〔日〕明治天皇即位(~1912) 　　　11.9 德川慶喜大政奉還朝廷 1868 　1.3〔日〕明治維新 　　　清平定西捻軍 1869 清設福建軍器局 　　　天津教案(中國人殺法國教士)， 　　　阿古柏攻迪化	1867 劉永福率黑旗軍入北越 　　　法佔越南南部西三省 1870 〔印尼〕荷放棄〈強迫種植制 　　　度〉，改行〈1870年土地法〉

文　學	藝　術
1862 雨果《悲慘世界》 　　　屠格涅夫《父與子》 1863 車爾尼雪夫斯基《怎麼辦？》 1864~69 托爾斯泰《戰爭與和平》 1866 杜斯妥也夫斯基《罪與罰》 1867 Manet〈槍斃馬克西米連〉 　　　Mussorgsky〈荒山〉(樂) 　　　華格納〈紐約堡歌手〉 1869 Carpeaux〈舞蹈〉(雕) 　　　華格納〈齊格飛〉 　　　福樓拜《感情教育》	1861 Dumier〈洗衣婦〉(畫) 1862 Dubussy(~1918) 1863 Manet〈草上的午餐〉 　　　齊白石(~1957) 1864 Richard Strauss(~1949) 1865 Schubert〈未完成〉交響曲 1866 Sibelius(~1957)(芬)

歐　洲	西亞・非洲
1871　1.18 德意志帝國成立(~1918) 　　　1.28 法向德投降 　　　3.1 德軍入巴黎 　　　3.18 巴黎公社(Paris Commune) 　　　成立(~5.29) 　　　5.29 法軍屠殺巴黎公社成員 1872　〔英〕舉行秘密投票 　　　9.2~7 柏林德奧俄三帝會談 　　　〔西〕卡洛斯黨反亂(~76) 1873　西班牙第一共和 　　　俾斯麥向天主教展開文化鬥爭 　　　歐洲經濟大恐慌 1874　德解散勞動者同盟 1875　法第三共和憲法 　　　德意志社會主義勞動黨成立， 　　　通過〈哥達綱領〉 　　　〔俄〕「向民間去運動」興起	1871　英派兵入侵奧蘭治自由國 　　　史坦利和李文斯頓在赤道下會合 1872　〔土〕米德哈特帕夏改革失敗下 　　　台，新奧斯曼協會被當局解散 1873　俄佔中亞希瓦汗國 1875　英購得蘇伊士運河大部分股權 　　　俄攻中亞浩罕國
思　想	文　學
1871　孟格爾《國民經濟學原理》 　　　尼采《悲劇的誕生》 　　　幸德秋水(~1941) 　　　Rosa Luxemburg(~1919) 1872　恩格斯執筆《自然辨證法》 　　　(1925年出版) 　　　Jehring《為權利而鬥爭》 1873　Mill《自傳》 　　　巴枯寧《國家與無政府主義》 1875　馬克思《哥達綱領批判》 　　　福澤諭吉《文明論之概略》	1871　Proust(~1922) 1872　杜斯妥也夫斯基《惡靈》 　　　島崎藤村(~1943) 1873　雨果《九三年》 1874　福樓拜《聖安東尼的誘惑》 1875　安徒生去世(1805~)

東亞(中、日、韓)	印度‧東南亞
1871 俄軍佔伊犁 回軍攻吐魯番 9月日清通商天津條約 甘肅回民馬化龍被清軍殺害 6月辛未洋擾,美艦佔江華島 11月台灣牡丹社事件(琅墧土著 殺琉球漁民) 1872 4.30《申報》在上海創刊 8月清派學生留學美國 12月杜文秀自殺 1873 1.14 清設輪船招商局 2月同治帝親政(同治中興) 清鎮壓陝、甘、雲南回民起義 〔日〕征韓論起 10.24 西鄉隆盛因征韓論下野 〔朝〕大院君引退、閔妃派掌權 1874 5.7 日軍西鄉從道登陸台灣 6月沈葆楨奏請台灣開山撫蕃 10月清日台灣問題〈北京條約〉 日、朝開始交涉 〔日〕自由民權運動(~89) 1875 光緒帝即位(~1908)、西太后 攝政 2月 英人馬加里在雲南被殺 8月〔朝〕江華島事件 俄和日本交換庫頁島及千島 9月江華島事件,朝鮮攻擊日艦 雲揚號	1872 〔菲〕甲米地起義 〔菲〕宣傳運動(~89)知識份 子主張在西班牙統治下爭取自 治,振興產業 1873 荷進攻印尼亞齊王國 12.21 清援越抗法(河內戰役) 〔泰〕朱拉薩功改革(~1910) 1874 法保護越南 1875 〔印〕孟買軍管區德干農民起

藝　術
1871 鮑迪埃創作《國際歌》 Verdi〈阿伊達〉(歌劇) 1872 比才〈阿萊城姑娘〉(樂) Manet "Impression" Carpeaux〈世界四大部分〉(雕) 1874 Dages, "The Dancing Class" (畫) 1875 比才〈卡門〉(歌劇) 巴黎歌劇院建成(1861~)

科　技
1871 達爾文《人類的由來及性選擇》 1872 紐約布魯克林大橋竣工 1874 比爾羅特發現鏈珠菌和葡萄球菌 1875 Riffle槍問世

昭明歷史手冊

歐　洲	西亞・非洲
1876 鎮壓保加利亞人反抗 　　　7.6 塞爾維亞、黑山向土耳其宣 　　　戰 　　　丹麥社會民主工黨建黨 　　　7.15 第一國際解散 1877 俄土戰爭(~78)〔9〕 　　　羅馬尼亞獨立宣言 　　　〔美〕鐵路大罷工 1878 6.13 俄土聖斯泰法諾條約（柏 　　　林會議，~7.14) 　　　10.21 德鎮壓社會主義者法通 　　　過(~1890) 　　　墨西哥社會黨成立 1879 德奧同盟 　　　〔俄〕民意派刺殺亞歷山大二世 　　　未遂，恐怖主義抬頭 　　　愛爾蘭土地同盟成立 1880 〔英〕第二次格拉斯東內閣(~85) 　　　11月 法國勞動黨建黨(馬克思主 　　　義派) 　　　愛爾蘭大暴動	1876 比利時成立「國際開發及考察中 　　　非協會」 　　　埃及財政破產，被英法接管 　　　〔土〕學生運動，推翻阿卜提爾 　　　阿吉斯，穆拉特五世即位，不久 　　　阿吉斯二世即位(~1909)，大宰 　　　相Midhat 公佈憲法，準備建立國 　　　會，開放言論自由 1878 〔土〕蘇丹趕走米哈特，英併特 　　　蘭斯瓦 　　　〈聖斯泰法諾條約〉(St . Stefano)， 　　　土承認塞、羅、門三國獨立；俄 　　　保護保加利亞，東羅馬尼亞自治 　　　第二次英阿富汗戰爭(~80) 1879 〔南非〕祖魯戰爭 　　　埃及「祖國黨」成立 1880 〔南非〕第一次波爾戰爭 　　　俄征服土庫曼
思　想	文　學
1876 斯賓塞《社會學原理》 1878 恩格斯《反杜林論》 1879 馮特《實驗心理學》 　　　陳獨秀(~1942) 　　　托洛茨基(Trotsky, ~1940) 　　　河上肇(~1946) 1880 Bebel《婦女論》 1881 Ranke《世界史》 1883 尼采《查拉圖斯特拉如是說》 1885 《資本論》Ⅱ	1876 馬克吐溫《湯姆歷險記》 1877 易卜生《社會棟樑》 　　　托爾斯泰《安那卡列尼娜》 1878 哈代《歸鄉》 1879 杜斯妥也夫斯基《卡拉馬助夫 　　　兄弟》 　　　李叔同(~1924) 1881 易卜生《群鬼》 1882 易卜生《社會公敵》 1883 加辛《紅花》 1885 坪內道遙《當世書生氣質》 　　　左拉《萌芽》

東亞(中、日、韓)	印度・東南亞
1876 中英〈煙台條約〉，開放宜昌、 溫州、重慶、海口 8月，左宗棠鎮壓阿古柏、白彥虎 2.26日迫朝鮮簽訂〈江華條約〉 1877 清派學生赴英法學習海軍 〔日〕2.15西鄉隆盛在鹿兒島起兵(9.24自殺)西南戰爭 12.27清佔喀什噶爾 1878 左宗棠征服東土耳其斯坦(新疆) 5.14〔日〕大久保利通被刺死 7月李鴻章在上海設機器織布局 日本在釜山開設第一銀行分行 1879 4.4〔日〕將琉球廢藩置為沖繩縣 10.2崇厚與俄人簽〈伊犁條約〉 1880 清派曾紀澤赴俄交涉伊犁條約 清設天津水師學堂	1877 維多利亞女王位印度皇帝 1878〔菲〕蘇祿人反西班牙游擊戰

藝術	科技
1876 Renoir〈歌樂蒂曆坊〉(畫) 羅丹〈青銅時代〉(雕) 1877 柴可夫斯基〈天鵝湖〉(音) 1878 Drorak〈斯拉夫組曲〉(音) 1880 柴可夫斯基〈1812年序曲〉(音) Borodin〈中亞草原〉(音) 羅丹〈沉思〉(雕) 1883 塞尚"L'Estague" 1884 Sargent"Madam X"(畫) 1885 Meunier〈鐵匠〉(雕)	1876 貝爾，電話 1877 愛迪生，留聲機 1878 科赫提出傳染物皆由病源菌引起 1879 愛迪生發明電燈(~80) 1882 Pfitzner發現染色體 1884 Parson，蒸氣渦輪 Maxims，機關槍 1885 Pasteur，狂犬病預防法

昭明歷史手冊

歐　洲	西亞・非洲
1881　3.1〔俄〕沙皇亞歷山大二世被 　　　民意派Sophia Perovskaya刺死 　　　9月〔法〕工人黨聖亞田會議後 　　　分裂 1882　5月 德奧義三國同盟 　　　波蘭無產階級黨形成 　　　俾斯麥提出勞工保險案 1883　3.14 馬克思去世 　　　9.25 普列漢諾夫在瑞士成立 　　　「勞動解放社」 1884　英第三次改正選舉法 　　　柏林會議，列強瓜分非洲 　　　(~85) 　　　〔英〕費邊社成立(Fabian 　　　Society) 1885　保加利亞併東羅馬尼亞，與俄 　　　對立 　　　巴拿馬運河開工 　　　義大利工人黨建黨	1881　5月 法侵突尼斯 　　　〔埃〕Arabi政變，開始獨裁 　　　義佔厄里特利亞 　　　〔蘇丹〕馬赫迪(Mahadi)反英 　　　民族運動(~1900) 1882　英實際控制埃及 　　　土耳其外債共同管理委員會成 　　　立 1885　英將戈登被蘇丹人消滅 　　　英俄爭霸阿富汗 　　　比利時王成立「剛果自由國」

中國及日本現代化比較(19世紀)

分類 / 年代	日　本		中　國	
外語學校	洋學校	1855	同文館	1862
工場	橫須賀造船所	1864	西洋砲廠	1864
雜誌	《西洋雜誌》	1867	《時務報》	1896
憲法	〈五條誓文〉	1868	公佈憲法大綱	1908
新聞	《中外新聞》	1868	《昭文日報》	1873
駐外公使館	美、法	1870	英、美	1875
火車	東京~橫濱	1872	上海~吳淞	1876
大學	東京大學	1877	京師大學堂	1902

東亞（中、日、韓）	印度・東南亞
1881 2.24〈中俄伊犁條約〉俄奪七 萬多平方公里土地 〔朝〕獨立及事大兩派鬥爭 〔日〕坂垣退助組織自由黨 1882〔朝〕壬午政變(2.23)大院君殺 閔妃派，攻擊日本公使館 8月日本出兵，清派袁世凱出兵 8.27 把大院君押送天津 1883 9月劉永福敗法軍於河內 1884 恭親王失勢 6.23 中法戰爭(~85) 8.26 清向法國宣戰 (8.5) 法軍封鎖基隆 10.23 法軍封鎖台灣 11月 新疆建省 12.4〔朝〕甲申事變，袁世凱 鎮壓親日派金玉鈞 1885 4.15 英艦佔朝鮮巨文島(~87) 4.18 日清天津條約 6.9 中法〈天津條約〉，清承 認法國保護越南 12月 台灣建省(劉銘傳巡撫) 12.22〔日〕第一次伊藤博文內 閣(~88.4.30)	1882 法佔越南北部 1883 法越第一次〈順化條約〉 1884 英佔新幾內亞(伊里安)東南部， 德佔東北部 6.6 第二次《順化條約》 〔越〕安世起義(~1913) 1885 3.7 英、德、西協議劃分在東南 亞的勢力範圍 第三次英緬戰爭，貢榜王國滅 亡 越南勤王運動(~96)

153

昭明歷史手冊

歐　洲	西亞‧非洲
1886 〔英〕第三次格拉斯東內閣，否 決愛爾蘭自治法 第二次索爾斯貝里內閣(~92) 1887 列寧強封鎖希臘海岸 3.1 列寧的大哥亞歷山大參與行 刺沙皇被絞死 6月德俄再保險條約 1888 德皇威廉二世即位(~1918) 〔法〕布朗遮(Boulanger)為陸軍 部長 1889 4.1〔法〕布朗遮事件 7.14 第二國際成立 巴西脫離葡萄牙獨立 1890 3.2〔德〕俾斯麥下台 5.1第一次五一勞動節示威 9.30德廢〈社鎮法〉 〔美〕反托拉斯法通過 10.12~18德國社會主義工人黨哈 雷大會，改為德國社會民主黨 (SPD)	1886 南非特蘭斯瓦爾發現金礦 1887 義侵衣索比亞(~89) 俄、阿富汗劃定國界 1888 德國投資建設土耳其的東安那 托利亞鐵路 君士坦丁堡會議，列國決定蘇 伊士運河自由航行 1889 義佔索馬利蘭、厄里特利亞 英進出羅得西亞 英人創立波斯銀行 1890 塞西爾羅斯為開普敦殖民地總 理

思　想	文　學
1886 Mach《感覺的分析》 尼采《善惡的彼岸》 1887 中江兆民《三醉人經論問答》 1889 《費邊社論文集》 1890 詹姆斯《心理學原理》 席美爾《貨幣的哲學》 考茨基《階級鬥爭》	1886 托爾斯泰《人生論》 1887 二葉亭四迷《浮雲》 羅切《菊子夫人》 1890 法朗士《泰綺思》

東亞（中、日、韓）	印度・東南亞
1887 清正式把澳門割讓予葡萄牙 清向德國借款500萬馬克 1888 〈英藏條約〉 清成立北洋海軍(丁汝昌) 11月康有為上書主張變法 1889 光緒帝親政 2.11大日本帝國憲法實施 1890 〔日〕帝國議會召開 英與西藏簽訂〈藏印條約〉， 承認英國保護錫金 12月張之洞設立漢陽製鐵局	1886 英併上緬甸 1887 10月法屬印度支那聯邦成立 安世農民反法起義失敗 1888 〈沙勞越－英國協定〉 〈文萊－英國協定〉 1889 法國征服老撾琅勃拉邦瀾滄王 國、萬象瀾滄王國及佔巴塞王

藝　術	科　技
1886 Diago Rivera〈墨西哥〉(畫) 羅丹〈卡萊的市民〉(雕) 1888 梵谷〈向日葵〉 Rimsky-Koisakoy〈天方夜譚〉 (樂) 1889 高更 "Yellow Christ" 1890 梵谷〈烏鴉在麥田上〉 Degas "La Grande Arabes-jue" (雕)	1886 Hertz，電磁波 Goldstein，陽極射線 1887 鄧普樂發明橡膠充氣輪胎 1888 伊斯曼，小型柯達照相機 卡貝提出「感冒」名稱 1889 Behring及北里柴三郎發明血清 治療法

歐　洲	西亞・非洲
1891　10.14~21〔德〕SPD通過〈愛爾福特綱領〉 　　　澳洲工黨建黨 1892　法俄軍事同盟 　　　8.14義大利社會黨成立 　　　11.21~1918利馬諾夫斯基在巴黎　創建波蘭社會黨 1893　英國獨立工黨(ILP)建黨 　　　美國「保護」夏威夷 1894　10月〔法〕德雷福事件 　　　(Drefuss)，法國反猶太人運動 1895　古巴反西班牙(~98)，荷塞・馬蒂陣亡(5.19) 　　　8.15恩格斯去世(1820~) 　　　9月 法國勞動總同盟(CGT)成立 　　　12月 列寧與馬爾托夫組織工人階級解放鬥爭協會，兩人被捕	1891　8月德屬東非土著反抗德國(~98) 　　　12月伊朗人抵制洋煙 1892　英保護波斯灣的阿拉伯首長 1893　甘地至南非 　　　南非併史瓦濟蘭王國 1894　亞美尼亞基督教徒被屠殺 　　　〔埃及〕祖國復興協會成立 1895　列強對土耳其提出改革方案 　　　伊斯坦堡出現「統一進步委員會」，青年土耳其黨在巴黎、日內瓦秘密結社 　　　英保護黃金海岸

思　想	文　學
1891　康有為《新學偽經考》 　　　莫里斯《烏有鄉消息》 　　　韋斯特馬克(芬蘭)《人類婚姻史》 　　　恩格斯《社會主義從空想的到科學的發展》 1894　《資本論》III 1895　Le Bone《群眾心理學》 　　　拉法格《財產的起源和發展》 　　　普列漢諾夫《一元論史觀的發展問題》	1892　芥川龍之介(~1927) 　　　哈代《黛絲姑娘》 　　　王爾德《溫德梅夫人的扇子》 　　　左拉《崩潰》 　　　豪普特曼《織工》 　　　搨口一葉《濁流》 1893　許地山(~1941) 1894　〔保加利亞〕伐佐夫《軛下》 1895　〔保〕康斯坦丁諾夫《巴伊・甘紐》 　　　威爾斯《時間機器》 1895~1905 梅列日科夫斯基《基督和反基督》

東亞(中、日、台)	印度・東南亞
1891 哥老會在江南攻擊教堂 　　　熱河金丹教李國珍起義 1892 清俄陸路電信條約 1893 張之洞在武昌成立湖北自強學堂 　　　5月朝鮮東學黨倡斥倭洋議 1894 3.29朝鮮東學黨起義 　　　6.6清通告出兵朝鮮 　　　6.13日軍入漢城 　　　7月大院君攝政 　　　8.1中日甲午戰爭(~95、3月) 　　　8.9~17黃海海戰，清軍大敗 　　　11月孫文在夏威夷成立興中會 　　　日軍捕全臻準 1895 2.11北洋艦隊在威海衛被日軍殲 　　　滅 　　　4.17馬關條約簽字，清割讓台 　　　灣澎湖遼東予日本，賠款二億兩 　　　5月康有為等公車上書，德法俄 　　　三國干涉日本歸還遼東(11.8) 　　　5.25台灣民主國獨立宣言 　　　8.6台灣總督府條例制定 　　　10.8日本公使三浦梧樓殺朝鮮閔 　　　妃(乙未事變) 　　　12.26孫文廣州起義失敗，流亡 　　　日本	1891 E. Dubois在梭羅河畔發現爪哇 　　　原人 1892 〔菲〕黎薩(Rizal)組織菲律賓民 　　　族聯盟，遭西班牙當局放逐， 　　　7.7當晚，卡迪普南成立 1893 法軍佔湄公河左岸，宣佈保護 　　　老撾，併入印支聯邦 　　　9.8 紐西蘭通過婦女投票權 1895 英拴湊馬來聯邦(1897年開始)

<table>
<tr><td colspan="2" align="center">藝　術</td></tr>
<tr><td colspan="2">1891 高更〈瑪麗亞啊，我向您致
　　　敬〉(畫)
1892 柴可夫斯基《睡美人》
　　　德弗扎克《第尤交響曲》
　　　德布西《牧神的午後前奏曲》
　　　Denis〈蘭遜夫人與貓〉(畫)
1893 Munch〈吶喊〉(畫)
1894 黃賓虹(1864~1955)畫〈霜林晚
　　　眺〉
　　　Vuillard〈公園〉(畫)
　　　德布西《弦樂四重奏》
1895 〔法〕呂米埃放映世界第一部電
　　　影</td></tr>
</table>

科　技	
1891 愛迪生發明放映機 　　　Dubois發現爪哇原人 1892 Weismann《物質論》 1893 Ford改造汽車 1895 Rontgen發現X光 　　　Disel發明柴油機	

歐　洲	西亞・非洲
1896　希臘支持克里特島反土耳其 　　　　5月，彼得堡大罷工 　　　　伯恩斯坦倡修正主義 1897　土希戰爭 　　　　4.30奧土協定，防止塞爾維 　　　　亞、保加利亞介入 　　　　5.10希臘退出克里特 　　　　10月立陶宛、波蘭，俄國猶太 　　　　人同盟〔Bund〕成立 　　　　3月俄國社會民主工黨成立(明 　　　　斯克) 1898　7.3美西戰爭 　　　　7.25美侵入波多黎各 　　　　12.10巴黎和約，西割關島、波 　　　　多黎各、菲律賓予美 1899　5.18~7.29 海牙國際和平會議 　　　　美在中南美洲成立「聯合果品 　　　　公司」 　　　　6月法國獨立社會主義同盟成立 　　　　7.22 米勒蘭入閣風波	1896　3.1義軍侵衣索比亞，敗於 　　　　Aduwa 　　　　德皇支持布爾人克魯格，英、 　　　　德關係緊張 1897　德法瓜分非洲協定 1898　英、埃聯軍攻陷蘇丹喀土木 　　　　德皇訪土，獲巴格達鐵路敷設 　　　　權 1899　〔南非〕第二次波爾戰爭 　　　　(~1902)

思　想	文　學
1896　Wunt《心理學原理》 　　　　柏格森《物質與記憶》 1898　考茨基反駁伯恩斯坦的修正主義 1899　韋布林(Veblen)《有閒階級論》 　　　　伯恩斯坦《社會主義的前提與社 　　　　會民主黨的任務》 1900　弗洛伊德《夢的解析》 　　　　Pavlov《條件反射》 1899~1900 普列漢諾夫《沒有地址的 　　　　信》	1896　契柯夫《海鷗》 　　　　徐志摩(~1931) 　　　　顯克維奇《汝往何處去》 　　　　伏尼契《牛虻》 1897　托爾斯泰《藝術論》 　　　　尾崎紅葉《金色夜叉》 1898　威爾斯《星際戰爭》 1899　托爾斯泰《復活》 　　　　川端康成(~1972) 1900　傑克倫敦《野性的呼喚》 　　　　Ruskin歿(1819~)

東亞（中、日、台）	印度・東南亞
1896　2月〔韓〕俄使將韓王及世子移 　　　　入俄公使館(~97) 　　　6.3清俄密約 　　　8月梁啟超辦〈時務報〉 　　　清派留學生至日本 1897　2月東清鐵路公司成立 　　　3月〔日〕足尾礦毒事件 　　　10月朝鮮改為大韓帝國 　　　11月山東德國教士遇害 　　　11.14德軍佔膠州灣 1898　2月清宣布長江沿岸不割讓 　　　3.6德租膠州灣 　　　3.27俄租旅順、大連 　　　4月日本要求福建省不割讓 　　　6.9英租九龍、威海衛 　　　6月義和團在山東、河北排斥洋人 　　　6.11戊戌變法，廢科舉 　　　7.3設京師大學堂 　　　8.21戊戌政變，西太后禁光緒 　　　帝，殺譚嗣同等六君子 　　　8月清廷啟用袁世凱 　　　韓處死東學教主崔時亨 1899　4月，義和團倡扶清滅洋 　　　9.6美國務卿海約翰宣佈中國門 　　　戶開放政策	1896　英建立馬來聯邦 　　　8.26菲卡迪普南起義 　　　12.30黎薩被西班牙當局殺害 1897　5.10阿奎那多殺波尼法秀 　　　8.26〔菲〕Aquinaldo起義反西 1898　8.14美國佔領菲律賓 1899　1.20菲律賓第一共和國宣佈獨立 　　　2.4美菲戰爭
藝　術	科　技
1896　Pucinni〈波希米亞人〉(歌劇) 　　　羅丹〈巴爾扎克雕像〉 　　　史特勞斯《唐吉訶德》交響詩 1898　Meunier〈收穫〉 1899　Matisse "The Invalid" 　　　高更〈大溪地島的女人〉 1900　羅丹〈沉思者〉(雕) 　　　Siberlius〈芬蘭頌〉(音)	1896　馬古尼發明無線電 1898　居里夫婦發現鐳 1900　卜朗克，量子論

昭明歷史手冊

歐　洲	美　洲
1900　2.27英國勞動代表委員會成立 (1906改為工黨) 6.12德建立第二 艦隊 7.29義大利王溫貝魯多一世 遭無政府主義者暗殺 12.14法義 秘密協定，互相承認兩國在摩洛 哥及的里波里的利益 12.24列寧 在萊比錫創刊《火星報》(*Iskra*) 1901　1.22〔英〕維多利亞女王歿 (1819~)，愛德華七世即位 6.21〔法〕急進社會黨成立大會 11月反米勒蘭各派成立法國社會黨 12月俄國社會革命黨(SL)成立 1902　1.30英日同盟 1903　7.30俄社會民主工黨第二次大會 (~8.23)布爾什維克與孟什維克就 黨綱黨章問題對立 1904　2.8日俄戰爭 8月第二國際阿姆斯特丹大會，普 列漢諾夫和片山潛握手	1900　美採用金本位制 古巴人民黨建立 1901　2.25美國摩根財團成立US鋼鐵 公司 9.6〔美〕麥金尼總統遇刺，T. 羅斯福繼任 1903　美國永久租借巴拿馬運河 美策動巴拿馬脫離哥倫比亞獨 立 〔古巴〕巴利尼奧創立社會主 義宣傳俱樂部 1904　美興建巴拿馬運河 T.羅斯福推行「大棒政策」 1905　美掌管聖多明尼加的關稅

思　想	文　學
1901　康有為《大同書》 幸德秋水《21世紀之怪物帝國主義》 列寧《怎麼辦？》(~02) 1902　宋巴特《近代資本主義》 霍布森《帝國主義》 1903　幸德秋水《社會主義神髓》 蒙森(1817~，歷史家) 1904　韋伯《基督新教與資本主義精神》 1905　考茨基編馬克思遺著《剩餘價值論》 愛因斯坦《狹義相對論》 西班牙《插圖歐美百科全書》 盧森堡《俄國革命論》	1901　契訶夫《三姊妹》 高爾基《海鷗》 1902　高爾基《最底層》 紀德《背德者》 左拉去世 1903　蕭伯那《人與超人》 劉鶚《老殘遊記》 1904　契訶夫《櫻桃園》 安德列夫《紅笑》 傑克倫敦《海狼》 巴利《彼得潘》 1905　夏目漱石《我們是貓》 歐亨利《最後的一葉》 赫塞《車輪下》 李克爾《時禱詩集》

東亞（中、日、台）	印度·西亞·非洲
1900 〔日〕3.10公佈〈治安警察法〉 5.13八國聯軍入北京 6.21清向列國宣戰 8.14八國聯軍攻佔北京 1901 2.16俄從清朝獲得滿洲、蒙古、 中亞的利益(4.6被列強抗議而 廢) 5~6月日禁止社會黨 9.7〈辛丑和約〉 1902 〔台〕總督府查禁《新台灣民 報 》 5.30林少貓被殺，「全島土匪掃 蕩告一段落」 1903 6.29《蘇報》案，章炳麟、鄒容 等被捕 7月東清鐵運營運 10月俄軍佔奉天 12月清設練兵處 1904 2.8清廷宣布中立 8月日韓議定書(第一次) 9月英、西藏拉薩條約	1900 英併奧蘭至及特蘭西瓦入開普 敦殖民地 1901 阿拉伯的易卜拉辛在英軍支援 下攻打科威特 英國人達西獲伊朗石油開採權 1902 波爾戰爭結束 1903 摩洛哥反蘇丹運動激烈 1904 印度出兵西藏 英法協商，互相承認彼此在埃 及和摩洛哥的權益

藝 術	科 技
1903 Dvorak〈新世界〉交響曲 1904 馬蹄斯〈野獸主義〉 Puccini〈蝴蝶夫人〉 黃自(~1938，樂) 1905 Meuniev〈礦工〉(雕) 盧梭〈在義國森林裡散步的女 人〉(畫) Klimt〈女人三階段〉(畫) Picasso〈少女肖像〉	1901 馬可尼，大西洋無線電通訊 諾貝爾獎開始每年頒發 1902 齊柏林，飛船 1903 萊特兄弟實驗飛機 貝德勒，照相複製術 1904 長岡半太郎，圍繞核心轉動的 電子環原子模型 弗萊明，電熱子二極真空管

歐 洲	美 洲
1905 1.22俄，血腥禮拜日，加邦神 父率民眾至冬宮向沙皇請願，群 眾遭軍隊開槍，引起革命 3月第一次摩洛哥危機 6.7挪威脫離丹麥獨立 10月，各地蘇維埃成立 1906 2.6英國工黨(Labour Party)成立 5月俄召開杜瑪(國會) 7月史托賓開始反動統治 1907 6~10月第二次海牙國際和平會議 8.31英俄協商後形成法俄英三國 協約 1908 10月保加利亞王國獨立 10.6奧匈併吞波斯尼亞、黑塞 哥維那 1909 2.9德法摩洛哥協定 3.8芝加哥婦女爭取權力鬥爭 7.26〔西〕巴塞隆納暴動	1905 聖多明尼加成為美國的保護國 〔美〕世界產業勞動者同盟 (IWW)成立 古巴社會主義工人黨成立 1906 美國出兵鎮壓古巴起義(~09) 1907 宏都拉斯、尼加拉瓜戰爭 1908 美日紳士協定，美限制日本人 移民 日本人至巴西移民 1909 美入侵尼加拉瓜，挾持保守黨 迪亞斯政權
思 想	文 學
1907 柏格森《創造的進化》 詹姆斯《實用主義》 1908 索列爾《暴力論》 考茨基《基督教的本源》 1909 列寧《唯物論與經驗論批判》 潘加萊《科學與方法》 克羅齊《邏輯》 考茨基《取得政權之路》 1910 羅素、懷海德《數學原理》 狄爾泰《歷史的世界之結構》 弗洛伊德《精神分析學》 希法亭《金融資本論》	1906 高爾芩《母親》 島崎藤村《破戒》 1907 康拉德《內通者》 Artzbasher《沙甯》 1908 巴比賽《地獄》 法朗士《企鵝島》 1909 紀德《窄門》 Galsworth《決鬥》 梅特林《青鳥》 1910 托爾斯泰去世(1826~) 石川啄木《一把沙》(詩) 長塚節《土》 李爾克《馬爾提手記》

東亞(中、日、台)	印度・西亞・非洲
1905 1.13美提出對中國門戶開放政策 3月日俄奉天大會戰 8.20孫文在東京成立中國革命同盟會 9.2清廷廢科舉 9.5日俄樸資茅斯條約，俄交出庫 頁島南部及東濟鐵路，承認日本在 南海勢力 11月第二次日韓議定書 1906 2月韓國統監府開設 4.27英藏條 約，英不干涉西藏 11.26南滿州鐵 道株式會社成立(滿鐵) 12.4〔中〕萍鄉、醴陵起義失敗 1907 2.6〔日〕足尾礦山暴動 7.24第三次日韓協定(丁未十條約) 〔中〕5月黃岡起義 6月惠州七女湖起義 7月光復會安 慶起義 11月鎮南關起義 1908 4月雲南河口起義 8月清廷公佈憲法大綱 11月西太后、光緒帝歿 12月宣統帝溥儀即位(~1912) 1909 1月袁世凱辭職 7月〈乙酉覺書〉，日本接管韓國 司法權 10.26安重慶刺死伊藤博 文於哈爾濱車站	1905 3月 第一次摩洛哥危機 10月孟加拉割案 12月印度國大黨發動愛用國貨運動 1906 凱末爾在大馬士革成立祖國自由 協會 12月 印度國大黨發起愛用國貨、 民族自治(Swaraj)、民族教育運動 全印度穆斯林聯盟成立 1907 印度國大黨分裂(12月) 1908 6月 伊朗王解散國會廢憲法 比利時接管剛果 德佔卡薩布蘭加 7月〔土〕青年土耳其黨軍隊叛 變，恢復憲法 1909 2月 摩洛哥協定 4.13〔土〕第一軍反革命暴動(~4. 24) 青年土耳其黨立馬赫麥德五世即 位(~1918) 2月 俄軍佔波斯大不里士 4月英軍登陸南部

科 技

1906 玻特伍德發現同位素
1907 揚斯基發現四種血型
1908 普朗克，動量統一定義
  福特，T形汽車
1909 柯里奇用鎢絲製作白熾燈、X
  光管及電子管
1910 Ehrlich發現「606」
  居里夫人發現鐳

藝 術

1906 Routault〈妓女〉(畫)
1907 畢卡索，立體主義畫〈亞維儂的
  女孩〉
  盧梭〈日落的原始林〉
1908 Klimt〈吻〉
1909 馬諦斯〈未來派宣言〉
1910 Munch〈雪中的礦工〉(畫)
  Brancasi "Sleeping Muse"(雕)
  Marc〈裸婦餵貓〉(畫)
  斯特拉文斯基〈火鳥〉(芭蕾舞劇)
  Van Dongen〈裸婦〉(畫)

昭明歷史手冊

昭明歷史手冊

歐　洲	美　洲
1910 8.26~27 國際社會主義婦女會 議(哥本哈根)通過三八婦女節 決議 10.4 葡萄牙共和革命 1911 7.1第二次摩洛哥危機 8.18 英政權轉移至下議院 1912 1月德國社會民主黨成為最大在 野黨(110席) 1.7 義土戰爭爆發 3~5月希、塞爾維亞、蒙特尼哥 羅及保加利亞結成巴爾幹同盟 10.9第一次巴爾幹戰爭 11.21阿爾巴尼亞獨立 1913 5.30倫敦和約，結束巴爾幹戰 爭 6.29各國分贓不均，爆發第二 次巴爾幹戰爭 1914 3月愛爾蘭厄爾斯特暴動 6.28奧國皇儲斐迪南大公夫婦 在塞拉耶佛被黑手黨刺死 7.11〔法〕饒勒斯遇刺 7.23奧對塞爾維亞致最後通牒 7.28奧對塞宣戰，第一次世界 大戰爆發 7.30俄總動員 8.1德對俄宣戰 8.7德佔比利時(~17) 8.25~30德俄坦能堡會戰 8~9月德、法馬恩河會戰，此後 聯軍與德軍在西線對峙 8月第二國際宣布各國「防衛祖 國」	1910 墨西哥革命，反抗迪亞士政權 (1877~) 1911 5.29墨西哥迪亞士總統被比利 亞、薩帕達的農民軍趕下台 10月馬德羅當選總統 1912 7月美國出兵鎮壓尼加拉瓜 8月〔美〕共和黨內革新派另立 進步黨 1913 2月〔墨〕韋爾塔殺馬德羅，自 立為臨時總統(~14) 3月〔美〕威爾遜總統 1914 4.21美佔墨西哥的維拉克魯斯 港 7.15韋爾塔逃走 8.15巴拿馬運河開通 10月〔美〕通過《克萊頓反托 拉斯法》 11.23美撤軍 12月農民軍進入首都

東亞（中、日、台）	印度・西亞・非洲
1910〔中〕1月，各省諮議局代表要求成立國會 1.12 廣東新軍事件 4.12 汪兆銘謀炸攝政王未遂 5.25〔日〕大逆事件(幸德秋水) 8.22 日本合併韓國(日韓條約) 8.29 改韓國為朝鮮 9.30 置朝鮮總督府(~45) 1911 3.29 黃花岡起義 7月 四川暴動 10.10武昌起義(辛亥革命) 11.30外蒙獨立 12.29 孫文就任臨時大總統 1912 1.1 中華民國成立 2.12 宣統帝退位，清朝亡 (1644~) 2.15 袁世凱為臨時大總統 7.30 明治天皇去世，大正天皇即位(~26) 8月 同盟會改為中國國民黨 11月 俄、蒙協約 潘佩珠在廣州成立越南光復會 1913 1月 西藏宣布獨立 3.20 袁世凱派殺手在上海刺殺國民黨的宋教仁 4月 袁世凱善後大借款 7.12李烈鈞掀起反袁(第二次)革命 1914 1.10袁世凱解散國會 7.8 孫文在東京成立中華革命黨 9月 日軍佔膠州灣 10月 日軍佔德屬南洋群島 11月 日軍佔青島	1910 法將查德、烏達吉沙立、中央剛果、加蓬四殖地組成法屬赤道非洲(~59) 5.31開普敦、納塔爾、德蘭士瓦、奧蘭治四邦合為南非聯邦(~61) 1911 4~11月第二次摩洛哥危機 5月 法軍令非斯、梅內克斯、西班牙軍佔阿賴什 7月 德艦豹號駛入阿加迪亞 11.4 德法協議，德承認法在摩洛哥權利，法割赤道非洲部分領土予德 12月 印度遷都德里 1912 3月 費茲條約，法國保護摩洛哥 4月 義大利軍艦砲擊土耳其土麥那 10.18 洛桑會議，土割的里波里予義大利 1913 6月 青年土耳其黨政變 8.2 德、土同盟 11.5 英併吞塞浦路斯 1914 11月 英、印軍佔領土耳其的Baras 12.9 英宣布保護埃及

歐　洲	美　洲
1915　2.4 德宣布無限制潛艇政策 　　　4.26 英法俄義瓜分土耳其秘密 　　　　協定(倫敦) 　　　5.7 露西塔尼亞號事件，美向德 　　　　抗議美國公民遇難 　　　5.23 義大利加入協約國參戰 　　　9.5~9 齊美瓦爾德社會主義者 　　　　國際會議，規定大戰為帝國主 　　　　義戰爭 1916　〔德〕1月 李卜克內西、盧森堡 　　　　組織斯巴達克團 　　　2.21~7.11 凡爾登戰役，德法 　　　　雙方各死傷35萬人 　　　4.23 愛爾蘭復活節起義 　　　5.31 英、德朱特蘭海戰 　　　7月 英法軍反攻 　　　11月 德、奧、匈宣布建立波蘭 　　　　王國 　　　12.29 〔俄〕妖僧拉斯普丁遇刺	1915　7月 美佔領海地為保護國 1916 12月 美出兵聖多明尼加 　　　12.18 威爾遜倡和談
思　想	文　學
1911 貝查也夫《自由的哲學》 　　　狄爾泰《世界觀的諸類型》 1912 馬色爾《哲學的辯證條件》 1913 弗洛伊德《圖騰與禁忌》 　　　胡塞爾《現象學的哲學序論》 　　　盧森堡《資本積累論》 　　　索緒爾(1857~) 1915 考茨基《平民資本論》 　　　Sange "The Women Rebel" 　　　列寧《論民族自決》 1915 愛因斯坦《一般相對論》	1911 比亞斯《惡魔的辭典》 1912 湯瑪斯曼《死於威尼斯》 　　　法朗士《諸神飢渴》 　　　羅曼羅蘭《約翰克里斯多夫》 1913 勞倫斯《兒子與情人》 　　　普魯斯特《追憶逝水年華》(~27) 1914 喬伊斯《都柏林人》 　　　夏木漱石《心》 1915 毛姆《人性枷鎖》 　　　卡夫卡《變形》 　　　馬雅可夫斯基《穿褲子的雲》(詩) 　　　芥川龍之介《羅生門》

東亞（中、日、台）	印度・西亞・非洲
1915 1.18 日本向中國提出21條要求 　　5.9 向袁世凱政府致最後通牒 　　6.8 袁政府批准要求 　　6月 俄、蒙恰克圖條約 　　8月 楊度組織籌安會為袁世凱 　　稱帝鋪路 　　〔台〕噍吧哖事件 　　9月 陳獨秀在上海創刊《青年 　　雜誌》（《新青年》） 　　12.11 參政院推袁為皇帝 　　12月 蔡鍔在雲南反袁稱帝（第 　　三次革命） 1916 1.1 袁世凱稱帝（洪憲）（~3.22 取 　　消） 　　3月 〔日〕策動滿州蒙古獨立運 　　動 　　4月 段祺瑞內閣 　　6.6 袁世凱歿，黎元洪為總統 　　7月 日俄密約 　　8月 中、日軍鄭家屯衝突	1915 1月 俄土爭霸伊朗 　　2月 聯軍攻擊達達尼爾海峽 　　3.18 英、法、俄關於海峽地帶 　　瓜分的君士坦丁堡密約 　　4月 聯軍登陸加里波里 　　7月 南非佔德屬西南非 　　10.24 英駐埃及長官麥克馬洪寫 　　關於阿拉伯獨立的書信給侯賽 　　因 1916 1.5 阿拉伯人反土耳其起義 　　法鎮壓馬達加斯加起義 　　5.16 英、法、俄瓜分土耳其的 　　塞克斯、皮科密約 　　10月 英人勞倫斯登陸吉達 　　11月 侯賽因宣佈自己為阿拉伯 　　各國之王 　　12月 提拉克成立印度自治聯盟
藝　術	科　技
1911 霍夫曼史達爾《薔薇的騎士》 　　（歌劇） 　　Severini〈莫尼柯的土風舞〉 　　（畫） 1913 Stravinsky〈春之祭〉 　　畢卡索〈小提琴〉 1914 Chirico〈一條街上的憂鬱和神 　　秘〉（畫） 1915 Bartok〈羅馬尼亞組曲〉 　　卓別林〈流浪者〉（影） 　　格里菲斯〈一個國家的誕生〉 　　（影）	1911 盧瑟福，核型原子模型 　　赫斯，宇宙射線 1912 魏根納，大陸飄移說 1913 波爾，原子結構的量子化軌道 　　理論 1914 豪斯道夫，拓樸空間原理 1915 英製成第一輛坦克車

歐　洲	美　洲
1917　1.22　美國總統威爾遜宣佈〈無 　　　　　勝利的和平〉 　　　　3.11〔俄〕二月革命 　　　　4.6　美向德宣戰 　　　　7.20 芬蘭脫離俄國獨立 　　　　11.6 俄國十月革命	1917　2.3　美、德斷交 　　　　11.2 石井藍辛協定

俄國革命	
1.11　　布爾什維克煽動彼得堡罷工	7.18　　克倫斯基組閣
2.10　　彼得堡選出蘇維埃代表	9.7　　科尼洛夫叛變
3.11(2.26)二月革命	10.8　　托洛茨基為彼得堡蘇維埃主席
3.15　　尼古拉二世退位，Lvov組閣	11.7　　十月革命布爾什維克奪權
4.16　　列寧被德軍情報處送回國	11.7~8 蘇維埃政權(列寧)成立
4.17　　列寧提出《四月綱領》	11.16　《各民族人民權力宣言》
5月　　托洛茨基返國	12.4　　成立「契卡」鎮壓反革命
6.17　　全俄工人與士兵蘇維埃大會	

東亞（中、日、台）	印度・西亞・非洲
1917 1月 中日西原借款談判(~1.18) 2月 英俄密約 5月 黎元洪罷免段祺瑞 安徽、奉天、河南各省軍閥各 自獨立 6.12 張勳入北京 7.1 扶溥儀復辟(~7.12) 9.30 孫文組織廣東軍政府 此年，胡適發表《文學改良芻議》， 陳獨秀響應，掀起文學革命	1917 3月 英軍佔巴格達 3.26 加薩戰役 4.17~19 第二次加薩戰役，英軍 敗 7.6 勞倫斯協助阿拉伯人攻佔阿 巴斯 8.20印總督明頓宣佈擴大印度自 治 9月 英佔美索不達米亞 11.2 〈巴爾福宣言〉，英許諾 猶太人移民巴勒斯坦 12.5 英佔耶路撒冷

昭明歷史手冊

169

歐　洲	美　洲
1918　1.23~31俄羅斯社會主義聯邦蘇 　　　維埃共和國成立(蘇俄) 　　　1.27芬蘭蘇維埃政權成立(~4月) 　　　3.3蘇俄接受德方的布列斯特 　　　李托夫斯克條約 　　　3.6~8布黨改為俄國共產黨 　　　3~4月波羅的海三國宣佈獨立 　　　3.9英出兵莫曼斯克 　　　俄遷都莫斯科 　　　4.5日軍登陸海參崴 　　　4.20德軍佔克里米亞 　　　7.18~8.7第二次馬恩河會戰 　　　9.29保加利亞投降 　　　10.7匈牙利脫離奧匈帝國 　　　10.21捷克成立共和國 　　　10.29南斯拉夫獨立 　　　11.3波蘭宣佈獨立 　　　11.18畢爾蘇茨基為主席 　　　11.3〔德〕基爾水兵起義 　　　11.9柏林革命，威廉二世退 　　　位，SPD艾伯特組閣 　　　11.11德國投降，結束戰爭 　　　11.12奧皇退位 　　　12.30德共成立 　　　俄國內戰(~1920)	1918　泛美勞動總同盟(COPA)成立 　　　委內瑞拉採掘馬拉開波油田

東亞(中、日、台)	印度・西亞・非洲
1918 軍閥混戰(~28) 1月北洋軍南下(局部討伐)西南軍閥 2月張作霖進出北京 5.4孫文辭大元帥 5.16《中日陸軍共同防敵軍士協定》(秘約) 7.23〔日〕搶米騷動 9.4徐世昌為總統 是年，北京政府出兵外蒙，進佔庫倫，11月迫外蒙取消獨立	1918 1月 浩罕革命(~2月) 4.20 突厥斯坦蘇維埃社會主義自治共和國(~24)，加入俄羅斯聯邦 〔埃及〕扎盧格創利瓦夫脫黨(~53) 4.22 英印《蒙塔古切姆斯福德報告》，主張印度部分自治 4月 外高加索民主聯邦共和國 5月 孟什維克建立格魯吉亞民主共和國(~21) 6月 亞美尼亞共和國(~20) 9.15 土軍佔巴庫(~11月) 10.1 英佔大馬士革，費薩爾宣佈建立敘利亞國(~20) 11.13埃及瓦夫脫黨活躍

歐　洲	美　洲
1919　1.5〔德〕德共柏林起義 　　　1.15 李卜克內西、盧森堡遇害 　　　1.18~6.28 巴黎和會 　　　1.21 愛爾蘭宣佈獨立 　　　2.3~10 第二國際在伯爾尼恢復 　　　3.2~6 第三國際(共產國際)大 　　　會 　　　3.21 匈牙利蘇維埃政權(貝拉庫 　　　恩~8月) 　　　3.28 墨索里尼組織戰鬥的法西 　　　斯 　　　4.7 巴伐利亞蘇維埃政權(~5月) 　　　6.20〔義〕葛蘭西號召工人成 　　　立「工廠委員會」 　　　6.28《凡爾賽和約》 　　　7.31〔德〕威瑪共和國，艾伯 　　　特總統 　　　9.12〔義〕鄧南遮攻佔阜姆 　　　9.10對奧《聖日爾曼條約》 　　　10.10協約國宣佈經濟封鎖蘇俄 1920　1.11蘇俄頒布徵收餘糧法令 　　　3.4白軍高爾察克攻東線 　　　3.18~22俄共(布)「八大」 　　　4~11月紅軍擊退波蘭軍、挺進 　　　克里米亞 　　　5.13白軍尤鄧尼金攻彼得格勒 　　　6月波蘭佔西烏克蘭 　　　8.25紅軍撤離立陶宛 　　　12.11紅軍入哈爾科夫	1919　1.7阿根廷罷工 　　　1月美國紐約、西雅圖碼頭工、 　　　造船工罷工 　　　4.10〔墨〕農民領袖薩帕達遇 　　　害 　　　6.4美軍登陸哥斯大黎加 　　　8.31~9.1里德創建美國共產主 　　　義勞動黨 　　　9.22〔美〕三十六萬鋼鐵工人 　　　罷工(~20) 　　　9月墨西哥共產黨建黨 　　　10.28〔美〕通過禁酒法

東亞(中、日、台)	印度・西亞・非洲
1919 1月朝鮮廢帝高宗暴卒 2.20〔中〕南北議和會議(上海) 3.1 朝鮮三一獨立運動 5.4〔中〕五四運動抗議山東 歸日本 6.3 北京學生反帝愛國示威 6.5 上海罷工 6.28 北京政權拒簽凡爾賽和約 7.25 加拉罕宣言，俄放棄在中 特權 10.10 孫文改黨名為中國國民黨 10月〔日〕北一輝創立右翼 「猶存社」	1919 3.8 英鎮壓埃及瓦夫脫運動 3.19 印度通過〈羅拉特法〉 4.6 甘地開始非暴力不合作運 動 4.13 Amrisatsa大屠殺事件 4.18 停止不合作運動 5.11 希臘佔領土耳其各地 7月 凱末爾召開國民大會 (Erzerum) 7.2 敘利亞國民大會要求獨立 9.15 英將敘移交法國接管 9.4~12〔土〕護憲會議，凱末 爾為主席

歐　洲	美　洲
1920　1.10 國際聯盟成立(日內瓦) 　　　2月 捷克斯洛伐克馬薩利克總 　　　　統(~35) 　　　2.24 納粹黨通過25點綱領 　　　3.13〔德〕Kapp反亂失敗 　　　4.25 波蘭入侵蘇俄 　　　6.4 對匈〈托里亞諾和約〉 　　　8.10 對土〈色弗爾條約〉 　　　9月 義大利工人佔領工廠 　　　9.2~7〔俄〕東方民族會議(巴 　　　　庫) 　　　11.9 但澤為自由市 　　　12.23英通過愛爾蘭自治法 　　　12.25~30法共建黨	1920　1.20 美國國會否決凡爾賽和約 　　　5.8〔墨〕奧夫雷貢佔墨西哥城 　　　5.21 卡蘭薩總統遇害 　　　7.21 比利亞投降 　　　8.26〔美〕憲法第19條修正 　　　案，賦予婦女參政權 　　　12.1 奧夫雷貢當選總統(~24)

思　想	文　學
1916 杜威《民主與教育》 　　　卡西勒《自由與形式》 　　　何上肇《貧乏物語》 1917 列寧《帝國主義是資本主義的 　　　最高階段》、《國家與革命》 1918 史賓格勒《西方的沒落》 　　　席美爾《生之哲學》 　　　考茨基《無產階級獨裁》 1919 李德《震撼世界的十天》 　　　布哈林《共產主義ABC》 　　　霍辛加《中世之秋》 1920 威爾斯《世界史綱》 　　　韋伯《宗教社會學論集》 　　　杜威《哲學的改造》	1916 喬伊斯《一個年輕藝術家的肖 　　　像》 1917 阿倫《藝術論》 1918 魯迅《狂人日記》 　　　佐藤村夫《田園的憂鬱》 1919 毛姆《月亮與六便士》 　　　巴比塞《光》 1920 路易士《大街》 　　　查貝克《機器人》 　　　歐尼爾《鍾斯皇帝》(劇)

東亞(中、日、台)	印度・西亞・非洲
1920 4月 遠東共和國(西伯利亞)建立 5月 英法日美對華四國借款團 成立 5月 印尼共產黨建黨 7.14 安直戰爭(~19) 8月 陳獨秀在上海成立社會主 義青年團 9月〔台〕林獻堂在東京成立 「新民會」 12月 緬甸學生反英運動高揚	1920 3.7 全敘利亞國民會議，宣佈敘 利亞、伊拉克獨立 5.3 凱末爾建立臨時政府 6.5 伊朗森林人革命，庫切克汗 任吉朗共和國臨時革命政府主席 6.22 希土戰爭 6月 伊拉克反英示威(~10月底) 英國委任統治巴勒斯坦(~48)

藝 術	科 技
1916 Ella〈西班牙花園〉 瑞士興起達達運動 Griffith〈黨同伐異〉(影) 1917 羅丹去世(1840~) Carra〈形而上的美神〉(畫) 1918 Remior〈洗衣婦〉(雕) 莫內〈蓮花〉(畫) 1919 Brancusi "Bird in space"(雕) 柯勒惠支〈紀念李卜克內西〉 (木刻) 1920 Sautine "Red Roofs Ceret"(畫) 1921 R.Wiene〈卡里加里博士的小 屋〉(影)	1917 本多光太郎發明SK鋼 金斯，太陽系起源的潮汐假說 奧斯本《生物的起源與進化》 1918 波爾，量子理論與經典理論之 間的對應原理 1919 野口英世，黃熱病原理 1920 美國開始收音機廣播

昭明歷史手冊

歐　洲	美　洲
1921　1.21 義共建黨 　　　2.28〔俄〕克琅斯塔特反共暴 　　　動(~3.17) 　　　3.8~16 俄共「十大」通過新經 　　　濟政策 　　　3.18 俄、波里加和約 　　　4.27 捷克、羅馬尼亞結盟 　　　7.29 希特勒為納粹黨元首 　　　12.6 南愛爾蘭自治 　　　12.13 華盛頓會議(~22、1.6) 1922　2.6 華盛頓裁軍會議 　　　2.15 海牙國際法庭設立 　　　4.3 史達林為蘇聯共產黨總書 　　　記 　　　4.16 蘇、德拉巴洛條約 　　　8月馬克開始貶值 　　　9.27 希臘政變 　　　10.28〔義〕墨索里尼向羅馬 　　　進軍 　　　10.31 墨索里尼組閣 　　　12.6 愛爾蘭自由國成立 　　　12.30 蘇維埃社會主義共和國聯 　　　邦(蘇聯)成立	1921　3.4〔美〕哈定就任總統(~23) 1922　2.2 華盛頓會議結束 　　　2.6 簽訂《九國公約》 　　　美孚公司獲得開採玻利維亞石 　　　油權利 　　　智利共產黨建黨 　　　巴西共產黨建黨

昭明歷史手冊

東亞(中、日、台)	印度・西亞・非洲
1921 〔台〕1.30 林獻堂向日本國會提出台灣議會設置請願 5月 廣東軍政府(孫文)成立 7.1 (上海)中共第一次全國代表大會 7.10 外蒙古哲布尊巴丹活佛宣佈獨立 10.7 台灣文化協會成立 11月 蘇蒙友好同盟條約 11.4 〔日〕原敬首相被刺 11.13 高橋是清組閣 1922 1.2 香港海員罷工 4.26 直奉戰爭 5月 張作霖宣佈東三省獨立 11月 黎元洪當選中華民國大總統	1921 2.21 黎薩汗入德黑蘭 2.26 伊朗蘇聯莫斯科條約 3.23 第二次希土戰爭 8.23 英人擇費薩爾為伊拉克王 9.13 土軍擊敗希軍 11月 英皇太子訪印度，甘地發動抵抗運動 1922 2.5 甘地停止抵抗運動(喬里喬拉事件) 3.10 甘地入獄 7月 國聯批准英國委任統治巴勒斯坦 8.25 凱末爾下令總反攻 9.18 收復安那托利亞 11.1 土廢蘇丹，奧斯曼帝國滅亡 12.30 外高加索三國加入蘇聯

昭明歷史手冊

昭明歷史手冊

歐　洲	美　洲
1923 1.11 法、比軍佔德國魯爾區 4.23~7.24 第二次洛桑會議，解決中東問題 8.12 〔德〕人民黨史特萊斯曼組織聯合內閣(~11月) 9.13 〔西〕李維拉將軍發動政變，開始獨裁 11.8 〔德〕希特勒在慕尼黑啤酒屋暴動失敗被捕 12.16 希臘共和派選勝 12.19 希王喬治二世退位 1924 1.21 列寧去世(1870~) 1.22 〔英〕第一次工黨麥克唐納內閣(~10月) 4.6 〔義〕法西斯黨選勝 5.11 法國大選左派聯合選勝 6.10 〔義〕社會黨議員 G. Matteotti遇刺 8月 〔義〕墨索里尼開始獨裁 10.25 英國報紙公佈第三國際主席季諾維也夫書簡(鼓動英共起來革命)，影響工黨聲響 10.29 〔英〕保守黨選勝	1923 3~5月第五次泛美會議(智利聖地牙哥) 7.20 〔墨〕比利亞被殺 8.2 哈定去世，柯立芝繼任美國總統(~25) 8.27美墨復交 1924 美軍撤離多明尼加 2.1 宏都拉斯古鐵雷斯獨裁，美國出兵 3.10 古鐵雷斯總統被殺 9月智利軍人政變，趕帕爾馬總統 12.1 〔墨〕卡列斯特將軍為總統 〔美〕胡佛為FBI局長(~72) 阿亞德拉托雷在墨西哥城創立秘魯美洲人民革命聯盟(~45)

東亞（中、日、台）	印度・西亞・非洲
1923 1.26 孫文越飛聯合宣言 　　 2.4 京漢鐵路工人反吳佩孚罷工 　　 5月 北一輝《日本改造法案大 　　　　 綱》 　　 6.13 直奉戰爭 　　 9.1 〔日〕關東大地震警察屠 　　　　 殺朝鮮勞工六千人及工會領袖 　　　　 河合虎義(龜戶事件) 　　 9.16 憲兵殺無政府主義者大杉 　　　　 榮 　　 10.10 曹錕賄選當選總統 　　 12.12 〔台〕治警事件，逮捕蔣 　　　　 渭水等人 1924 1.20 國民黨「一大」，國共合 　　　　 作 　　 6月 黃埔軍校開校(蔣介石) 　　 9月 孫文宣佈「北伐」 　　 9.18 第二次直奉戰爭 　　 10月 馮玉祥政變佔北京 　　 11月 孫文經日本赴北京 　　 11月 蒙古人民共和國成立	1923 4.19 埃及公佈新憲法 　　 7.24 土、聯軍〈洛桑條約〉 　　 10.2 聯軍撤出伊斯坦堡 　　 10.29 凱末爾當選土耳其總統 　　 11月 印度國大黨選勝 　　 12月 尼泊爾獨立 1924 1.27 〔埃〕瓦夫脫黨執政 　　 3.3 土廢哈里發制 　　 4.20 土耳其公佈憲法 　　 10.27 中亞烏茲別克、土庫曼加 　　　　 入蘇聯 　　 11月 英駐埃及司令Sir Lee Stack 　　　　 被刺，英軍佔亞歷山卓港迫扎格 　　　　 盧下野 　　 英獨佔蘇丹(~36)

歐　洲	美　洲
1925　1.15 蘇聯解除托洛茨基一切職 　　　務 　　　4.26〔德〕興登堡當選總統 　　　7~8月法、比軍撤出魯爾區 　　　10.5~16 羅加諾會議 　　　12.1 羅加諾協定簽字 　　　12.18 俄共改為聯共，通過史達 　　　林的一國社會主義(社會主義工 　　　業化總路線) 1926　5.1 英國大罷工 　　　5.28〔葡〕達科斯達軍事政變 　　　7.23〔法〕潘加萊聯合內閣 　　　9.8 德國加入國際聯盟 　　　10.19~11.18 英帝國會議，決議 　　　各自治領在內政、外交及自治 　　　權的平等 　　　11.9〔義〕解散所有政黨	1925　1.29 智利軍人政變 　　　3月帕爾馬重為總統 　　　7.9 厄瓜多爾軍人政變，七人執 　　　政(~26) 　　　古巴共產黨建黨(1944年改稱人 　　　民社會黨) 1926　1月美國出兵尼加拉瓜 　　　11.26 桑地諾率民兵打游擊戰 　　　11月英宣佈加拿大自治領有平 　　　等權
思　想	文　學
1921　維根斯坦《邏輯哲學論》 　　　韋伯《經濟與社會》 　　　布哈林《唯物史觀》 1922　梅林《德國社會民主黨史》 1923　盧卡奇《歷史與階級意識》 　　　科爾施《馬克思主義及哲學》 1924　瓦列里《Vari彊會》 　　　史達林《列寧主義的基礎》 1925　希特勒《我的奮鬥》(Mein 　　　Kamtf) 　　　托洛茨基《不斷革命論》 　　　川端康成《伊豆的舞孃》	1921　魯迅《阿Q正傳》 　　　Mayakovsky "150,000,000" 　　　(詩) 1922　喬伊斯 "Ulysess" 　　　Eliot《荒園》(詩) 1923　托洛斯基《文學與革命》 1924　歐尼爾《榆樹下的欲望》(劇) 　　　湯瑪斯曼《魔山》 　　　扎米亞丁《我們》 192　德萊塞《美國的悲劇》 　　　卡夫卡《審判》

東亞（中、日、台）	印度・西亞・非洲
1925 3.12 孫文去世(1866~) 4.22〔中〕公佈治安維特法 5.30 上海學生抗議日本內外紗 廠罷工事件(5.14)，11人被 殺，引起五卅運動 6.29 港九大罷工(~1927.10) 7月國民政府改組 8.25 廖仲愷遇刺，蔣介石迅速 竄升 10月日共山川均、福本和夫爭 論黨的問題 12月國民黨西山會議派決定開 除共產黨 1926 3.20 中山艦事件，蔣介石逮捕 共產黨 6.28 台灣農民組合成立 7.9 蔣介石就任國民革命軍總司 令，開始北伐 9月北伐軍佔漢口 10.23 上海工人起義失敗 11月北伐軍佔九江 12月大正天皇歿，裕仁天皇即 位	1925 4.23 摩洛哥里夫族Abdel Krim 起義 7~9月西、法聯軍擊敗克里姆 10月法軍鎮壓敘利亞反抗 12.16 黎薩汗建立伊朗巴勒維王 朝 1926 1.8 伊班沙特稱漢志國王 5.25 埃及瓦夫脫黨選勝 5.26 克里姆投降 9.2 義大利與葉門簽訂友好條約
藝　術	科　技
1921 卡洛素(1873~，義，男高音) Léger〈三個女人〉(畫) 〈人猿泰山〉首映(影) 1922 華盛頓林肯紀念堂落成 1924 Gershwin〈藍色狂想曲〉(音) 1925 愛森斯坦〈戰艦波將金號〉(影) Gromaire〈捍衛戰士〉(畫) Jean Aans Arp〈山、貓、桌、 肚臍〉(畫)	1921〔中〕安德生發現仰韶文化遺址 印度帕拉帕文化遺址出土 班廷，胰島素 1924 卡爾梅特，BCG 拉蒙，抗白喉疫苗 1925 凱林，細胞色素 海森堡，矩陣力學

181

歐　洲	美　洲
1927 5.3~23 日內瓦國際經濟會議 　　5.26 英蘇斷交 　　6.28 英國工會法成立 　　12.2~19 聯共「十五大」，通 　　過第一次五年計劃，開除托洛 　　茨基、季諾維也夫等98人	1927 2.11 墨西哥沒收教會財產為國 　　有化 　　5.4 尼加拉瓜自由派與蒙達卡停 　　戰 　　5.12 桑地諾發表《5.12通告》 　　堅持抵抗 　　8.23 美處死無政府主義者薩 　　柯、范澤蒂 　　11.18 哥倫比亞石油國有化

共產國際(第三國際)歷次代表大會(開會地點在莫斯科)

1927 〔1〕1919.3.2~6 成立大會 　　〔2〕1920.7.19~8.7 通過加入共 　　產國際的21條件、民族殖民地 　　問題、共產黨和議會主義等決 　　議，主張共產黨再殖民地先完 　　成民族民主革命 　　〔3〕1921.6.22~7.12「到群眾 　　去」口號，要作工會工作，把 　　經常的經濟鬥爭與準備爭取無 　　產階級專政的鬥爭結合起來 　　〔4〕1922.11.5~12.5 爭取工人 　　大多數建立工人階級統一戰線 　　〔5〕1924.6.17~7.8 整頓共產 　　黨，為加強布爾什維克化而鬥	爭 　　〔6〕1928.8.17~9.1 布哈林對資 　　本主義第三期危機的報告，共產 　　黨的任務是反對帝國主義戰爭和 　　法西斯化 　　〔7〕1935.7.25~8.20 通過季米 　　特洛夫的反法西斯統一戰線策略 　　〔8〕共產國際執委會主席團會 　　議(1943.6.8)宣佈解散第三國際

東亞（中、日、台）	印度・西亞・非洲
1927 1月 中國人民收回漢口、九江的租界 1.27 國民黨左派在武漢成立國民政府 3.21 上海第三次起義，同日北伐軍佔南京 4.12 蔣介石發動上海清共 5月 日軍出兵山東 6月 張作霖在北京稱大元帥 7月〔台〕中壢事件(~11月) 7.10 台灣民眾黨成立 8.1 中共南昌暴動 8.7 中共譴責陳獨秀的機會主義，瞿秋白為總書記 8.14 蔣介石下野 9.6 南京武漢兩政府合流 9.8 毛澤東搞兩湖秋收暴動 10月 毛澤東上井岡山 11月 廣東海陸豐建立蘇維埃(彭湃) 12月 廣東公社起義失敗(張太雷)	1927 3~7月 敘利亞德魯茲人起義最終失敗 6月 蘇卡諾組織印尼國民黨 11月 英設置關於印度統治的賽門委員會

歐　洲	美　洲
1928　4.27〔葡〕經濟學者薩拉薩爾 　　　　為財長 　　　5月〔德〕大選，社民、共黨抬 　　　頭 　　　7.2〔英〕二十歲以上男女皆有 　　　選舉權 　　　8.27 凱洛格白里安非戰公約 　　　10.1 蘇聯開始第一次五年計劃 1929　1.5 南斯拉夫亞歷山大國王獨裁 　　　1.8 托洛茨基流放土耳其 　　　6.5~1931〔英〕麥克唐納第二 　　　次內閣 　　　6.7 楊格計劃，裁定德國賠償金 　　　為＄8,032,500,000元，分85年 　　　半償付 　　　10.29 紐約股市大崩盤，世界 　　　經濟恐慌開始 　　　11月〔蘇〕史達林鬥爭布哈 　　　林、李可夫	1928　3.16美再介入尼加拉瓜 　　　11.4 蒙達卡當選總統，桑地諾 　　　繼續打游擊 　　　10.7 何塞馬里亞蒂創立祕魯社 　　　會黨(1930年改為共產黨) 1929　胡佛就任美國總統(~34) 　　　3~4月墨西哥兵變 　　　6.1~2 拉美各國共產黨第一次 　　　大會(布宜諾斯艾利斯)

東亞(中、日、台)	印度・西亞・非洲
1928 3.5〔日〕勞農黨山本宣治被殺 4月日本第二次出兵山東 4.15 台共(日共台灣民族支部) 在上海成立 5.3 濟南事件 5.11 日軍佔濟南 6.4 張作霖被日軍炸死 6.8~7.11 中共「六大」(莫斯 科)通過城市暴動路線 6.9 蔣介石入北京，完成北伐 6.20 改直隸為河北省，北京為 北平 10.8 蔣介石就任國民政府主席 (~38) 12.29 張學良東北易幟 1929 1.1 國府編遣軍隊會議失敗 1.14 毛澤東放棄井岡山 2月廣西派反蔣，進軍湖南 7.17 國府與蘇聯斷交 8月第二次編遣會議 10月馮玉祥西北軍反蔣 11.3〔韓〕全羅南道學生抗議 日本學生侮辱朝鮮女學生(光州 **學生運動**)	1928 2月賽門委員會抵印度，引起激 烈反抗 8月尼赫魯、鮑斯堅持印度獨立 11.8 土耳其推行羅馬字 1929 2月印度孟買紡織工罷工 4月埃及出現伊斯蘭同志會 8月巴勒斯坦反英暴動 12.29 荷當局逮捕蘇卡諾

昭明歷史手冊

歐　洲	美　洲
1930　1.21~4.22 倫敦裁軍會議 　　　1.28〔西〕李維拉辭職 　　　4月俄准農地私有 　　　6.30 法軍撤出萊茵區 　　　8.17〔西〕共產黨、社會黨、 　　　勞動總同盟等聖塞衛斯迪安會 　　　議，結成革命委員會 　　　9.14 德大選，納粹成為第二大 　　　黨 　　　12.12~13〔西〕哈卡駐軍起 　　　義，要求實行共和制 1931　4.12〔西〕大選，共和派勝利 　　　4.14 西班牙王流亡，波旁王朝 　　　結束，查摩拉為總統(12.9) 　　　8.24〔英〕麥克唐納辭 　　　8.25 重組國民內閣(保守、自 　　　由、工黨聯合)，工黨開除麥克 　　　唐納 　　　9.13〔奧〕納粹政變失敗	1930　2.20 多明尼加聖地牙哥暴動 　　　3.6〔美〕125萬失業勞工示威 　　　5月特魯希政變 　　　8.16 特魯希自任總統(~38)，該 　　　家族獨裁統治至61年 1931　7.10 挪威、丹麥發生格陵蘭問 　　　題衝突 　　　桑地諾繼續進攻美軍

	科　技
	1926　摩根研究遺傳基因 　　　Dirac，統計力學 1927　海森堡提出測不準原理 1928　野口英世(1876~) 　　　弗萊明，毒霉素(盤尼西林) 　　　李森科(蘇)，植物階段發育理論 1930　泰勒，黃熱病疫苗 　　　Carother發明尼龍

思　想	文　學
1926　懷海德《科學與近代世界》 1928　海德格《存在與時間》 　　　李大釗被殺(1888~) 1929　曼海姆《意識型態與烏托邦》 1930　奧蒂嘉《大眾的反叛》 　　　Laski "Liberty in the Modern 　　　State" 　　　內村鑑三(~1861) 　　　野呂榮太郎《日本資本主義發 　　　達史》	1926　紀德〈偽幣製造者〉 　　　海明威〈妾似朝陽又照君〉 　　　卡夫卡〈城堡〉 　　　巴貝里〈騎兵〉 1927　老舍《老張的哲學》 1928　勞倫斯《查泰萊夫人的情人》 　　　Bercht《彆腳戲》 　　　林英美子《放浪記》 1929　雷馬克《西線無戰事》 　　　小林多喜二《蟹工船》 　　　海明威《戰地春夢》 1930　Dos Passos "USA" 　　　Hammet《馬爾路之鷹》(美國)

東亞（中、日、台）	印度・西亞・非洲
1930 1月中國托派成立「十月社」 2月越南共產黨在香港成立 2~7月 日共被檢舉 4月蔣介石攻打馮玉祥、閻錫山 6.11 中共決定李立三都市暴動 路線 7.27 彭德懷佔長沙(~8.5) 9.9 汪兆銘、閻、馮成立北方政 府 9.18 張學良入北平，北方政府 瓦解 11.1 中原大戰結束 11.6 第三國際召李立三至莫斯 科，停止立三路線 12.16 蔣介石第一次剿共 12.26〔台〕霧社事件 1931 1.8 中共四中全會，王明的國 際路線抬頭 1.31 國府公佈《危害民國緊急 治罪法》 4月 第二次剿共 5.5 國府制定訓政時期約法 5.27 汪精衛在廣州成立國民政 府 7.2 中、韓農民萬寶山衝突 9.18 日本關東軍佔領東三省 11.7 中共在瑞金成立中華蘇維 埃共和國政府，毛澤東為主席 12.15 蔣介石下野	1930 義大利佔利比亞費贊地區，對 綠山區實行焦土政策 3.28 土改君士坦丁堡為伊斯坦 堡 4.9 全印度不合作運動(食鹽進 軍) 5.5 甘地等被捕 6月伊拉克、英國同盟 11.2 衣索比亞海爾塞拉西一世 即位(~74) 12月英、印圓桌會議(倫敦) 1931 3.4 甘地停止不合作運動 義佔綠山區，敗俘奧穆赫塔爾 黃金海岸抗稅運動 9~12月 甘地出席第二次英印圓 桌會議未果 塞浦路斯希臘商組成「意諾希 斯運動」

藝　術		
1926 Klee〈魚〉(畫) Kandinsky〈第323號〉 莫內(1840~) 1927 英國BBC開播 鄧肯(1877~，舞者) 喬爾森主演首部有聲歌舞片《爵 士歌王》 Kisling〈奎爾的半身像〉(畫) 1929 馬諦斯 "The Back IV"(畫) Gromaire〈披黑外套的裸婦〉 1930 V.Sternberg〈藍天使〉(影) L.Milestone〈西線無戰事〉(影)		

昭明歷史手冊

歐　洲	美　洲
1932 1.9 德宣佈無力償付賠償 3月愛爾蘭De Valera當選總統 4.10 興登堡擊敗希特勒再連任德國總統 7.5〔葡〕Salazar為總理(~68) 7.31 納粹為德國第一大黨 11.29 法蘇互不侵犯條約 12.27 蘇聯放逐富農 1933 1.8〔西〕激進派在巴塞隆那起義失敗 1.30 希特勒為德國總理 2.1 解散國會 2.27 製造國會大廈縱火案 2.28 藉此迫害共產黨(3.14宣佈共黨為非法) 3.23 通過授權法，確定納粹體制 4.24 戈林組建國家秘密警察，下令禁止罷工、解散工會 7.14 納粹為唯一政黨 10.14 退出國際聯盟 11.12 大選，88%支持納粹	1932 1月薩爾瓦多工黨領導4萬農民起義 1.7 美國務卿史汀生不承認滿洲的狀態(不承認主義) 6月巴西反瓦加斯總統暴動 7.15 美軍撤離尼加拉瓜，桑地諾接受薩卡薩的和解建議 7.21~8.20 渥太華英帝國經濟會議(帝國優惠制) 1933 3.4 F.羅斯福就任美國第32任總統(~45)，推行新政 3.6 宣佈全美銀行停業 5.18〔美〕田納西河谷開發公社法(TVA) 8月古巴反美、反獨裁起義，推翻馬查多 11.16 美國承認蘇聯

東亞(中、日、台)	印度・西亞・非洲
1932 1月 蔣、汪再合流 1.3 關東軍佔錦州 1.28 **上海事變**(~5月中日停戰) 3.1 日本扶持溥儀成立**滿洲國** 3.14 李頓調查團來華 5.15 日少壯軍官刺死犬養毅首 相，齊藤實繼任(~34) 6月 蔣介石第四次剿共 10.2 〈李頓調查團報告〉公佈 10.15 南京政府逮捕前中共總書 記陳獨秀 1933 1.3 日軍佔山海關 2.19 蔣介石發起「新生活運 動」 3.4 日軍佔熱河 3.27 日本退出國聯 5.31 中、日《塘沽停戰協定》 10月 第五次剿共 11.20 十九路軍在福建宣佈成立 「中華共和國人民革命政府」	1932 1月〔印〕甘地被捕 9.20~26 甘地在獄中絕食 9.22 漢志和內志改稱沙烏地阿 拉伯 11.27 阿富汗王納迪爾沙頒佈 《十點政策宣言》 11~12月 第三次英印圓桌會議 1933 阿爾及利亞北非之星首次主張 阿人獨立 7月 甘地停止大眾不合作運 動，開始個人不合作運動 11月 法控制敘利亞

昭明歷史手冊

歐　洲	美　洲
1934　1.26~2.10 蘇聯第十七次黨大會， 　　　通過第二次五年計劃 　　　2.1~16 維也納勞工起義 　　　2.6~7 巴黎右派暴動，達拉第下台 　　　6.14~15 希特勒會見墨索里尼 　　　6.30~7.2 納粹整肅衝鋒隊，殺羅姆 　　　7.25 奧國總理Dolfuse被殺 　　　7.27 法共與社會黨締結反法西斯 　　　主義統一行動協議 　　　8.1 通過《國家元首法》 　　　8.2 興登堡去世，希特勒為總統 　　　8.20 反戰反法西斯世界委員會成立 　　　9.18 蘇聯加入國際聯盟 　　　10.9 南斯拉夫王被暗殺 　　　12.1〔蘇〕基洛夫遇刺，史達林 　　　開始整肅老布爾什維克 1935　1.13 薩爾地區投票，重歸德國 　　　3.16 德國重新武裝 　　　6月〔英〕鮑爾迪溫內閣(~37) 　　　6.28 法國人民戰線組成 　　　7.25 第三國際「七大」，通過人 　　　民戰線綱領 　　　12.13 捷克馬薩利克總統辭職， 　　　貝納斯繼任	1934　2.21 桑地諾被國民警衛隊司令 　　　蘇慕薩誘殺(1893~) 　　　查科戰爭 　　　5.24 巴拉圭兵敗 　　　11.7 玻利維亞軍退出查科 　　　美國眾議院設立非美活動調查 　　　委員會(~69) 1936　7.5〔美〕瓦格那法通過，確立 　　　工會的團體交涉權 　　　8.14 公佈《社會保障法》 　　　11.23 巴西民族解放聯盟(3月成 　　　立)在北部納塔爾起義失敗 　　　托洛茨基流亡到墨西哥(~40)

科　技
1932　Chadwizk發現中子 1935　湯川秀樹預言「介子」的存在 　　　蓋洛普民意測驗在美國展開 1936　切爾泰勒對人腦試驗電擊休克療法 1939　繆勒將DDT應用於殺蟲 　　　西科爾斯基試飛直昇機成功 1940　Weiksmann，鏈黴素

藝　術
1931　Orozco〈薩巴達黨〉(畫) 1933　Fritz Lang "M"(影) 　　　Laurens "Oceanide"(雕) 1934　江文也(1910~83)〈台灣舞曲〉 　　　Frank Capra〈一夜風流〉(影) 1935　Rivera "The Workers 　　　Revolution"(雕) 1937　齊白石〈蝦圖〉(畫) 　　　卓別林〈摩登時代〉(影) 　　　畢卡索《格爾尼卡》(畫) 1938　〈白雪公主〉(卡通電影) 1939　〈亂世佳人〉、〈驛馬車〉(影) 　　　冼星海〈黃河大合唱〉 1940　卓別林〈大獨裁者〉(影)

東亞（中、日、台）	印度・西亞・非洲
1934 1.13 福建人民政府瓦解 3.1 滿洲國改為滿洲帝國 4.17〔日〕天羽聲明，反對英美 勢力獨佔中國 10.21 紅軍撤出瑞金，開始長征 （~35） 1935 1.13 中共遵義會議，確立毛澤東 的地位 3月〔日〕通過以天皇為中心的 「國體徵明」 6.9 何應欽、梅津美治郎《何梅協 定》 6.27 秦純德、土肥原《秦土協定》 8.1 中共〈八一宣言〉 10.15 張國燾在四川另立中共中央 10.19 紅軍至陝北吳起鎮 11月冀東防共自治委員會(殷汝耕) 12.9 北平一二八學生反日運動	1934 1月土耳其第一個五年計劃 3~6月沙、葉門交戰 5月甘地停止不合作運動 10.24 甘地引退，尼赫魯崛起 1935 2月，義出兵厄里特里亞 3.21 波斯改國名為伊朗 8.2 印度統治法通過，緬甸脫離印 度 10.3 義大利侵略衣索比亞 12.12 埃及恢復1923年憲法 緬甸德欽黨建黨
思　想	文　學
1931 羅森堡《20世紀的神話》 1932 馬克思《經濟學、哲學手稿》出 版 1933 Reich《法西斯主義群眾心理學》 1934 湯恩比《歷史研究》 1935 耶斯塔《理性與存在》 1936 凱恩斯《就業利息及貨幣》 艾思奇《大眾哲學》 1938 毛澤東《實踐論》、《矛盾論》 《聯共(布)黨史簡明教程》(38) 1939 耶斯塔《存在哲學》 1940 德日進《人之現象》 Brachelard《否定的哲學》	1931 巴金《家》 1932 福克納《八月之光》 1933 馬爾洛《人的境況》 1934 Muller《北回歸線》 1935 Ostrovsky《鋼鐵是怎麼鍛鍊成 的》 1936 米切爾《飄》 魯迅去世 曹禺《雷雨》 1937 史坦克《人鼠之間》 1938 沙特《嘔吐》 1939 史坦克《憤怒的葡萄》 1940 Green《權力與榮耀》 海明威《戰地鐘聲》 蕭霍洛夫《靜靜的頓河》

歐　洲	美　洲
1936　1月 英王愛德華八世即位 　　　1.15 西班牙人民戰線成立 　　　2.16 人民戰線選勝 　　　3.7 德國進兵萊茵區 　　　6.4 〔法〕人民戰線內閣(勃魯 　　　姆) 　　　7月 西班牙內戰爆發(~39) 　　　7.13 弗朗哥在摩洛哥叛變 　　　8月 德義出兵支援叛軍 　　　10.8 政府允許巴斯克族各省自治 　　　54國志願軍組成國際縱隊保衛共 　　　和國政府 　　　11.6 叛軍圍攻馬德里(~39) 　　　8.24 〔蘇〕槍斃季諾維也夫、加 　　　米涅夫 　　　10.25 德義協定 　　　11.25 德日防共協定 　　　**12.5　通過史達林憲法** 　　　12.10 英王愛德華八世退位，喬 　　　治六世即位 1937　3.5 〔蘇〕開除布哈林、李可夫 　　　4.20 〔西〕法西斯成立長槍黨 　　　5月人民戰線內部共產黨和無政 　　　府主義托洛茨基派鬥爭 　　　5月 西共退出政府 　　　5.18 叛軍佔畢爾色 　　　6.12 〔蘇〕杜哈契夫斯基元帥被 　　　整肅 　　　9.25~28墨索里尼訪柏林 　　　10.28 〔西〕政府遷至巴塞隆納 　　　11.6 德義日防共協定 　　　12.11 義退出國聯 　　　愛爾蘭改為「Eire國」	1936　1.1 美國最高法院判決農業調 　　　整法(AAA)違憲 　　　2.29 國會通過第二個《中立法 　　　案》，禁向交戰國提供貸款 　　　5.17 玻利維亞政變，托羅執政 　　　(~37)，實行軍事社會主義 　　　6.6〔尼〕蘇慕薩迫薩卡薩總統 　　　下台 1937　1.1 蘇慕薩就任尼加拉瓜總統 　　　(~47)，開始家族獨裁統治 　　　(~79) 　　　5.1 美修正《中立法》 　　　11.10 巴西瓦加斯獨裁(~45)

東亞(中、日、台)	印度‧西亞‧非洲
1936 1.15 日退出倫敦海軍裁軍會議 1月內蒙自治政府成立 2.26〔日〕少壯派軍官、士兵 1400多人殺藏相高橋是清等(二 二六) 7.7 17名軍官被天皇下令處決 11.4 百靈廟戰役(中、蒙軍) 11.23 蔣介石逮捕鄒韜奮等(七 君子事件) 12.12 張學良、楊虎城發動西 安事變逼蔣抗日(~25) 1937 7.7 盧溝橋事件，中日戰爭爆 發 (~45) 7.17 蔣介石、周恩來廬山會談 8.21 中蘇互不侵犯條約 8.22 紅軍改為國民革命軍第八 路軍 9.23 第二次國共合作 10.28 蒙古人民聯盟自治政府成 立(歸綏) 11.12 日軍佔上海 11.30 國民政府棄守南京 12.4 華北臨時政府成立(北平)	1936 4月南非通過原住民代表法，徹 底種族隔離政策 5.9 義併吞衣索比亞 8.9 英埃同盟條約，埃及獲完全 主權，但英軍仍駐留蘇伊士 12.5 蘇聯解散外高加索聯邦， 格魯吉亞、亞美尼亞、亞塞拜 然三國分別加入蘇聯 1937 2月印度各省選舉，國大黨獲勝 3月墨索里尼訪利比亞 7月〈皮爾報告〉，建設巴勒斯 坦分治 9~10月法軍鎮壓摩洛哥 梅薩利哈吉創立阿爾及利亞人 民黨(~46)

歐　洲	美　洲
1938　3.2~15〔蘇〕審訊處決布哈林等 18人 3.13 德奧合併 4.23〔捷〕斯德丁德人要求分離 9.3 托洛茨基派成立第四國際 9.12 希德勒要求合併斯德丁 9.28 慕尼黑會議(~30)，希特勒、張伯倫、達拉第，出賣捷克，同意德軍進駐斯德丁 10.1 德軍進入斯德丁區 10.5 貝納斯流亡倫敦 11.2 匈佔捷克的卡爾巴托及烏克蘭，波蘭也佔捷克境內波蘭人區 11.26 蘇、波互不侵犯條約 1939　1.26 弗朗哥佔巴塞隆那 2月英、法承認弗朗哥政權 3.15 德國「保護」捷克 3.28 弗朗哥攻陷馬德里，西班牙內戰結束，弗朗哥開始獨裁(~73) 4.7 義併阿爾巴尼亞 8.23 德蘇互不侵犯條約 9.1 德佔波蘭，第二次世界大戰爆發 9.3 英法對德宣戰 9.17 蘇軍入侵波蘭 9.19 蘇、德軍會師布加勒斯特 9.28 德、蘇瓜分波蘭 9~10月蘇聯與愛沙尼亞(9.28)、拉脫維亞(10.5)、立陶宛(10.10)訂立互助條約，獲駐兵權 11.30 蘇軍入侵芬蘭 12.14 國聯開除蘇聯	1938　3.18 墨西哥石油國有化 9.5 智利納粹斯塔叛變未遂 10月第一屆人民陣線政府(阿吉雷) 12月第八屆泛美會議通過《利馬宣言》 1939　7.27 美廢除1927年的美日商約 7.30 陸海軍會議批准援助英法(虹計劃) 11.3 通過修正《中立法》，廢禁運武器條款

東亞（中、日、台）	印度・西亞・非洲
1938　1.16　〔日〕近衛聲明，不以國民政府為對手 3.10~4.6 台兒莊戰役 3.28 維新政府(南京) 5.10 日軍佔廈門 5.15 佔徐州 6.8 國府從武漢遷都重慶 7.6 日、蘇張鼓峰軍事衝突 10.27 日軍佔武漢 11.3 第二次近衛聲明，表明戰爭目的為建設東亞新秩序 12.18 國民黨副總裁汪精衛逃出重慶 12.22 第三次近衛聲明(中日關係為善鄰友好，共同防共、經濟合作) 12.30 汪精衛在河內發表「豔電」響應近衛聲明 1939　1.4　〔日〕平沼騏一郎內閣 3月日軍佔海南島、南昌 3.12 國府公佈《國民精神總動員綱領及實施辦法》 5.31~8.31 日蘇諾門罕事件(哈勒欣河) 8.15 翁山為緬共總書記 8.28 〔日〕阿郎信行內閣(~40) 9.11 支那派遣軍總司令部成立(西尾造壽) 蒙疆聯合自治政府成立(德王為主席) 11.2 汪精衛赴日本	1938　3月埃及瓦夫脫黨敗選 6月英處死猶太人恐怖份子 Solomon ben Yosef 10月伊朗縱貫鐵路完工 11.10 凱末爾去世 1939　1.29　〔印〕鮑斯主張印度半年內完全獨立，被甘地否決 4.29 鮑斯辭職 10.19 土、英、法互助條約 本年英國限制猶太人進入巴勒斯坦

歐、美、非洲

1940 3.12 蘇、芬議和，蘇獲卡列利
亞半島
4.9 德軍入侵挪威，丹麥投降
4.27 希姆萊下令在波蘭可拉科
夫建立奧許維茨集中營
5.10 英邱吉爾組閣
5.10 德軍入侵比、荷、盧三國
5.14 德軍侵法國
5.15 荷蘭投降
5.27 英軍從敦克爾克撤退(~6.4)
5.28 比利時投降
6.10 挪威投降
6.10 義向英、法宣戰
6.14 德軍入巴黎
6.16 貝當在維琪成立偽政府
蘇向愛沙尼亞、立陶宛下最後通
牒
6.17 蘇軍入侵波羅的海三國
6.18 戴高樂在倫敦成立自由法
蘭西委員會
6.22 德法停戰協定，法被分為
佔領區及非佔領區
6.26 蘇聯向羅馬尼亞要求比薩
拉比亞、北布科維那
6.28 蘇聯佔羅馬尼亞兩地區
7.2 法國政府轉移至維琪
7.10 德空軍轟炸英國本土
7.11 維琪政府成立，貝當元帥
為國家主席
7.22 蘇聯併吞波羅的海三國
8.20 托洛茨基在墨西哥遭刺殺
9.7 德機轟炸倫敦65天(不列顛
戰役)

9.13 義軍攻埃及
10.5 德軍攻羅馬尼亞
10.12 德軍佔布加勒斯特
10.28 義軍攻希臘
11.5 羅斯福第三次連任美國總
統
11.20 匈牙利加入軸心國
11.25 羅斯福發表爐邊談話，強
調美國為民主國家的兵工廠
12.9 英軍攻擊北非的義大利軍
12.18 希特勒指示對蘇「巴巴羅
薩」作戰計劃

亞洲、太平洋

1940　1.16〔日〕米內光政內閣

3月全印穆斯林聯合拉合爾會
議，通過建立巴勒斯坦國家決
議

3.30 汪精衛(代主席)成立南京
國民政府

5.8~16 宜棗會戰，張自忠殉國

6月蘇軍進駐新疆

7.22 第二次近衛文麿內閣

8.1 松岡洋右外相提出建立「大
東亞共榮圈」

8.20~12.5 彭德懷指揮對日軍百
團大戰

9.22 日軍進駐法屬印度，佔諒
山

10.12〔日〕大證翼贊會成立

歐、美、非洲

1941　1.6 羅斯福發表〈四大自由〉 演講 1.22 英軍佔北非的托布路克 2月隆美爾指揮德國北非軍團， 反攻英軍 3.2 德軍進駐保加利亞 3.11〔美〕〈武器貸與法〉通 過 3.25 南斯拉夫加入軸心國 3.27 軍人政變推翻親德派政權 4.6 德軍入侵希、南(17南，26 希投降) 英解放衣索比亞 4.13 日蘇中立條約 5.15 法國地下抵抗軍成立 **6.22 德國入侵蘇聯** 7.12 英、蘇互助條約 8.3 美國援助蘇聯 8.9~12 羅斯福、邱吉爾會談， 發表〈大西洋憲章〉 9.9 德圍列寧格勒(18個月) 9.19 德佔基輔 9.29~10.1 英、美、蘇三國莫斯 科會談 10.2 德進攻莫斯科(~12.5) 10.6 德佔奧德薩 11.25 保加利亞加入軸心國 12.6 朱可夫指揮莫斯科大反攻 12.11 德、義對美宣戰	1942　3.2 美國囚禁日裔(112000多 人)至集中營 3.28 英空軍開始反攻 8.23 史達林格勒攻防戰(~1943 年2月) 8.30 德併盧森堡 11.8 英美聯軍登陸摩洛哥、阿 爾及利亞 11.11 德軍佔法國全境 11.19 蘇軍從史達林格勒大反攻

亞洲、太平洋

1941 1.7 皖南事變，國民黨軍攻擊 新四軍 5.19 胡志明在中國廣西成立越 南獨立同盟 7.18 第三次近衛內閣(~40) 7月德、義承認汪精衛政府 日軍進駐印支南部 9.16 英、法逼退伊朗王黎薩 汗，由其子穆罕默德繼位(~79) 10月〔日〕左爾格、尾崎秀實 蘇聯間諜案 12.8 (日本時間午前2時)日本登 陸馬來半島，3時20分偷襲珍 珠港，美國對日宣戰(太平洋戰 爭) 12.9 國民政府正式對日本宣戰 12.25 日佔香港	1942 1.4 蔣介石為盟軍中國戰區總 司令 2月中國援緬遠征軍組成 2.1 毛澤東在延安發表〈整頓黨 風〉報告 2.16 日軍佔新加坡 3.1 日軍佔爪哇 3.8 日軍佔仰光 3.9 蘇卡諾號召成立民眾總力結 集運動 3.10 〔印〕昌德拉鮑斯開始印 度獨立運動 4.9 日軍在菲巴丹島迫戰俘死亡 行軍 5月毛澤東〈延安文藝講話〉 5.7 美日珊瑚島海戰 6.4~7 中途島海戰，日軍戰敗 8.8 〔印〕尼赫魯、甘地被捕 〔菲〕人民抗日軍抵抗日軍 9月延安王實味野百合事件 10.10 英、美宣佈放棄在中國治 外法權

歐、美、非洲

1943	1944
1.14 邱、羅卡薩布蘭加會談，決心對軸心國要求其無條件投降	1.9 蘇軍反攻東線
2.2 史達林格勒攻防戰結束	2.24〔阿根廷〕法雷爾總統，裴隆副總統
4.13 德軍宣佈在斯摩稜斯克卡欽森林發現波蘭軍官4000多人屍體	3.22 德侵匈牙利
4.19 華沙起義	4.2 德侵羅馬尼亞
5.12 北非德軍投降	6.4 聯軍入羅馬
5.13 義軍投降	**6.6 聯軍諾曼第登陸**
5.15 第三國際解散	6.15 德發射V1火箭攻倫敦
5.19 華沙遭納粹SS鎮壓	7.20 暗殺希特勒計劃失敗
6.2 戴高樂在北非成立法蘭西國民解放委員會	7.21 波蘭國民解放委員會成立
6.4 阿根廷軍事政變，拉米雷將軍為總統，裴隆為勞工部長	7.26 蘇波友好軍事條約
7.25 義大利王罷免墨索里尼	8.1 華沙起義
7.28 義大利解放法西斯黨	8.21 中美英蘇頓巴頓橡園會議
8.12 德軍救出墨索里尼	8.24 羅馬尼亞向聯軍投降
9.3 聯軍登陸義大利	8.25 聯軍解放巴黎
11.22~27 開羅會議	8.31 蘇軍入布加勒斯特
11.28 羅、邱、史德黑蘭會議	9.2 V－2火箭炸倫敦
12.1 發表開羅宣言	9.9 戴高樂成立法國臨時政府
12.19 南斯拉夫人民解放委員會建立革命政府	9.11 邱、羅第二次魁北克會談
	10.2 華沙遭SS鎮壓死15萬人10.4 聯軍登陸希臘
	10.9 邱、史莫斯科會議，劃定東歐勢力範圍
	10.11 蘇軍突破東普魯士
	10.20 蘇軍、南斯拉夫人民解放軍解放貝爾格勒
	11.29 阿爾巴尼亞解放
	12.3 希臘國民解放軍反民主國民同盟政府起義
	12.6 希、英軍交戰(希臘內戰開始)

亞洲、太平洋

1943 2.7 日軍撤出瓜島
3.20 毛澤東為中共中央政治局
及書記處主席
4.18 聯合艦隊司令山本五十六
被美機炸死
5.1 國府「中美合作所」(重慶)
8.1 日頒佈朝鮮、台灣人志願兵
令
日佔下的緬甸巴莫政府宣佈緬
甸獨立
9月 日本支持蘇卡諾組織民族統
一陣線
9.13 蔣介石為國府主席兼行政
院長(~48)
10月 鮑斯在仰光成立反英親日
的自由印度臨時政府
11.5 **大東亞會議**(東京)包括
泰、菲、緬、汪政權、滿洲國

1944 4月 日本大本營決定打通大陸
作戰
5.10 中、美軍會師緬甸胡康
6月 日軍佔長沙
6.15 美佔塞班島
6.19 馬利亞那海戰
6.20 美軍佔關島
7月 泰國乃披里推翻親日鑾批
汶政權
8.22 台灣總督府宣佈台灣進入
戰時狀態
9.1 台灣開始徵兵
9.24 重慶黨外各界集會,要求
改組國民政府
10月 菲律賓海戰
10.20 麥克阿瑟反攻菲律賓
10.24~25 萊特島大海戰
11.7 美國特使赫爾利至延安
11.10 汪精衛歿於日本,陳公博
代理主席
11.24 美機B-29突襲東京

歐　洲	美　洲
1945　1.12 希臘內戰停止 1.17 蘇軍解放華沙 2.4 邱、羅、史雅爾達會談(~02. 11)，英美要求蘇對日作戰 3.7 南斯拉夫人民政府(狄托) 4.12 羅斯福去世，杜魯門繼任美 國總統 4.23 蘇軍入柏林 4.25 聯合國全體會議(舊金山) (~6.28) 4.25 美、蘇軍會師 4.28 墨索尼里被吊死 4.30 希特勒自殺 5.2 蘇軍佔柏林 5.7 德國投降 5.20 美國共產黨解散 6.28 簽訂聯合國憲章 7.16 美國試爆原子彈成功 7.17 波茨坦會議 7.26 對日波茨坦宣言 8.8 俄向日宣戰 8.30 英美法蘇設立德國管理委 員會 9.8 波蘭開始土地改革 9.25 世界勞動組合聯盟(WTFU) 成立 10.24 捷克主要產業國有化 11.20 紐倫堡軍事裁判戰犯開始 11.21〔法〕戴高樂內閣 12.16 美英蘇外長(莫斯科)會 議，通過成立遠東委員會及對日 理事會	1945　8.16 杜魯門聲明美國將單獨統 治日本 10.4 阿根廷反裴隆罷工 10月巴西瓦卡斯被軍人推翻

亞　洲	印度・西亞・非洲
1945 1.3 美軍轟炸台灣、沖繩 2.19 美軍登陸琉璜島 4.5 小磯國昭辭、鈴木貫太郎內閣 7.13 近衛文麿向蘇聯要求和平斡旋 8.6 美投原子彈於廣島 8.8 蘇軍進攻北滿、朝鮮 8.9 第二顆原子彈投於長崎 8.14 日本接受波茨坦宣言 中蘇友好同盟條約 8.15 日本無條件投降 8.16 台灣總督安藤利吉廣播，勿輕舉妄動 8.30 毛、蔣重慶會談 9.2 日本在密蘇里艦上簽降書 9.6 朝鮮人民共和國成立 10.4 GHQ廢治安維持法，釋放政治犯 10.9 幣原喜重郎內閣 10.10 國共雙十協定 10.22 外蒙古公投 10.25 公投贊成獨立 台灣光復 11 月國共內戰開始	1945 1.9 美軍登陸呂宋島 2.4 美軍登陸馬尼拉 3月 阿拉伯聯盟(開羅) 4.11 日軍扶持越南保大「獨立」 5月 法軍佔敘利亞 5.8 日扶持寮國「獨立」 6.14 英印總督韋維爾與印度各派西姆拉會議 8.17 印尼宣佈獨立 9.2 胡志明建立越南民主共和國 9.7 翁山與蒙巴頓簽訂《康提協定》 9.20 國大黨孟買大會，要求英國退出印度 11月伊朗亞塞拜然省暴動 12.6〔伊朗〕成立政權

昭明歷史手冊

思　想	文　學
1941 Marcuse《理性與革命》 　　　Burnham《經理革命》 　　　馮友蘭《中國哲學史》 　　　葛蘭西(Gramsci)死於獄中 　　　(1891~) 1942 梅洛龐蒂《行動的結構》 　　　熊彼得《資本主義、社會主義 　　　與民主》 1943 沙特《存在與虛無》 　　　河上肇《自敘傳》 1944 海耶克《到奴役之路》 　　　卡西勒《論人》 　　　Mac Bloch(1886~)死於集中營 1945 梅洛龐蒂《知覺的現象學》 　　　Popper "Open Society and Its 　　　Enemies" 　　　羅素《西方哲學史》	1941 喬伊斯去世(1882~) 　　　泰戈爾去世(1861~) 1942 Camus《異鄉人》 1943 Camus《西斯弗斯的神話》 　　　沙洛伊揚《人間喜劇》 　　　谷崎潤一郎《細雪》 1944 田納西威廉斯《玻璃的動物園》 　　　羅曼羅蘭去世(1866~) 1945 沙特《自由之道》 　　　歐威爾《動物農莊》 　　　Fadeyer《青年近衛軍》

藝　術	科　技
1941　Miro "The Beautiful Bird"（畫） 　　　Orson Wells〈大國民〉(影) 1942　Calder "Red Petals"（雕） 　　　Curtiz "Casablanca"（影） 1945　Hans Arp〈乳房的皇冠〉（畫） 　　　Rosseilini〈不設防城市〉(影) 　　　Bartok(1881~)	1941　卡斯特，電子感應加速器 　　　美開始黑白電視廣播 1942　美試驗原子彈 1943　李森科《遺傳性及其變異性》 　　　麥克卡洛，匹茨特將羅素邏輯 　　　工具建立人腦神經網絡理論 1944　德試射V-1，V-2火箭 　　　馮·諾伊曼、莫伊斯特曼《博 　　　奕論和經濟行為》 1945　**Oppenheimer試爆原子彈**

昭明歷史手冊

歐　洲	美　洲
1946　1.7 美、英、法、蘇承認奧地 利獨立 1.10 聯合國第一次大會（倫 敦） 1.11 阿爾巴尼亞人民共和國成 立 1.12 成立聯合國安理會 1.20 戴高樂下台 2.1 匈牙利人民共和國成立(納 吉總理) 3.1 英開始重要產業國有化 3.5 邱吉爾發表〈鐵幕〉演講 4.21 蘇佔區德共併SPD為德國 統一社會黨 6.10 義大利共和國成立 7.29 巴黎和會召開(~10.5) 9.1 希臘恢復王政 10.13 法，第四共和憲法公佈 1947　2.10 巴黎和約 6.5 馬歇爾計劃援助歐洲復興 10.5 歐洲共產情報局成立 12.30 羅馬尼亞人民民主共和國 建立	1946　2.24 裴隆當選阿根廷總統，推 行國家社會主義 5 月哥倫比亞佩雷斯當選總統 7.1 美國在比基尼島核爆實驗 7.22 玻利維亞政變 智利共產黨參加民主聯盟選勝 12.18 杜魯門宣佈援助蔣介石的 國民政府 1947　9.2 美洲共同防禦條約簽署

亞　洲	印度・西亞・非洲
1946　1.4〔日〕GHQ下令取締支持軍 　　　國主義團體，趕走機關內法西 　　　斯份子 　　　1.10 重慶政治協商會議再開 　　　(~31) 　　　1.15 中國承認蒙古人民共和國 　　　(外蒙) 　　　2.20 蘇聯重佔千島，庫頁島 　　　4.14 俄軍撤出東北 　　　5.1 國民政府遷回南京 　　　5.3 遠東軍事審判開庭 　　　5.4 中共在解放區進行土地改革 　　　5.22〔日〕第一次吉田茂內閣 　　　6.15 國共東北停戰 　　　7.4 菲律賓獨立 　　　7.12 國共全面內戰開始 　　　11.15 南京國民大會召開，中共 　　　及民盟拒絕參加 1947　1.1 國府公佈〈中華民國憲 　　　法〉 　　　1.2 北平沈崇事件 　　　1.29 美國宣佈停止調停國共內 　　　戰 　　　2.28 台灣二二八事件 　　　3.19 胡宗南佔延安 　　　5.3 日本公佈新憲法 　　　7.7 中共〈七七宣言〉宣佈建立 　　　民主聯合政府及實施土地改革 　　　9.12 人民解放軍宣佈總反攻 　　　10.10 中共宣佈土地改革大綱	1946　1月 埃及要求英國修改蘇丹條 　　　約，反英運動高揚 　　　2.11 孟買水兵反英 　　　3.22 約旦獨立 　　　4.15 法軍開始撤出敘利亞 　　　5.5 英國使節團抵印度，發表英 　　　印聯合案 　　　9.2 印度尼赫魯臨時政府成立 　　　11.3 巴勒斯坦反英動亂 1947　1.26 埃及向UN控告英國 　　　3.29馬達加斯加反法暴動 　　　4.28 UN討論巴勒斯坦問題(12. 　　　29通過決議) 　　　7.19 緬甸翁山遇害 　　　8.15 印巴分治 　　　12.23 美伊朗軍事協定

昭明歷史手冊

昭明歷史手冊

歐　洲	美　洲
1948 2.25 捷克共產黨Gottwald內閣 3.17 西歐聯合條約(布魯塞爾) 4.13〔南〕狄托反抗蘇聯 6.7 歐洲六國倫敦協定，決定西德獨立 6.24 柏林封鎖(~49.5.12) 6.28 共產情報局開除南斯拉夫 9.5 波蘭勞動黨開除戈慕卡 12.10 UN通過世界人權宣言 1949 1.25 東歐經濟互相援助會議 (COMECON) 4.4 北大西洋公約組織(**NATO**)成立 4.18 愛爾蘭(Eire)脫離英聯邦 5.6 德意志聯邦共和國(西德)建國，Adenauer組閣 10.7 民主德國(東德)建國 11.12 阿爾巴尼亞廢棄對南斯拉夫友好條約	1948 1.1 全美大陸勞動者總同盟成立(CIT) 4.8〔哥〕自由黨左派，蓋坦(Gaitan，1903~)被政府派人暗殺於街頭 4.30 美洲21國波哥大憲法簽署 10.3 祕魯鎮壓左派 10.29祕魯軍人政變 11.24 委內瑞拉希門尼斯發動軍事政變，獨裁10年 1949　杜魯門發表〈第四點計劃〉(Fair Deal) 7.22 美參議院通過取締共產黨法案 瓜地馬拉共產黨成立
思　想	文　學
1946 威爾斯去世(1866~) 沙特《存在主義即人文主義》 1947 Horkheimer《啟蒙的辯證法》 盧卡奇《存在主義或馬克思主義》 1949 西蒙波娃《第二性》 1950 Riesman《寂莫的群眾》 Laski去世(1893~)	1946 聞一多去世(1899~) 1947 Camus《瘟疫》 川端康成《雪國》 田納西維廉斯《慾望街車》 湯瑪斯曼《浮士德博士》 1948 Mailer《裸者與死者》 大岡昇平《野火》 1949 歐威爾《一九八四》 1950 Green《第三個男性》 Aragon《共產主義者》 三島尤紀夫《假面的告白》

亞　洲	印度・西亞・非洲
1948　3.29 南京國民大會召開 　　　4.19 蔣介石、李宗仁當選中華 　　　民國正、副總統 　　　8.15 大韓民國成立(李承晚) 　　　8.19 中共成立華北人民政府 　　　9.5 朝鮮民主主義人民共和國成 　　　立(金日成) 　　　10.26 國府軍撤出東北 　　　11.9 淮海戰役(~12.6) 　　　12.17 解放軍入北平 1949　1.21 蔣介石下野 　　　4.21 解放軍南下長江 　　　5.27 解放軍佔上海(24佔南京) 　　　6.29 韓國民族鬥士金九被暗殺 　　　9.21 人民政治協商會議 　　　10.1 中華人民共和國成立 　　　12.7 國民政府流亡台北 　　　12.16 毛澤東訪蘇聯	1948　1.4 緬甸獨立 　　　1.30 甘地被暗殺 　　　2月 黃金海岸動亂 　　　4月 伊朗左派起義 　　　5.14 以色列建國，第一次中 　　　東戰爭爆發 　　　12.21 UN成立巴勒斯坦調停委 　　　員會 1949　1月 南非兼併西南非 　　　2.24 以埃停戰 　　　3.30 敘利亞軍事政變 　　　6.12 恩克魯瑪在黃金海岸成立 　　　議會人民黨 　　　6.29 荷蘭退出印尼
藝　術	科　技
1947　M.Chagall〈藍色的小提琴〉(畫) 　　　Rosellini〈德意志零年〉 1948　De Sica〈單車失竊記〉(影) 1949　Gabo〈空間中的直線結構〉(雕) 　　　Reed〈第三個人〉(影) 1950　黑澤明〈羅生門〉(影) 　　　賈科梅蒂〈七個人體和一個頭像 　　　的構圖〉(雕) 　　　Mankiewicz〈慧星美人〉(影)	1947　普朗克去世(1858~) 　　　〔美〕查克那格爾首次完成超 　　　音速飛行 1948　維納《控制論》 　　　馬爾加爾文(美)用碳-14闡明植 　　　物中二氧化碳的同化作用 1950　愛因斯坦提出統一場論

歐　洲	美　洲
1950　2.14〈中蘇友好同盟條約〉簽署	1950　2.9 美國麥卡錫反共狂潮(Mc Carthyism)
2.25〔英〕工黨執政	4.22 美國務卿艾奇遜發表對蘇聯外交六原則
5.9 法前外長舒曼創設歐洲煤鐵共管計劃(Schuman Plan)	6月 哥倫比亞東部游擊戰起 (~53)
12.18 NATO軍成立	7.17 美逮捕核子間諜羅森堡夫婦
	8.22 加拿大首次鐵路大罷工

國共內戰	
1945　8.29~10.10 蔣介石、毛澤東重慶談判，發表〈雙十協定〉	5.26 中共中央進駐河北平山西柏坡
11月 國共內戰開始	9.26 中共成立「華北人民政府」
1946　1.10 國共停戰協議簽字	11.6 淮海戰役(~49.1.10)
1.10~31 政治協商會議(重慶)	11.29 平津會戰(~49.1.31)
5.5 國府遷都南京	1949　1.14 毛澤東〈關於時局的聲明〉
6.26 國共內戰全面爆發	1.21 蔣介石下野，李宗仁代總統
1947　9.14 人民解放軍總反攻	4.20~6.1 渡江戰役
10.10 中共公佈〈土地法大綱〉	9.21~30 中共召開「人民政治協商會議」
1948　3.1 解放軍佔四平街	10.1 中華人民共和國建國
4.18 國府通過〈動員勘亂時期臨時條款〉	

210

亞　洲	印度・西亞・非洲
1950　1.6 英承認北京政府 　　　1.14 胡志明總統宣佈成立越南 　　　民主共和國(北越) 　　　3.1〔台〕蔣介石復行視事 　　　6.25 韓戰爆發 　　　6.27 第七艦隊巡防台海 　　　7.1 美軍登陸仁川 　　　10.11 解放軍攻西藏 　　　10.25 中國人民義勇軍支援北韓 　　　作戰 　　　10.28 聯合國軍突破三十八度線 　　　進攻北韓 　　　12.5 中共奪平壤	1950　1.9 英聯邦會議(可倫坡) 　　　1.23 以色列定都耶路撒冷 　　　6.17 阿拉伯集體安全保障條約 　　　簽署

歐　洲	美　洲
1951 2.15 英實施鋼鐵國有化 4.18 歐洲六國成立歐洲煤炭鋼鐵共同體(**ESEC**) 6.17 〔法〕戴高樂派選勝 10.27 〔英〕邱吉爾(保守黨)組閣 12.30 馬歇爾計劃中止，共支援歐洲美金120億 1952 2.6 英女皇伊麗莎白二世即位 2.15 土、希加入NATO 2.20~23 西德加入NATO 5.26 英、法、美終止佔領西德 5.27 歐洲防衛共同體(EDC)成立 10.5~14 〔蘇〕聯共「十九大」通過第二次五年計劃，改黨名為蘇聯共產黨(**蘇共**)	1951 3.26~4.7 美洲外長會議(華盛頓) 4.5 羅森堡夫婦宣判死刑 9.1 太平洋安全保障條約(ANZUS)　簽字 9.4~8 舊金山對日和平會議，簽定〈**舊金山對日和約**〉 10.14 中美洲五國組織憲章簽字瓜地馬尼阿本斯成為總統 1952 3.10 古巴巴蒂斯塔政變奪權 4.16 〔玻利維亞〕革命民族運動(MNR) 10.31 **埃斯登索羅**就任總統，礦山國有化法令 11.4 **艾森豪當選美國總統**

昭明歷史手冊

亞　洲	印度・西亞・非洲
1951 1.1 北韓、中共軍破三十八度線南下 1.4 佔漢城 1.25聯合國軍反攻 2.1 聯合國大會譴責中共為侵略者 2.21〔中〕公佈懲治反革命條例3.7 聯合國軍奪回漢城 4.3 聯合國軍北進 4.11麥克阿瑟被免職 7.10~8.23朝鮮停戰會議 9.8 日美安保條約簽字 12.1〔中〕解放軍至拉薩 12.7〔中〕三反五反運動 1952 1.18 南韓李承晚發表〈海洋主權宣言〉 2.10中國人民解放軍成立西藏軍區 4.23〈中日和約〉(台北) 5.7 巨濟島共軍戰俘暴動 10.31〔台〕中國青年反共救國團成立	1951 2.5 黃金海岸選舉，會議人民黨選勝 3.15 伊朗石油國有化法案通過 3.29 埃及要求英軍撤離 4.29〔伊朗〕穆薩德克組閣 6.20 伊朗收回阿巴丹油田 7.20 約旦王被暗殺 10.8 埃及宣佈廢棄英埃條約 12.24 利比亞獨立 1952 1.4 英軍封鎖蘇伊士運河 3.25 法軍鎮壓突尼西亞獨立運動 7.23 埃及自由軍官團政變 9.7〔埃〕Nagib Bey組閣 10.20 肯亞茅茅運動激昂 10.23 伊拉克反英暴動

歐 洲	美 洲
1953 1.14 南斯拉夫狄托當選總統 3.5 史達林去世，馬林可夫繼任 6.16~17 東柏林反蘇暴動 7.4 波蘭暴動 7.10〔蘇〕副總理貝利亞被解職 9.12 赫魯雪夫為蘇共總書記 1954 1.25 美英法蘇四國外長柏林會議 3月 東德烏布利希掌權 4.26~7.21 日內瓦遠東和平會議討論朝鮮、印度支那問題 10.3 倫敦會議，承認西德再武裝	1953 1.20〔美〕艾森豪就任總統，副總統尼克森 1.21國務卿杜勒斯就任 3.1~30 第10次美洲國家會議(加拉加斯)討論西半球反共對策 3月 麥卡錫反共狂潮再興 6.19 羅森堡夫婦被處決 7.26 古巴卡斯楚攻打蒙達卡兵營失敗被捕 8.2〔玻〕土地改革 9月〔哥〕二萬多游擊隊放下武器 〔瓜〕阿本斯沒收美國資產 1954 1.12 杜勒斯宣佈防禦政策，對侵略者進行「大規模報復」 3.28 美國主導美洲組織會議通過防止國際共產主義活動的加拉加斯宣言 4.13〔美〕調查反對核爆的奧本海默博士 6.18~27 瓜地馬拉阿本斯政權被軍人推翻 8.24 美宣佈共產黨為非法 巴西總統瓦卡斯自殺

214

亞　洲	印度・西亞・非洲
1953　1月 中國第一個五年計劃 　　　1.25〔台〕國府廢除〈中蘇友 　　　好同盟條約〉 　　　2.2 美國艾森豪廢除台灣中立化 　　　宣言 　　　3月 緬甸向聯合國控訴國府部 　　　隊(李彌)入侵 　　　7.17 CIA支援國府軍突襲東山 　　　島失敗 　　　7.27 朝鮮停戰協定 　　　10.1 美韓相互防衛條約簽字 1954　2.19 蔣介石連任 　　　3.17〔台〕罷免在美的前台灣 　　　省主席吳國禎 　　　5.7 奠邊府戰役結束，越盟勝 　　　利 　　　7.20日內瓦會議，印支停戰協 　　　定簽字 　　　9.20〔中〕第一屆人大會，通 　　　過中華人民共和國憲法 　　　9.27 毛澤東為國家主席 　　　12.10〔日〕鳩山一郎內閣	1953　2.12 關於蘇丹自治的英埃條約 　　　5.2 伊拉克侯賽因親政 　　　約旦王胡笙登基 　　　6.18 埃及宣佈為共和國，Nagib 　　　Bey為總統 　　　8.13 伊朗王巴勒維黜穆薩德克 　　　8.16 巴勒維逃亡伊拉克 　　　8.19 伊朗保王派軍隊政變廢首 　　　相 1954　4.18 埃及納瑟掌權 　　　5.19 美、巴基斯坦防衛援助協 　　　定 　　　6.28 尼赫魯、周恩來會談，確 　　　認和平五原則 　　　8.5 伊朗和七家石油公司達成協 　　　議 　　　9.8 東南亞公約組織(SEATO)成 　　　立 　　　10.10 阿爾及利亞民族解放陣線 　　　(FLN)成立於瑞士 　　　10.19 英、埃協定，英軍撤出蘇 　　　伊士運河區 　　　11.1 阿爾及利亞解放戰爭開 　　　始

昭明歷史手冊

歐 洲	美 洲
1955 2.8 〔蘇〕馬林可夫總理辭 職，布加寧接任 4.5 〔英〕艾登繼邱吉爾為首相 4.18 〔匈〕納吉下台 5.5 巴黎協定生效，西德恢復主 權 5.11 蘇聯、東歐國家成立華沙 公約組織 10.28 塞浦路斯暴動	1955 1.1 美國直接援助南越反共政 權 6.11 阿根廷反裴隆示威(~18) 8.1 美中第一次大使級會談(日 內瓦) 9.16 裴隆下台，軍人政權抬頭

思 想	文 學
1951 H. Arendt《極權主義的興起》 Mills《白領階級》 Hoffer《群眾運動》 1952 克羅齊去世(1866~) 杜威去世(1859~) 1954 Bloch《希望的原理》 1955 Aron《知識份子的鴉片》 梅洛龐迪《辯證法的冒險》 Einstein去世(1879~) Levi-Strauss《憂鬱的熱帶》	1951 Orwell《卡達羅尼亞贊歌》 沙林傑《麥田捕手》 Gide去世(1869~) 1952 海明威《老人與海》 1953 丁玲《太陽照在桑乾河上》 貝克特《等待果陀》 1954 莎岡《日安，憂鬱》 莫拉維亞《羅馬故事》 1955 湯瑪斯曼去世(1875~) Nabokov《洛麗塔》 石原慎太郎《太陽的季節》

亞　洲	印度・西亞・非洲
1956　1.20 共軍佔一江山 　　　1.28美國會通過〈台灣決議 　　　案〉 　　　2.6 美迫菲軍撤離大陳島 　　　4.18 亞非會議(萬隆) 　　　5.20〔台〕孫立人將軍案 　　　9.4 中共砲擊金門 　　　10.26 南越吳廷琰總統	1955　2.4 土耳其、伊拉克相互防衛 　　　條約(巴格達條約) 　　　8月 摩洛哥暴動 　　　10月 英設中非聯邦 　　　11.22 中東條約組織成立 　　　(METO)

藝　術	科　技
1951　Wols〈光輝之城〉 1952　Picaso〈戰爭〉 　　　德・庫寧〈女人1號〉(畫) 　　　Zircnemann〈日正當中〉(影) 1953　Guttuso "The Killer Worker" 　　　(畫) 　　　小津安二郎〈東京物語〉(影) 1954　馬諦斯去世(1870~) 　　　〈岸上風雲〉(影) 1955　伽勃，鹿特丹比京可天大廈雕 　　　塑	1952　〔美〕H-6實驗(氫彈) 　　　Neumann，高速電算機 1953　沙克疫苗發明治療小兒麻痺 　　　美國始播放彩色電視節目 1954　Piaget "The Origin of 　　　Intelligence in Children" 1955　Cowan及Reines發現微中子

歐 洲	美 洲
1956 1.27 東德軍編入華沙公約組織軍	1956 4.4 古巴反巴蒂斯塔起義
2.14~25〔蘇〕聯共「二十大」	9.30 尼加拉瓜蘇慕薩遭暗殺，其長子路易士繼任總統(~67)
2.24 赫魯雪夫批判史達林	12.2 卡斯楚從墨西哥登陸古巴東部，三天血戰後逃入馬埃斯特拉山打游擊(11.25 乘格拉馬號出發)
3.9 英逮捕馬卡里奧斯大主教，引起塞浦路斯大暴動	1957 1月 卡斯楚在拉不拉塔河戰役首次突襲古巴政府軍
4.7 波蘭恢復戈慕卡名譽	1.6 艾森豪發表新中東政策
4.17 共產情報局解散	5月 古巴游擊隊攻擊包維羅兵營
6.28~30 波蘭波茲南暴動	9.3〔美〕阿肯色州小岩城的民防軍阻止黑人進入中央中學
10.21 戈慕卡為波蘭統一勞動黨第一書記	9.19 美第一次地下核爆
10.23 匈牙利反蘇革命，Nagy改革	9.24 艾森豪下令聯邦部隊前往小岩城制止
10.24 蘇軍出兵匈牙利(-31)	12.27 美試射洲際飛彈成功
11.1 Nagy宣佈退出華約組織，蘇軍再入侵	海地杜華利總統獨裁統治(~71)
11.4 蘇聯扶持卡達爾政權	
12.9 匈牙利宣佈戒嚴	
1957 1.9〔英〕艾登辭職，麥克米倫繼任首相	
3.25 歐洲共同市場(EEC)簽字	
6.22〔蘇〕整肅莫洛托夫、馬林可夫、卡岡諾維奇等人	
8.26〔蘇〕洲際飛彈(ICBM)試射成功	
10.4〔蘇〕發射人造衛星Sputnik成功	
11.6~19 莫斯科64國共產黨、勞動黨會議	

亞　洲	印度・西亞・非洲
1956 5.26 中共宣傳部長陸定一發表〈百花齊放、百家爭鳴〉演說 9.15 中共「八大」，劉少奇宣佈階級矛盾已基本地解決 10.19 日蘇復交宣言 12.18 聯合國承認日本加盟 12.23〔日〕石橋湛三內閣 1957 2.25〔日〕岸信介內閣 2.27 毛澤東發表〈如何正確處理人民內部矛盾問題〉 5.24〔台〕台北劉自然事件，反美暴動 6.18 中共開始反右派鬥爭及黨內整風運動 7.1 聯軍總司令部由東京遷往韓國 11.18 毛澤東在莫斯科大談「東風壓倒西方」論調	1956 1.1 蘇丹獨立 3.2 摩洛哥獨立 3.23 巴基斯坦伊斯蘭共和國建立 7.26 納瑟宣佈蘇伊士國有化 10.29 以色列入侵蘇伊士 10.31 英、法軍入侵埃及 12.22 英、法退兵 1957 3.6 迦納獨立 6.3 美加入巴格達條約組織 12.6 開羅第一次AA人民連帶會議

歐　洲	美　洲
1958　3.27〔蘇〕布加寧辭職，赫魯雪夫兼總理 5.9 《真理報》批判南斯拉夫 6.1〔法〕戴高樂組閣 9.28 法國公民投票 10.5 法國成立第五共和 12.21 戴高樂當選總統 1959　1.27~2.5〔蘇〕聯共「二十一大」 5.11~8.5 兩德代表出席日內瓦外長會議 9.16〔法〕戴高樂宣佈阿爾及利亞民族自決政策 9.18 南、阿爾巴尼亞復交 11.13~15 西德社會民主黨特別大會，通過哥特斯堡綱領	1958　1.21〔委〕反對希門尼斯獨裁鬥爭 1.23 希氏逃走 1.31 美發射人造衛星成功 2月 喬蒙登陸，在古巴埃斯坎布拉依山區開闢新戰線 5月 桑切斯離開美國，在古巴奧連特省北岸馬里附近上岸 7月 七二六運動和反對黨簽署《加拉加斯協定》，建立革命民主公民陣線 11月〔委〕貝坦科爾再任總統 1959　1.1 古巴革命成功 2.16 卡斯楚就任總理 3.12 美併夏威夷為第五十州 9.15 赫魯雪夫訪美 9.26 大衛營會談(美、蘇)

220

亞　洲	印度・西亞・非洲
1958　2.15 印尼、蘇門答臘宣佈獨立 　　　4.9 印尼排華事件 　　　5.23 中共決定社會主義建設總 　　　　　路線、大躍進政策 　　　7.31 赫魯雪夫抵北京 　　　8.23 金門八二三砲戰 　　　10.5 中共國防部長彭德懷宣佈 　　　　　停火七天 　　　10.23 蔣介石、杜勒斯聯合公 　　　　　報，蔣聲明不以武力反攻大陸 1959　3.10 西藏反中國暴動 　　　3.21 達賴喇嘛十四世逃入印度 　　　4.27〔中〕劉少奇為國家主席 　　　6月 印度克拉拉省暴動 　　　7.2〔中〕廬山會議，彭德懷 　　　　批判毛澤東的三面紅旗失敗 　　　8.7〔台〕中部八七水災 　　　8.25 中印邊境衝突白熱化 　　　9.25 錫蘭總理班達拉列克被殺 　　　9.30 赫魯雪夫訪北京，中蘇對 　　　　立表面化	1958　2.1 埃及、敘利亞成立阿拉伯 　　　　聯合共和國 　　　2.14 伊拉克、約旦合為阿拉伯 　　　　聯邦 　　　3.8 葉門加入阿拉伯聯合共和國 　　　5.13 阿爾及利亞的法軍叛亂 　　　6.4 戴高樂訪阿爾及利亞 　　　7.14 伊拉克政變，建立共和國 　　　7.15 美陸戰隊登陸黎巴嫩 　　　7.17 英軍登陸約旦 　　　9.19 阿爾及利亞共和國臨時政 　　　　府成立 1959　3.5 美、土、伊朗、巴基斯坦 　　　　共同防禦條約 　　　3.24 伊拉克退出巴格達公約 　　　9.16 戴高樂聲明賦予阿爾及利 　　　　亞自治

歐　洲	美　洲
1960　1.23〔法〕反政府示威 　　　1.24 法宣佈戒嚴 　　　5.2 蘇擊落美國U-2偵察機 　　　9.12 東西德經濟斷交 　　　11.20 莫斯科81國共黨、勞動 　　　黨代表大會	1960　4.21 巴西遷都巴西利亞 　　　7月 古巴宣佈石油國有化，開 　　　始沒收美國資產 　　　9.2〈哈瓦那宣言〉，廢棄美 　　　古軍事條約 　　　10.19 美禁止對古巴出口物資

思　想	文　學
1956　Mills "Power Elite" 1957　葛蘭西遺著 "The Modern Prince" 1958　Chomsky《句法的結構》 　　　Djlas《新階級》 　　　Popper《歷史主義的貧困》 　　　Levi-Strauss《結構人類學》 1959　Popper《科學發現的原理》 1960　沙特《辯證法理性批判》 　　　海耶克《自由憲章》 　　　Fanon《革命的社會學》 　　　D. Bell "The End of Idelolgy" 　　　夏勒《第三帝國的興亡》 　　　Guevara《游擊戰》	1956　三島由紀夫《金閣寺》 　　　五味川純平《人間的條件》 1957　巴斯特納克《齊瓦哥醫生》 　　　P. White "Voss" 1958　阿齊貝《部落分解》 　　　梁斌《紅旗譜》 1959　Günter《錫鼓》 1960　Camus車禍去世(1913~) 　　　巴斯特納克去世(1890~) 　　　莫拉維亞《倦怠》 　　　辛格《盧布林的魔術師》 　　　吳晗《海瑞罷官》

亞　洲	印度・西亞・非洲
1960　2.6 緬甸吳努再掌權(~62) 　　　3.21 蔣介石第三次連任總統 　　　4.19 南韓學生抗議總統選舉舞 　　　弊 　　　4.27 李承晚下台 　　　4.28 李起鵬(副總統)一家自殺 　　　5.19 日美新安保條約通過，引 　　　起安保鬥爭 　　　7.16 蘇聯通知中共將停止技術 　　　援助 　　　7.19 池田勇人內閣 　　　10.12〔日〕社會黨委員淺沼被 　　　刺死 　　　12.20 南越民主解放陣線成立	1961　1.24 阿爾及利亞的法國殖民者 　　　叛亂 　　　3.21 南非黑人反對身分證制度 　　　大示威 　　　6.30 比屬剛果獨立，盧蒙巴為 　　　總理 　　　7.6 剛果內戰 　　　7.8 比利時介入剛果內戰 　　　7.11 喀坦加分離 　　　7.14 UN部隊介入 　　　9月 莫布杜發動政變 　　　12月 聯合國大會發表〈殖民地 　　　解放宣言〉

藝　術	科　技
1957　齊白石去世(1863~) 　　　大衛連導演〈桂河大橋〉 1958　Mark Rotho "Slate Blue & 　　　Brown Plum"(畫) 　　　Clayton〈上流社會〉(影) 1959　"Ben Hur"(影) 　　　〈四百擊〉(影) 1960　Renais〈廣島之戀〉(影) 　　　〈洛可兄弟〉 　　　Giacometti "Seated Woman" 　　　(畫)	1956 Bardeen發明IC代替真空管 1957 A Issac發現干擾素 1960 Libhy 用C-14探測有機物質的 　　　年代 　　　Maiman發明雷射

歐　洲	美　洲
1961　1.8 法國公民投票支持戴高樂的阿爾及利亞民族自決政策 2.13~20 阿爾巴尼亞勞動黨「四大」批評莫斯科宣言 4.26 蘇聯停止經援阿爾巴尼亞 6.3 甘迺迪、赫魯雪夫維也納會談 8.13 東德築起柏林圍牆 12.10 蘇、阿爾巴尼亞斷交 1962　3.18 法、阿停戰，在阿軍人組織OAS反對 4.20 法國政府逮捕OAS沙朗將軍 10.28 法公民投票支持修憲 11~12月 保、匈、捷、義共譴責阿爾巴比亞及中共	1961　1.4 美國對古巴斷交 1.20 甘迺迪就任美國總統 3.8 拉丁美洲國民會議通過墨西哥宣言 4.7 美支持古巴流亡者登陸豬玀灣失敗 5.1 古巴宣佈為社會主義國家 5.31 多明尼加獨裁者Trujillo被暗殺 7.23 桑地諾民族解放陣線（**FSLN**）成立 1962　2.3 美對古巴全面禁運 3~5月 阿根廷選舉動亂 3.31 巴西軍人反亂 8.6 英屬牙買加獨立 10.22 古巴飛彈危機 10.28 赫魯雪夫拆除古巴攻擊性武器 11.20 美解除海上封鎖古巴 〔委〕民族解放陣線打游擊 12.6 美宣佈蘇聯飛彈已撤離古巴

亞　太	印度・西亞・非洲
1961　1.19 緬甸撣族宣佈獨立 　　　3月 鄧拓《燕山夜話》在北京 　　　晚報開始連載 　　　5.16 南韓反共軍事政變 1962　2.8 美在南越設軍事援助司令部 　　　3.1〔台〕警備總部宣佈反共自 　　　覺運動 　　　3.2 緬甸尼溫政變成功 　　　8.15 荷、印尼關於西伊利安協 　　　定簽署 　　　10.20 中印邊境衝突激烈化	1961　1.4 非洲獨立國家卡薩布蘭加 　　　會議 　　　2.13 剛果前總理盧蒙巴被殺 　　　5.30 南非獨立 　　　6.19 科威特獨立 　　　9.1~6 貝爾格勒第一屆不結盟 　　　國家會議 　　　12.9 坦干尼喀獨立 1965　3.18 法、阿爾及利亞停戰 　　　7.3 阿爾及利亞獨立 　　　9.25 邊貝拉組閣(阿爾及利亞) 　　　9.27 葉門軍事政變，建立共和 　　　國 　　　10.9 烏干達獨立 　　　12.28 剛果部隊攻佔伊麗莎白維 　　　爾，結束喀坦加動亂

昭明歷史手冊

225

歐　洲	美　洲
1963　1.14 法拒絕讓英國加入EEC 　　　6.21 法通知NATO，退出海軍 　　　10.11 西德阿德諾總理辭職，艾 哈德繼任 1964　1.8 中、阿共同聲明批判現代 修正主義、教條主義 　　　1.27 法與中共建交 　　　2.6 塞浦路斯的土、希人衝突 　　　10.15 赫魯雪夫被解職，布里 茲涅夫繼任總書記，柯錫金為 總理 　　　10.15 英國工黨選勝	1963　2.20〔委〕民族解放軍成立 　　　3.30 瓜地馬拉軍人獨裁 　　　4.2〔美〕阿拉巴馬州黑人反種 族歧視示威 　　　6.14 聯邦部隊出動 　　　8.23 金恩牧師率黑人向華盛 頓行進 　　　11.22 甘迺迪總統被暗殺，詹 森繼任 1964　1.8 巴拿馬反美暴動 　　　7.2 美通過新公民權法案 　　　7.21~26 美洲組織外長會議， 通過對古巴經濟制裁 　　　11.3 玻利維亞軍事政變 　　　〔坡〕埃斯登索羅第三次當選 總統

亞　洲	印度・西亞・非洲
1963　2月 緬甸沒收外國資產 　　　5.8 南越佛教徒反政府示威 　　　9.16 馬來西亞聯邦成立 　　　10.15 朴正熙當選韓國總統 　　　11.1 **南越軍人政變，殺死吳** 　　　**廷琰兄弟** 1964　1.9〔日〕遣返誤闖蘇聯使館要 　　　求政治庇護的周鴻慶回中國大 　　　陸(1963.10.7發生) 　　　2.23 日本前首相吉田茂訪台北 　　　3.5 日聲明對台灣維持外交，對 　　　中共採行政經分離政策 　　　8.2 **東京灣事件，美艦被北越** 　　　**攻擊** 　　　8.4 美機炸北越 　　　10.16 中國第一次核爆成功 　　　11.9〔日〕佐藤榮作內閣	1963　1.13 多哥親法派政變成功 　　　2.8 伊拉克卡塞姆被推翻 　　　5.22 非洲統一機構(OAU)成立 　　　7.31 UN要求葡萄牙讓殖民地獨 　　　立 　　　12.12 肯亞獨立 1964　4.26 坦干尼喀和尚吉巴合併為 　　　坦尚尼亞 　　　5.27 印度總理尼赫魯去世 　　　6.2 巴勒斯坦解放組織(PLO)成 　　　立 　　　11.8 葉門內戰停止 　　　11.24 美、比開始對剛果空運作 　　　戰

昭明歷史手冊

歐　洲	美　洲
1965 3.4 蘇聯警察鎮壓亞非學生在 美國大使館前示威 4.30〔英〕鋼鐵等14種企業國 有化 6.28〔匈〕卡達爾辭職 7.5 法國官員退出EEC 10.16 倫敦、布魯塞爾各地反越 戰遊行 12.5 戴高樂連任法國總統 1966 1.17 美在西班牙遺失氫彈 1.28~30法回到EEC部長會議 7.1 法軍退出NATO軍 11.27《真理報》批評毛澤東	1965 2.7 美軍轟炸北越 2.21美國黑人穆斯林領袖麥爾 坎・Ｘ被暗殺 3月 美國反越戰運動激昂 4月 Che Guevara離開古巴 4.24 多明尼加軍事動亂，美國 出兵干涉 5.15 華盛頓全美學者批判越戰 政策集會 8.6~10 華盛頓反越戰示威 10月 反越戰遊行 1966 1.3~5 亞非拉美三大陸人民團 結會議 2月〔哥〕Torrés神父陣亡 6.27 阿根廷軍事政變，軍人執 政(~73) 巴貝多獨立 11月 格瓦拉化名拉蒙・費南特 潛入玻利維亞打游擊
思　想	文　學
1961 Carr《何謂歷史》 傅柯《瘋狂的歷史》 1962 A. Schaff《人的哲學》 Levi-Strauss《野性的思維》 1963 Arendt《論革命》 Habermas "Theorie und Praxis" 《毛澤東語錄》發行 1964 Fanon "The Wrethed Earth" Marcuse "One Dimension Man" 1965 Althusser《閱讀馬克思》(Pour Marx)	1961 羅廣斌、楊益言《紅岩》 Aksymov《通往星星的車票》 1962 索忍尼辛《集中營——(日記)》 福克納去世 赫塞去世(1877~) 1963 安部公房《砂之女》 1964 Ngugi "Weep No More, Child" 沙特《語言》 Duras《美麗的羅維・斯蒂恩》 1965 索列爾斯《戲劇》 T. S.艾略特去世 毛姆去世(1874~)

亞　洲	印度・西亞・非洲
1965 1.2 印尼退出聯合國 　　6.22 日韓基本條約簽署 　　8.9 新加坡被趕出馬來西亞聯邦 　　而獨立 　　9.30 印尼九・三〇政變 　　10.3 蘇哈托屠殺印尼共黨 　　11.10 姚文元批判吳晗的《海瑞罷官》掀起文化大革命序幕 1966 2.19 蔣介石第四次連任 　　5.7 毛澤東「五七指示」 　　5.29 清華大學附中組織紅衛兵 　　6.3 北京市長彭真失勢 　　7.9 中宣部長陸定一被解職 　　8.1 中共8屆11中全會 　　8.18 通過關於無產階級文化大革命的16條 　　10月 北韓親中共派失勢 　　12.13 紅衛兵批鬥劉少奇	1965 2.18 甘比亞獨立 　　6.19 阿爾及利亞政變，邊貝拉被布邁丁推翻 　　9.1 印、巴為喀什米爾交戰(~9.22) 　　11.11 羅德西亞(白人政權)片面宣佈獨立 　　11.25 剛果莫布杜政變掌權 1966 1.19 英迪拉甘地夫人為印度總理 　　2.24 迦納政變，恩克魯瑪失勢 　　10.4 賴索托獨立 　　11.3 以、約旦邊境衝突 　　12.26 聯合國大會制裁羅德西亞

藝　術	科　技
1961 Bacon〈人物坐像〉 　　〈去年在馬倫巴〉(影) 1962 大衛連導演〈阿拉伯的勞倫斯〉(影) 1963 費里尼〈八又二分之一〉(影) 　　〈埃及艷后〉(影) 1964 內田吐夢〈饑餓海峽〉(影) 1965 "Dr.Zhivago"〈真善美〉(The Sound of Music)(影)	1961 尼倫伯格・馬太證明一個特定的三聯密碼代表一個特定的氨基酸 1962 卡遜《寂靜的春天》(Carson，"Silent Spring") 1963 格呂內伯格《發育病理學》 1964 亞諾夫斯基等證實了一個基因有一種酶 　　霍奇金以分析維他命B-12結構獲諾貝爾化學獎 1965 查德，模糊集合 　　朝永振一郎獲諾貝爾物理獎

昭明歷史手冊

歐　洲	美　洲
1967 3.8 波蘭華沙學生抗議《先人祭》被禁示威 3.27 七名華沙大學教授被解職 4.21 希臘政變 6.2 西德學生組織SDS抗議伊朗王巴勒維訪德示威 7.1 歐洲共同體(EC)成立 11.7 捷克作家同盟大會批判黨及政府 11.18 英鎊貶值14.3% 1968 1.3 捷共杜布契克為總書記 1.30 波蘭學生示威 3.22 巴黎南特爾文學院142名學生抗議反戰學生被捕，佔領行政大樓 4.5 捷共決議複數政黨制(布拉格之春) 5.4〔法〕五月風暴，巴黎學生與警察衝突 5.5~14 佔領巴黎大學 5.19 勞工罷工支援學生(~6.6) 6.27 捷克自由派〈2000字宣言〉 8.20 蘇、東歐五國軍入侵捷克 9.26〔葡〕Caetano為總理 10.5 愛爾蘭德里天主教爭取公民權示威	1967 4.17 金恩牧師在電視上號召反戰 7.24 戴高樂訪魁北克，支持魁北克獨立運動 10.9 Che Guevara在玻利維亞山區被捕處死(1928.6.14~) 12.4〔美〕反戰團體反徵兵週 1968 4.4 金恩牧師遇刺 4.29 美國黑人「貧民行軍」 6.19 10萬黑人聚集華盛頓 12.27「桑解陣」綁架12名尼國要員，交換14名同志並獲500萬美元贖金

亞　洲	印度・西亞・非洲
1967 1.6 美軍登陸湄公河三角洲 　　紅衛兵迫劉少奇妻王光美自我 　　批判 　　2.23 張春橋奪上海市革委會 　　3.4 孟加拉農民暴動 　　5.6~27 香港九龍暴動 　　9.7 佐藤榮作訪台 1968 1.22 北韓游擊隊潛入漢城企圖 　　刺殺朴正熙未遂 　　1.29〔日〕東京大學醫學部無 　　限期罷課 　　1.30 南越解放勢力春季攻勢 　　3.28〔日〕反美大示威 　　4.5 小笠原群島歸還日本 　　4.24 中共發動「三查」(查叛 　　徒、查特務、查走資派) 　　5月〔菲〕民答那峨伊斯蘭教徒 　　宣佈建立「民答那峨蘇祿共和 　　國」 　　7.9 越共、北越軍圍攻17度線以 　　南 　　10.13 中共8屆12中全會，開除 　　劉少奇 　　10.31 美國詹森總統宣佈停止轟 　　炸北越	1967 4.7 以色列軍機在敘利亞大馬士 　　革上空擊落敘機 　　5.30 奈及利亞內戰 　　6.5 第三次中東戰爭，以軍突 　　襲埃、敘、約(~6.10)，佔領約 　　旦河西岸，戈蘭高地、東耶路 　　撒冷、加薩 　　6月 阿拉伯產油國宣佈對英、 　　美、西德禁運石油 1968 1.9 石油輸出國家組織(OPEC)成 　　立 　　7.10 第四次巴勒斯坦國民會 　　議，通過PLO綱領 　　7.23 巴解劫持以色列飛機至阿 　　爾及爾 　　7月 伊拉克革命 　　10.2 西屬幾內亞，成為赤道幾 　　內亞獨立 　　12月 以軍攻貝魯特機場

231

昭明歷史手冊

歐　洲	美　洲
1969　1.16 布拉格大學學生Jan Palach 　　　　自焚抗議蘇聯佔領 　　　1.18 越南和平擴大會議(巴黎) 　　　4.17 捷共胡薩克為總書記 　　　6.15 戴高樂引退，龐畢度繼任法 　　　國總統 　　　8.12 北愛爾蘭天主教、新教巷戰 　　　8.14 莫軍出動鎮壓北愛 　　　9.28 西德社民黨布蘭德組閣 1971　3.19 東西德總理會談(5.12第二 　　　次) 　　　3月 沙卡洛夫上書蘇共中央要求 　　　民主化 　　　6.18 英保守黨險勝，希斯組閣 　　　12.4〔西〕巴斯喀分離運動激烈化 　　　12.7 西德、波蘭建交 　　　12.14 波蘭格旦斯克地區抗議糧作 　　　上漲暴動 　　　12.20 戈慕卡失勢	1969　1.20 尼克森就任美國總統 　　　7.20〔美〕阿波羅號太空船登 　　　陸月球 1970　5.4〔美〕肯特州立大學血案 　　　6.24 美廢除東京灣決議案 　　　9.5 智利阿葉德社會主義政權

思　想	文　學
1966　Adorno《否定的辯證法》 　　　傅柯《語言與物》 　　　Braudel《菲利浦二世時代的地 　　　中海和地中海世界》(1949~66) 1967　Derrida《寫作與差異》 1968　Fromm《希望的革命》 　　　Myrdal "Asian Drama" 1969　傅柯《知識考古學》 　　　Althusser《列寧與哲學》 　　　Berlin《自由四論》 1970　Kate Millet "Sex Politics" 　　　Bartber "S/Z" 　　　Toffeler "Future Shock"	1966　卡波迪《冷面》 　　　老舍去世 1967　Eren burg去世(1891~) 　　　馬奎斯(Marquez，1928~)《百 　　　年孤寂》 　　　遠藤周作《沉默》 1968　Updike "Couples" 　　　索忍尼辛《癌症病房》 　　　川端康成獲諾貝爾文學獎 1969　夏里埃《惡魔島》 1971　五木寬之《青春之門》 　　　Borges "El Informe de 　　　Brodie"

亞　洲	印度・西亞・非洲
1969　1.9 菲掃蕩新人民軍 　　　1.19〔日〕鎮暴隊解除封鎖東京 　　　大學安田講台 　　　3.2 中蘇珍寶島衝突 　　　4.4 中共「九大」，林彪為毛澤 　　　東繼承人 　　　6.29〔日〕越平連在新宿西口地 　　　下廣場反戰集會 　　　9.3 胡志明主席去世(1890~) 　　　9.5〔日〕學生結成全國全共鬥， 　　　警方逮捕東大全共鬥議長山本義隆 　　　11.12 劉少奇去世 1970　3.18〔柬〕龍諾推翻施亞努政權 　　　3.31〔日〕赤軍連劫機至北韓 　　　4.18 蔣經國訪美 　　　4.22 鄭自才、黃文雄在紐約行刺 　　　蔣經國未遂 　　　4.30 美軍入侵高棉 　　　11.25〔日〕作家三島由紀夫闖入 　　　自衛隊後自殺	1969　2月 PLO 分裂 　　　6.24 埃軍進攻西奈的以色列軍 　　　7.5〔肯亞〕Tom Mboya被殺 　　　9.1 利比亞格達費推翻王室 　　　11.8 埃軍摧毀西奈的以軍空軍 　　　基地 1970　8.8 中東停火80天 　　　9.28 埃及納瑟去世，沙達特繼 　　　任總統
藝　術	科　技
1966　Luis Buneul〈白晝美人〉(影) 1967　〈我倆沒有明天〉(Bonnie & 　　　Clyde)(影) 1968　Anderson "If"(影) 1969　Schlesinger〈午夜牛郎〉 　　　Costa-Gavras "Z" 　　　C.Oldenburg "Lipstik"(雕) 1970　R. Altman "MASH"(影) 　　　大衛連〈雷恩的女兒〉	1966　斯蒂爾等人離體培養用羊膜穿刺 　　　術得到胎兒的脫屑細胞 　　　2.3蘇聯太空船盧那9號登陸月球 　　　表面 1967　12.3 南非巴納德(C.Barnard， 　　　1922~)第一次心臟移植手術成功 1968　勒比雄把全球概括為六個板塊 1969　2.9 波音747首航成功 　　　美國禁用DDT等八種農藥 　　　D.Engelbart發明電腦滑鼠 1970　李卓皓合成鍵上有188個氨基酸 　　　的人類生成激素

昭明歷史手冊

昭明歷史手冊

歐　洲	美　洲
1971 2.5 北愛爾蘭動亂 5.14 布里茲涅夫倡議東西方相 對裁減武器生產 1972 1月 英國礦工大罷工 1.22 英、愛、挪加入EC 1.30 血腥禮拜日，13名北愛爾 蘭人在示威中遇害 9.5 「黑色九月」闖進慕尼黑 奧運會選手村殺害以色列選手 10.1 英、冰島「鱈雪戰爭」 11.14 西德與波蘭建交 12.21 歐洲安全預備會議 東西德基本條約簽署，兩國關 係正常化	1971 3.10 美修正18歲以上有選舉權 4.16 尼克森表示希望訪問中國 6.13《紐約時報》公佈國防部 越戰祕密文獻 11.29 尼克森宣佈將訪中國 海地杜華利歿，其子克洛德繼 任總統 1972 2.14 美國緩和對中國輸出限制 5.8 美全面封鎖北越港口 5.22 尼克森訪蘇聯 6.17〔美〕水門事件 11.7 尼克森再當選美國總統 宏都拉斯阿雷利亞諾政變，自 任總統

亞　洲	印度・西亞・非洲
1971　1月 中共發動農業學大寨，工業學大慶運動 2.8 越軍入侵寮國(~3.24) 3.3〔日〕三里塚機場預定地強判執行 4.10 美乒乓球隊訪中國 4.15 台灣學生抗議釣魚台事件 7.9 季辛吉訪中國 8.25 南北韓紅十字會會談 9.18 林彪死於內蒙 10.25 中共進入聯合國，台灣退出 1972　2.12 美國總統尼克森訪中國 2.16〔日〕赤軍連淺間山莊事件 2.28 中美〈上海公報〉 5.12 錫蘭改為斯里蘭卡 5.15 琉球歸還日本 9.23 菲律賓戒嚴 9.29 田中角榮訪中，中日復交 10.17 韓國宣佈戒嚴 12.2 澳洲工黨惠特林組閣	1971　1.15 埃及阿斯旺水壩完工 2.24 奈及利亞宣佈撒哈拉石油國有化 3.25 孟加拉獨立 4.17 阿拉伯、敘利亞、利比亞成立「阿拉伯共和國聯邦」 8.12 敘、約旦斷交 10.27 剛果改為「薩伊共和國」 12.3 印度巴基斯坦戰爭 1973　1.13 迦納政變 5.30 日本赤軍攻擊以色列機場 7.3 印巴和平協定 7.18 埃及驅逐蘇聯顧問 10.23 南北葉門統一

歐　洲	美　洲
1973　3.8 IRA在倫敦爆炸案 　　　4.1 巴黎學生反徵兵示威 　　　6.22 美蘇防止核戰條約簽署 　　　7.3~7 歐洲安全保障合作會議 　　　12.17 羅馬機場美國航空(AA) 　　　機爆炸 　　　12.20〔西〕總理Blanco被殺 　　　12.21 東西德同時加入聯合國 1974　2.13 蘇聯放逐作家索忍尼辛至 　　　西德 　　　3.4 英工黨Wilson內閣 　　　4.2 法國總統龐畢度歿 　　　4.25 葡萄牙政變，史匹諾拉組 　　　織救國會議 　　　5.6 西德間諜案，布蘭德下台， 　　　斯密特組閣 　　　5.19 英宣佈北愛戒嚴 　　　11.5 世界糧食會議(羅馬)	1973　1.8 水門事件開始審理 　　　3.29 美軍全部撤離越南 　　　7.1 美停止軍援台灣 　　　9.11 智利軍人政變，殺害阿 　　　葉德 　　　9.28 紐約國際電信電話(ITT)大 　　　樓爆炸 　　　10.10〔美〕安格紐副總統因水 　　　門事件辭職 1974　2.28 美埃復交 　　　5.9 美國眾議院彈劾尼克森 　　　6.27 尼克森訪蘇 　　　7.1 阿根廷裴隆去世，其夫人副 　　　總統伊莎貝爾繼任 　　　8.8 尼克森下台，福特繼任總統 　　　10.26 紐約世貿大樓爆炸案 　　　11.23 福特訪蘇 　　　12.21 美解除人民買賣黃金禁令

亞　洲	印度・西亞・非洲
1973　1.27越南和平協定 　　　2.12美軍撤出越南 　　　3.17高棉進入緊急狀態 　　　8.7 中共全面批孔揚秦 　　　8.8〔韓〕金大中被綁架回漢城 　　　8.24中共第十次大會，王洪文 　　　為副主席 　　　10.14泰國學生推翻他儂，桑雅 　　　組文人內閣 1974　1.10中越爭霸西沙群島 　　　1.31赤軍攻擊新加坡煉油廠 　　　2.2 中共發動批林批孔運動 　　　4.20台日斷航 　　　8.15〔韓〕朴正熙夫人陸修英 　　　被暗殺 　　　10.27美廢除〈台灣決議案〉 　　　11月〔日〕田中角榮因貪污下 　　　台，三木武夫組閣 　　　12.3馬來西亞學生示威	1973　3.1 PLO黑色九月攻擊蘇丹的 　　　阿拉伯使館 　　　3.20伊朗宣佈石油國有化 　　　4.16利比亞文化大革命開始 　　　7.16阿富汗推翻王政 　　　10.6第四次中東戰爭 　　　10.7石油輸出國家組織減產及 　　　漲價17% 1974　國際石油危機 　　　1.18以埃協定 　　　1.25以軍撤出運河西岸 　　　4.3 衣索比亞，賽那西皇帝被廢 　　　5.18印度第一次地下核爆 　　　6.2〔以〕梅爾夫人辭職 　　　7.15塞浦路斯政變，馬卡里奧 　　　流亡 　　　7.20土耳其進兵塞島 　　　11.22聯合國通過PLO為觀察員 　　　地位

昭明歷史手冊

歐 洲	美 洲
1975 3.11 葡右派政變，史匹諾拉流亡西班牙 5.4〈華沙條約〉延長10年 7.17 美蘇共同太空飛行實驗 7.29 歐安會議(赫爾辛基) 8.8〔葡〕Concalves內閣 9.27〔西〕處死巴斯噶祖國及自由(ETA)2人 11.15 先進國經濟會議 11.20〔西〕弗朗哥歿(1892~)	1975 1.4 美國會調查CIA非法活動 1.29〔美〕五角大廈(國防部)爆炸案 12.17~22 古巴共產黨第一次大會 12.29 紐約拉瓜地機場爆炸案 阿根廷人民革命軍、智利左派革命運動、玻利維亞民族解放軍、烏拉圭民族解放運動宣佈成立革命協調委員會

思 想	文 學
1971 盧卡奇去世(1885~) Gutierre《解放神學》 Rawls《正義論》 1972 Korch "Marxismus und philosophie" 1973 傅柯《臨床醫學的誕生》 Habermas "Legitimation cricis" 1974 Wallestein《現代世界體系》(I) Polany《個人知識》 Benjamin "One Way Street And other Essays" (~76) 1975 Hannah，A(1906~) Mandel "Later Capitalism" 傅柯《監獄的誕生》	1971 Forsyth "The Day of The Jackal" 1972 川端康成自殺(1899~) 1973 索忍尼辛《古格拉群島》 1975 巴塞爾米《死父》 Borges "The Book of Sand"

亞　洲	印度・西亞・非洲
1975　4.5 蔣介石歿，嚴家淦繼任總統 　　　4.17 高棉解放 　　　5.30 南越解放 　　　8.10 東帝汶內戰 　　　8.15 孟加拉政變，軍人殺拉曼 　　　總統 　　　8.22 寮國解放 　　　8.31 中共批判《水滸傳》 　　　11.28 東帝汶獨立革命戰線獨立 　　　宣言 　　　12.1 美國總統福特訪中國 　　　12.2 施亞努建立「老撾人民共 　　　和國」	1975　2.10 季辛吉訪中東 　　　2.13 塞浦路斯土耳其裔宣佈分 　　　離獨立 　　　3.4 衣索比亞廢王政 　　　3.25 沙烏地阿拉伯國王費瑟 　　　遇刺 　　　6.5 蘇伊士運河再開放 　　　10.16 摩洛哥35萬人向西撒哈 　　　拉行進 　　　10.25 葡屬蘇利南獨立 　　　11.11 安奇拉人民解放運動獨立 　　　宣言

藝　術	科　技
1971　蕭斯塔克維奇〈瑪麗娜・茨維 　　　塔耶娃詩歌6首〉 　　　Losey〈郵差〉(影) 1972　施托克豪森〈瞬間〉(音) 　　　Bertolucci〈巴黎最後探戈〉 　　　(影) 　　　Coppola〈教父〉(影) 1974　熊井啟〈望鄉〉(影) 1975　Forman〈飛越杜鵑窩〉(影) 　　　〈大法師〉(The Exorcist)(影)	1971　Ted Hoff 發明電腦的 　　　Microprocessor（"chip"） 1972　托姆《結構穩定性和形態發生 　　　學》 1973　紐約世界貿易中心大樓(110 　　　層，高412公尺) 　　　Stanley Cohen、H. Boyer發明 　　　DNA工程 1974　Johanson發現衣索比亞 　　　"Lucy" 猿人化石 1975　個人電腦(PC)在美國開始流行

昭明歷史手冊

昭明歷史手冊

歐　洲	美　洲
1976　2.4　法共放棄無產階級專政意 　　　　識形態 　　　4.5　英，工黨賈拉漢內閣 　　　9.19　瑞典社會民主黨結束44年 　　　　的執政 1977　1月〔捷〕自由派發表《七七憲 　　　　章》 　　　2.9　西、蘇復交 　　　3.2　西、法、義共發表《馬德里 　　　　宣言》歐共主張尊重民主自由 　　　5.23〔荷〕摩鹿加獨立派劫持 　　　　校車 　　　10.13　西德赤軍事件 　　　10月　波蘭社會自衛委員會成立 　　　(KOR)	1976　3.24　阿根廷政變，裴隆夫人下 　　　　野，魏地拉將軍為總統 　　　11.3　美，卡特(Carter)當選總統 　　　11.7　桑解陣豐塞卡犧牲 　　　11月　拉美八國共黨在阿爾巴尼 　　　　亞地那拉開會，影射攻擊中共 1977　3.9　卡特宣佈五月內從南韓撤軍 　　　5.13　美越關係正常化 　　　7.13　紐約市大停電 　　　8.3　紐約發生五起爆炸案 　　　8.16　搖滾樂貓王普里斯萊歿 　　　9.7　美〈巴拿馬運河新條約〉

越南戰爭年表	
1945　8.15　日本投降 　　　9.2　胡志明宣佈越南民主共和國 　　　　獨立宣言 　　　9.23　法軍佔西貢 1946　12.19　第一次印支戰爭 1949　6.14　保大為越南元首 1954　5.7　北越攻陷奠邊府 　　　7.21　日內瓦協定，南北越分立 1955　10.23　南越選舉，吳廷琰為國 　　　　家主席 　　　10.26　吳廷琰就任總統 1956　4月　法軍撤出南越	1958　12月　南越屠殺政治犯 1960　1.1　北越頒佈新憲法 　　　12.20　南越解放戰線(越共)成立 1962　2.8　南越美軍顧問團改為軍事 　　　　援助司令部 1963　5.6　順化佛教徒反政府 　　　11.1　軍人推翻吳廷琰 1964　8.2　東京灣事件 1965　2.7　美機轟炸北越 　　　3.8　美陸戰隊登陸達南 1966　美軍投入越戰達40萬人 1968　1.30　越共春季攻勢

亞　洲	印度・西亞・非洲
1976 1.8 中國總理周恩來歿(1898~) 　　2月〔日〕洛克希德賄賂官員事 　　件 　　4.5 天安門事件 　　4.7 鄧小平下台，華國鋒兼總理 　　5.31 東帝汶歸屬印尼 　　7.2 越南社會主義共和國建國 　　7.27 田中角榮被捕 　　7.28〔中〕唐山大地震 　　9.9 毛澤東歿(1893~) 　　10.6 泰政變，他寧組閣 　　10.22 四人幫被捕 1977 3.22印度德賽(人民黨)組閣 　　甘地夫人被捕 　　7.22 鄧小平復出 　　8.23〔中〕四個現代化政策 　　10.3 東南亞公約組織解散	1976 1月 黎巴嫩內戰 　　1.16 美援助安哥拉政權 　　4.14 摩洛哥、茅利塔尼亞同意 　　瓜分西撒哈拉 　　6.16 美駐黎巴嫩大使遇刺 　　6.28 PLO劫機至烏干達 　　10.21 黎巴嫩停戰 1977 5.17〔以〕比金內閣 　　7.5 非洲統一機構支持羅德西亞 　　黑人「愛國陣線」 　　9.28 日本赤軍劫機至達卡 　　11.9 沙達特、比金會談 　　12.5 五個阿拉伯強硬派對埃及 　　斷交

越南戰爭年表	
5月 美、北越巴黎會談 1969 1.25 第一次巴黎擴大會談 　　6.6 南越共和國臨時政府成立 　　7.26 尼克森對越戰聲明(尼克森 　　主義) 　　9.3 胡志明主席去世 1970 3.18 柬埔寨龍諾推翻施亞努 　　4.30 美進攻柬埔寨 1971 2.8 南越攻寮國 1972 2.12~27 尼克森訪中國 　　3.30 南越春季攻勢 　　5.8 美加強封鎖北越港口	5.22 尼克森訪蘇聯 　　12.18 美機炸河內 1973 1.27 巴黎協定 　　3.29 美軍撤出南越 　　8.14 美停攻柬埔寨 1975 3月 下旬北越、越共攻南越 　　3.25 佔順化 　　3.29 佔達南 　　4.1 佔中部16個省 　　4.8~30 攻佔西貢 　　4.7 赤柬壓制金邊

昭明歷史手冊

241

歐　洲	美　洲
1978　3.16〔義〕莫洛總理被赤軍旅綁架，後來被棄屍(5.9) 4.21 韓國飛機入侵蘇聯領空被迫降落，2人被殺 8.6 教宗保祿六世去世(10.22波蘭人若望保祿二世即位) 11.20 EC及東南亞國家聯盟部長會議(布魯塞爾) 12.12 塔吉克民族衝突 1979　3.1 西班牙執政黨獲勝 5.4 〔英〕保守黨柴契爾夫人組閣(M.Thatcher) 6.18 美蘇限制戰略武器條約(SALTII)簽署 8.27 IRA炸死蒙巴頓公爵	1978　1.24 蘇聯軍事衛星墜落到加拿大 5.30 NATO領袖會議在華盛頓召開 8.22 尼加拉瓜游擊隊佔領國會，要求釋放政治犯 11.20 蓋亞那發現「人民教堂」集體自殺事件 1979　3.28〔美〕賓州三哩島核電廠外洩事件 4.24 巴拿馬人民黨轉為合法活動 5.1 墨西哥共產主義運動成立，決議解散「革命人民陣線」 5.4 薩爾瓦多戒嚴 7.17 尼加拉瓜蘇慕薩政權垮台 7.19 桑地諾解放陣線掌權 10.27 聖文森、格林納丁宣佈獨立

亞　洲	印度・西亞・非洲
1978 2.26 中共召開第五次全國人大 　　會議 　　3.22 蘇哈托第三次連任印尼總 　　統 　　5.11《光明日報》刊出〈實踐 　　是檢驗真理的兩個方法〉 　　8.12 日、中友好條約簽訂 　　10.27 中共解放紅衛兵 　　12.16 卡特宣佈明年1月訪中 　　〔台〕宣佈停止選舉活動 1979 1.1 美中建交 　　1.11 柬埔寨人民共和國成立 　　1.28 中共鄧小平總理訪美 　　4.4 巴基斯坦處死布托 　　7.11 南韓女工在新民黨黨部面 　　前抗議，1人自殺 　　10.16 韓國釜山大示威 　　10.27 韓國總統朴正熙被情報 　　部長金載圭刺殺 　　12.6 韓國總統崔圭夏上台 　　12.10 〔台〕美麗島事件 　　12.12 韓逮捕戒嚴司令鄭昇和	1978 2.18 塞浦路斯人民會議議場 　　上，游擊隊殺書記長 　　3.11 PLO在特拉維夫以北劫持 　　以色列巴士 　　4.27 阿富汗政變，塔拉基掌權 　　(9.16阿敏掌權) 　　6.26 南葉門親蘇派政變奪權 　　9.8 伊朗反政府示威激化 　　9.17 中東和平會議，美、以、 　　埃三國元首會議 1979 1.16 伊朗巴勒維逃走 　　2.1 何梅尼返德黑蘭 　　4.1 伊朗宣佈建立伊斯蘭共和國 　　6.4 迦納政變 　　9.20 中非皇帝布卡薩被趕下台 　　11.4 伊朗學生佔領美國駐德 　　黑蘭大使館，擄62人 　　11.20 麥加清真寺流血事件 　　12.27 蘇聯入侵後阿富汗政 　　變，阿敏死，卡默爾掌權 　　(Karmal)

歐　洲	美　洲
1980　1.22〔蘇〕人權鬥士沙卡洛夫被放逐至高爾基 5.4〔南〕狄托總統殁(1892~) 7.19 美、日、中、西德等宣佈不參加莫斯科奧運 8.14 波蘭格旦斯克工潮 8.17〔波〕工人提出16項要求 8.24〔波〕平科夫斯基為總理 8.31〔波〕工人贏得自主權 9.22 波蘭團結工聯成立 12.18 蘇總理科西金殁	1980　1.4 美卡特總統宣佈對蘇聯禁運穀物措施 2.5 聖薩爾瓦多西班牙大使館被左派游擊隊佔據 2.18 加拿大大選 3.3〔加〕杜魯道組閣 3.27〔哥〕游擊隊佔波哥大的多明尼加大使館 9.17 尼加拉瓜獨裁者蘇慕薩在逃亡中被殺 11.4 雷根當選美國總統

思　想	文　學
1976　傅柯《性史》(~84) 1977　《毛澤東選集》第5卷 　　　E.Said《東方學》 1978　Kolakowski, "Main Currents of Marxism" 　　　Baloer《我與汝》 　　　Derrida, "Juth in Paiting" 1979　里歐塔《赫曼布洛克》 1980　沙特去世(1905~)	1976　Alex Haley，《根》(Root) 　　　阿赫馬托娃《沒有主角的長詩》 　　　普伊格《蜘蛛女之吻》 1979　米蘭昆德拉《笑忘書》 　　　Green《人的因素》 1980　馬·略薩《世界末日之戰》 　　　ECO《玫瑰的名字》 　　　巴金《隨想錄》

亞　洲	印度・西亞・非洲
1980　5.17 韓國學生示威後宣佈戒嚴 　　　5.22光州事件(~27) 　　　6.12〔日〕太平正芳首相歿， 　　　鈴木幸善內閣(7.17) 　　　8.10〔中〕趙紫陽取代華國鋒 　　　為總理 　　　10.2 台美非正式外交關係確立 　　　11.20 中國審判四人幫	1981　1.2 蘇軍入侵阿富汗 　　　1.3 印度甘地夫人派選勝 　　　1.25 伊朗巴尼薩德當選總統 　　　1.26 以、埃建交 　　　2.22 阿富汗喀布爾戒嚴 　　　4.18 津巴布韋獨立 　　　4.24 美解救伊朗大使館人質行 　　　動失敗 　　　7.27 伊朗前王巴勒維歿於開羅 　　　9.27 伊拉克轟炸德黑蘭，兩伊 　　　戰爭激化

藝　術	科　技
1976　Scorsesse "Taxi Driver"(影) 　　　Wajda〈大理石的人〉 1977　Woody Allen "Annie Hall"(影) 　　　George Lucas "Star War"(影) 1979　Schlon dorff〈錫鼓〉(影) 　　　Coppola 〈現代啟示錄〉(影) 1980　Truffaut〈最後一班地下鐵〉 　　　(影) 　　　John Lennon(1940~)在紐約被 　　　謀殺	1977　英法合作協和號民航機首航 　　　Alppe II電腦發明 　　　美發現天王星光環 1978　英誕生世上第一個試管嬰兒 1979　〔日〕松下電器宣佈停止生產 　　　真空管 　　　日本發明液晶電視(LCD)

歐　洲	美　洲
1981　2.10 波蘭雅魯澤爾斯基(國防部長)為總理 5.10〔法〕社會黨密特朗當選總統 5.13 羅馬教皇若望保祿二世被刺 6.23 組織社會、共產黨聯合內閣 7.20 第七屆先進國領袖會議(渥太華) 9.5 波蘭團結工聯全國大會 9.18 團結工聯向政府提出改革要求 12.13 波蘭宣佈戒嚴 1982　1.11 NATO外長會議，宣佈對蘇聯制裁(波蘭問題) 6.29 美蘇戰略武器削減交涉(START)開始 9.19 瑞典社會黨執政 10.14 西德保守、中間派聯合內閣(柯爾總理) 11.10〔蘇〕布里茲涅夫去世(74歲)，安德洛波夫繼任	1981　1.10 薩爾瓦多內戰激化 2.18〔美〕雷根總統發表經濟計劃(擴大國防費、減少歲出) 3.4 尼加拉瓜執政委員會改組，奧蒂嘉為協調員 8.4 玻利維亞軍事政變 9.21 貝里斯獨立 10.22〔墨〕南北會議 11.6 墨西哥統一社會黨成立 1982　4.30 英、阿根廷福克蘭戰爭(~6.11) 9.1 墨西哥銀行國有化 10.10 玻利維亞恢復民政 12.29 祕魯宣佈阿亞庫喬等七縣戒嚴

亞　洲	印度・西亞・非洲
1981　1.25〔中〕審判江青四人幫 　　　4.26〔台〕藏匿施明德案判刑 　　　6.29 中共華國鋒辭職，胡耀邦 　　　為總書記，鄧小平為軍委主席 　　　7.3〔台〕陳文成遇害血案 　　　9.1 中共「十二大」 　　　9.30 葉劍英向台灣提出〈九點 　　　方案〉號召三通、四流 1982　4.14〔台〕李師科搶劫台北市 　　　土地銀行 　　　7.12 柬埔寨反越南三派成立聯 　　　合政府(施亞努總統) 　　　8.17 美、中〈八一七公報〉 　　　12.14 美參議院勸日本增強防衛 　　　力(12.21 日本上議院接受) 　　　12.23 金大中因病獲准去美國	1981　1.20 伊朗釋放美國人質 　　　6.22 伊朗總統巴尼薩德被何梅 　　　尼撤職 　　　7.17 以色列軍攻打貝魯特的巴 　　　勒斯坦難民營 　　　10.6 埃及沙達特總統被刺死 　　　12.24 以色列決定併吞戈蘭高地 1982　6.6 以色列把西奈歸還埃及 　　　9.18 以軍屠殺貝魯特巴勒斯坦 　　　難民 　　　10.1 伊朗德黑蘭伊瑪目廣場爆 　　　炸案

歐　洲	美　洲
1983　3.2 義共放棄歷史性妥協路線 　　　3.6 西德綠黨進入國會 　　　4.25 葡社會黨選勝 　　　6.9 英保守黨選勝 　　　8.4 義大利社會黨組閣 　　　10.5 波蘭華勒沙獲諾貝爾和平獎 　　　12.8 START無限期休會 1984　2.9 蘇聯安德洛波夫去世，契爾年柯繼任總書記	1983　3.22 雷根提出戰略防衛構想（SDI） 　　　4.4~6 巴西聖保羅失業者暴動 　　　6.21 智利反皮諾切特示威 　　　10.25 美軍入侵格納瑞達 　　　10.30 阿根廷急進黨阿爾豊辛當選總統 　　　11.5 美參議院通過〈台灣人民前途決議案〉 　　　12.4 委內瑞拉民主行動黨魯辛奇當選總統 1984　11.1 雷根連任美國總統 　　　11.4 尼加拉瓜奧蒂嘉當選總統（~90）

亞　洲	印度・西亞・非洲
1983　4.26〔台〕台北中央日報大樓 爆炸 6.18 中國恢復國家主席(李先 念) 8.21 菲反對派艾奎諾從台北抵 馬尼拉機場時被槍擊身亡 9.1 蘇擊落韓航客機 9.9〔台〕黨外作家編聯會成立 (會長林濁水) 10.9 南韓全斗煥訪緬甸，16人 被炸死 1984　1.1 汶萊完全獨立 3.20 蔣經國當選台灣總統，李 登輝為副總統(3.21) 4.26 雷根訪中國 6.22~23 鄧小平提出「一國兩 制」 10.15 江南遇刺 12.19 中英正式簽署關於香港問 題的聯合聲明	1983　1.18 美第六艦隊在利比亞外海 演習 2.19 印度阿薩密省種族暴動 7.23 斯里蘭卡種族暴動 8.5 查德內戰 10.21 貝魯特附近美國海軍陸戰 隊兵營遭自殺卡車爆炸 12.12 科威特的美、法大使館及 機場等六處同時爆炸案 1984　3月 非洲飢餓深刻化 6.5 印度軍進攻錫克教金廟 9.20 貝魯特美國大使館爆炸 10.31 印度總理甘地夫人遇刺 身亡，其子拉吉夫甘地繼任 12.2 印度博帕爾碳化物工廠毒 氣外洩

歐　洲	美　洲
1985　1.8 美蘇外長會議(日內瓦) 　　　3.10 蘇聯契爾年科去世 　　　3.11 戈巴契夫繼任總書紀 　　　4.13 阿爾巴尼亞霍查去世，阿 　　　利亞繼任第一書記 　　　11.9 雷根、戈巴契夫在日內瓦 　　　會談 　　　這一年，愛滋病蔓延全球 1986　2.25~3.7 蘇共第「二十七大」 　　　2.28 瑞典總理帕爾瑪遇刺 　　　4.26〔蘇〕車諾比核電廠爆炸 　　　12.9〔蘇〕解除人權鬥士沙卡 　　　洛夫的流放	1985　1.9〔尼〕桑解陣努涅斯當選國 　　　會議長 　　　3.26 美聯邦最高法院裁定承認 　　　同性戀者的權利 　　　6.16 巴西的15個新黨或地下黨 　　　申請登記 　　　9.19 墨西哥大地震(死亡8000 　　　人) 1986　2.7 海地獨裁者杜華利流亡美 　　　國 　　　3.20 巴西共產黨人、經濟學者 　　　阿利皮奧戈麥斯就任薩巴市 　　　長

亞　洲	印度・西亞・非洲
1985　1.18 韓反對黨結成新韓民主黨 　　　2.8　〔韓〕金大中回國被軟禁 　　　5.23 韓國學生佔領美國大使館抗 　　　議光州事件(~26) 1986　1.22 日本社會黨改採西歐社會民 　　　主主義路線 　　　2.26　〔菲〕馬可仕流亡，艾奎諾 　　　夫人主政 　　　9.28〔台〕民進黨成立 　　　11.10 江鵬堅當選主席 　　　12.5〔中〕安徽學潮，要求民主 　　　化，波及上海、北京、天津各大 　　　學	1985　3.8 貝魯特什葉派社區爆炸案 　　　5.10 印度新德里錫克教徒爆炸 　　　攻擊案 　　　7.11 科威特市內二起爆炸案 1986　9.5 巴基斯坦喀拉蚩機場泛美 　　　客機被炸 　　　10.15 蘇軍開始撤出阿富汗

昭明歷史手冊

歐　洲	美　洲
1987　3.26蘇聯企業開始破產 6.11 英柴契爾夫人三度連任 9.7 東德霍內加訪西德 11.11 葉爾欽被解除莫斯科市黨第一書記職務 1988　2.2 蘇共恢復布哈林等20人的名譽 3.14~18 戈巴契夫訪南斯拉夫，宣佈放棄限制主權論 5.2 波蘭格旦斯克列寧造船廠罷工 5.22 匈共卡達爾下台 10.1 戈巴契夫當選最高蘇維埃主席	1987　巴拉圭解除亞松森長達50多年的戒嚴 3.11 智利皮諾切特允許恢復中斷13年的政黨活動，但仍禁止馬克思主義政黨 6.26 智利左派7黨成立左派聯盟 10.19 紐約股市大崩盤 11.11 哥倫比亞共黨領袖內爾松・加・阿爾薩特在麥德林遇刺身亡 1988　4.22〔哥〕麥德林市共黨書記古鐵雷被殺 8.14 尼加拉瓜社會黨放棄馬列主義 10.6 智利皮諾切特敗選

思　想	文　學
1981　波多利亞爾《米修雷尚及西繆拉爾克》 1982 Batther "The Responsibility of Forms" 1983　卡里略《歐洲共產主義與國家》 1985 Laclau "Hegemony and Socialist Strategy" 1987 戈巴契夫《改革與新思維》 1988 Lyotard "The Inhuman" 1990 Bourdieu《實踐的邏輯》	1981　馬奎斯《預知死亡記事》 1982 森村誠一《惡魔的飽食》 I.Allende "The House of Spirits" 1984　米蘭昆德拉《生命中不可承受之輕》 1985 邦達列夫《人生舞台》 P.Suiskind "Perfume" 1986 艾特瑪托夫《斷頭台》 巴卡斯・略薩《誰殺了帕羅米諾莫雷洛？》 1988 Peter Carey "Osear and Lucinda" 1989 Eco《傅柯擺》(Foucault's Pendulum) 1990 McEwan "The Innocent"

亞 洲	印度・西亞・非洲
1987　1.16 中共胡耀邦下台，趙紫陽 　　　　代理黨中央總書記 　　　1.27 美承認蒙古人民共和國 　　　4.13 中葡簽署關於澳門問題的 　　　　聯合聲明 　　　7.15 台灣解除戒嚴(1949~) 　　　9.27 西藏獨立示威(~10.5) 　　　11.29 大韓客機在緬甸上空被金 　　　賢姬引爆 　　　12.6 盧泰愚當選韓國總統 1988　1.13〔台〕蔣經國歿 　　　3.17 緬甸仰光學生反政府示威 　　　6.12 緬甸首都暴動 　　　7.8〔台〕李登輝為國民黨主席 　　　8.30〔台〕政治犯聯誼會主張 　　　「台灣獨立」 　　　10.12 蔡友全、許曹德「台獨 　　　案」被捕	1987　9月 波斯灣戰爭昇高 　　　本年，斯里蘭卡民族暴動激化 1988　7.31 約旦王胡笙宣佈放棄以佔 　　　下的約旦河西岸主權 　　　8.20 兩伊停戰

| 印度・西亞・非洲（藝術） | |

藝 術
1981　小粟康平〈泥的河〉(影) 　　　牙買加音樂家Bob Marley 　　　(1945~)去世 1982　別洛波利斯基等完成〈諾沃羅 　　　西斯克紀念建築群〉(蘇) 1983　今村昌平〈楢山節考〉(影) 1984　伊丹十三〈葬禮〉(影) 1985　Luc Besson "Subway"(影) 　　　Luis Puenzo "La Histori a 　　　offical"(官方說法)(影) 　　　Hector Babenco〈蜘蛛女之吻〉 　　　(影) 1986　D. Croneberg "The Fly"(影) 1987　〈巴黎最後探戈〉(影)開禁 1988　侯孝賢〈悲情城市〉(影) 　　　1989　Peter Greenawy "The 　　　Cook, the Thief, His Wife and 　　　Her Lover" 　　　Steven Sodebergh "Sex, Lies and 　　　Video-Tape" 　　　1990　Kevin Costner "Dances with 　　　Wolves"

科 技
1981　法國高速火車首駛 　　　Aids疾病發現 1983　美正式生產數位電視機 1986　美回收衛星成功 1987　日本從肝癌細胞中分離出致癌基因 1988　1.28 美挑戰者號太空船升空72 　　　秒後爆炸(1.28) 　　　7.11 聯合國宣佈今天為「50億人 　　　口日」 1991　S-Hawking "A Brief History of 　　　Time"

歐　洲	美　洲
1989 6.4 波蘭團結工聯選勝 8.19 一千多名東德人逃入奧國 10.23 匈牙利改為共和國 11.9 東德拆除柏林圍牆 12.22 羅馬尼亞西奧塞古政權垮台 12.25 西氏夫婦被處決 1990 2.14 美、英、法、蘇及兩德外長 就德國統一問題會談(2+4會議)達 成一致協議 2.15 拉托維亞宣佈脫離蘇聯獨立 3.10 義共向共產主義訣別 3.11 立陶宛宣佈獨立 3.15 戈巴契夫為蘇聯首任總統 3.23 蘇軍入侵立陶宛 3.30 愛沙尼亞宣佈獨立 5.8 兩德建立貨幣、經濟和社會聯 盟國家條約 6.8 捷克第一次自由選舉 8.23 東德決定在10.3加入德意志聯 邦共和國 10.3 東、西德統一 12.9 華勒沙當選波蘭總統	1989 1月 四名智利共產黨領導被 捕，當局指控他們「支持暴力 活動」 4.2~4 蘇共總書記戈巴契夫訪 古巴 12.20 美入侵巴拿馬 1990 2.5〔尼〕桑解陣敗選，查莫 洛夫人當選總統 7.28 千里達政變

德國統一歷程

1945 5.8 德國無條件投降，此後被 美、英、法、蘇四國分割佔領 1948 6.24 蘇聯全面封鎖西柏林(~49. 5.12) 1949 5.23 西德通過《德意志聯邦共 和國基本法》建立西德 9.15 阿登納任西德總理 10.7 東德(德意志民主共和國) 建國(共產黨)	1950 9.12~19 美、英、法三國外長 會議(紐約)，正式聲稱西德政 府是德國人民的唯一合法代表 1951 7.9 英、美、法宣佈結束對德 戰爭狀態 1952 3.25 三國照會蘇聯，聲 稱只有在成立自由的全德政府 後，才能討論對德和約問題 5.26 西德與西方盟國簽署《波 昂條約》

亞　洲	印度‧西亞‧非洲
1989　1.7 日本裕仁天皇去世，平成 　　　天皇繼位 　　　3.5~7 西藏人反中國統治 　　　4.7〔台〕鄭楠榕自焚 　　　4.15 胡耀邦去世　5.18〔中〕天 　　　安門示威　5.22 李鵬總理掌權 　　　6.4 北京戒嚴部隊向民眾開槍 　　　(天安門事件) 　　　6.23 江澤民為中共總書記 　　　7.23〔日〕社會黨獲勝 1990　3.16〔台〕學生在中正紀念堂 　　　靜坐(~5.20)演變為反軍人干政 　　　示威 　　　11.8 新加坡李光耀退休	1989　1.4 美機轟炸利比亞 　　　2.15 蘇軍撤離阿富汗 　　　2.24 何梅尼宣佈《魔鬼詩篇》 　　　作者拉西迪死刑，英國抗議導 　　　致英伊斷交 　　　6.3 何梅尼去世 1990　2.11 南非釋放曼德拉 　　　3.6 阿富汗政變 　　　3.21 非洲納米比亞獨立 　　　8.2 伊拉克入侵科威特 　　　8.6 巴基斯坦罷黜碧芝娜布托總 　　　理 　　　9.17 伊拉克宣佈併科威特為第 　　　十九個省

德國統一歷程	
5.31 東德封鎖東、西柏林分界線 　　　6.27 東柏林暴動 1955　5.5《巴黎協定》生效，西德享有 　　　國際法的主權 　　　9.9~13 阿登納訪蘇，達成兩國建 　　　交協議 1956　11.30 西德外長勃倫塔諾聲明， 　　　不與任何承認東德(蘇聯除外)的 　　　國家建交(哈爾斯坦主義) 1957　2.3〔東德〕統一社會黨烏布利希 　　　提出兩個德國成立邦聯的建議 1961　8.13 東德修築柏林圍牆 1968　4.6 東德新憲法，確定德意志民 　　　族存在著兩個德意志國家 1970　3.19 兩德總理在愛爾弗特(東)會 　　　晤 　　　8.12 西德布蘭德總理訪蘇，簽訂 　　　《莫斯科條約》	12.7 與波蘭建交基礎條約 1972　5.17 西德通過〈東方條約〉聯 　　　合決議，說明條約內容不涉及 　　　德國的自決權 　　　9.18 聯合國接受兩德加入 　　　12.21 東、西德簽署兩國關係基 　　　礎條約 1974　9.27 東德修憲刪除有關德意志 　　　民族和德國統一的提案 1981　6.26 東德要求西德承認民主德 　　　國的「國籍」及視兩國邊界為 　　　國界 1983　10.15 東德何內克總書記聲 　　　明，在德國土地上有兩個擁有 　　　主權、互相獨立的國家，而不 　　　是一個被分裂的德意志國家 1989　3.30 東德宣佈4.1起放寬人民 　　　去西德旅行條件

昭明歷史手冊

歐　洲	美　洲
1991　2.3　義共決定以「左翼民主 　　　　黨」再出發 　　　5.3　克羅埃西亞境內，塞、克兩 　　　　族衝突 　　　6.12　葉爾欽當選俄羅斯總統 　　　7.1　華沙公約組織解散 　　　8.18　蘇聯保守派政變(~21)失 　　　　敗 　　　8.24　戈巴契夫聲明辭職(12.25 　　　　辭總統職務) 　　　9.6　蘇聯承認波羅的海三國獨立 　　　9.17　南北韓、波羅的海三國加 　　　　入UN 　　　12.30　舊蘇聯十一國成立獨立國 　　　　家共同體(CIS)，蘇聯解體 1992　1.15　EC承認斯洛伐尼亞、克羅 　　　　埃西亞獨立 　　　4.6　南斯拉夫陷入內戰(波黑戰 　　　　爭) 　　　6.2　丹麥人民公投反對加入EC 　　　7.29　前東德何內克總書記被捕 　　　10.25　立陶宛舊獨立派共產黨的 　　　　民主勞動黨選勝	1991　7.4　哥倫比亞取消戒嚴 　　　7月　〔海地〕解放神學派阿里 斯蒂就任總統(~9.30被推翻) 　　　9.13　美國審判巴拿馬獨裁者諾 利加 1992　3.12　多明尼加左派合為「卡馬 尼奧主義革命聯盟」 　　　4.5　祕魯藤森總統解散國會，停 止憲法 　　　4.29　洛杉磯黑人暴動 　　　9.26　〔加〕魁北克獨立公投失 敗 　　　9.30　美將蘇比克基地交還菲律
	蘇　聯　解　體
蘇　聯　解　體	2.28　亞塞拜然蘇姆蓋特市爆發 亞、亞美尼亞人衝突 6.23　蘇軍進駐外高加索 10.1　愛沙尼亞人民陣線成立大會 10.8　拉脫維亞人民陣線成立 1989　1.20　蘇聯直接統治納戈爾諾— 卡拉巴赫(~11.28) 　　　2.17　韃靼人宣佈主權宣言 　　　6.3　烏茲別克費爾納納州民族暴動 　　　7.15~16　格魯吉亞阿布茲發生 格、阿學生械鬥 　　　8.23　波羅的海三國200萬人越界 手拉手組成600多公里人鏈，抗議 1939年〈德蘇互不侵犯條約〉導 致三國被迫加入蘇聯 　　　9.8　烏克蘭人民運動成立 　　　12.20　立陶宛共產黨宣佈獨立， 脫離蘇共
1985　3.11　戈巴契夫為蘇共中央總書記 　　　12.16　哈薩克黨第一書記庫納耶夫 被解職，引起阿拉木圖學生抗議 1987　6.4　拉脫維亞首都里加發生示威 　　　7.6　克里米亞韃靼人要求重返故鄉 　　　**8.23　波羅的海三國民眾示威，** 　　　**悼念死於戰爭及大鎮壓的人們** 1988　2.16　立陶宛人紀念獨立70週年集 　　　會被警察驅散	

亞　洲	印度・西亞・非洲
1991　3.10〔台〕張學良赴美 5.9 獨台會(陳正然等)案(~5.17) 6.4〔中〕江青在獄中自殺 1992　1.18〔中〕鄧小平南巡(~2.21) 5.7〔日〕細川護熙成立日本新黨 7.9 日本政府就慰安婦問題公開道歉 8.24 中、韓建交 9.17 日派自衛隊至柬埔寨參加PKO部隊 11.16〔台〕解除金門、馬祖戒嚴	1991　1.17 多國部隊開始轟炸伊拉克(沙漠風暴作戰) 1.18 伊拉克用飛彈轟炸以色列 1.20 伊拉克轟炸沙烏地阿拉伯(波灣戰爭始) 2.24 多國部隊攻擊伊拉克地面 2.25 伊拉克軍撤出科威科 4.6 伊拉克接受UN停戰決議，結束波灣戰爭 5.21〔印〕拉吉夫甘地被炸死 9.8 南非祖魯族印卡塔自由黨與非洲民族會議兩派流血衝突 1992　5.11 菲律賓大選 5.19 以色列北部庫德人自行選舉 6.23 以色列工黨選勝 6.29 阿爾及利亞穆罕默德遇刺
蘇　聯　解　體	
1990　1.15 蘇聯宣佈亞塞拜然的納卡自治州進入緊急狀態 1.20 蘇軍鎮壓 1.21 烏克蘭人紀念獨立70年，10萬人組成人鏈 3.11 立陶宛宣佈獨立 3.30 愛沙尼亞宣佈獨立 4.19 蘇聯對立陶宛削滅天然瓦斯供應 5.4 拉脫維亞宣佈獨立 6.20 烏茲別克通過主權宣言 7.27 白俄羅斯 8.23 亞美尼亞，土庫曼 8.25 塔吉克響應跟進 10.25 哈薩克宣佈國家主權宣言	1991　1.13 蘇軍攻佔立陶宛 1.15 佔拉脫維亞 4.9 格魯吉亞獨立宣言 8.19 戈巴契夫差點被推翻 8.20 愛沙尼亞宣佈獨立 8.24 烏克蘭獨立 8.30 亞塞拜然獨立 8.31 亞美尼亞獨立 9.1 吉爾吉斯獨立 9.9 塔吉克獨立 10.9 車臣，杜達耶夫要求獨立 10.27 土庫曼獨立 12.1 烏克蘭公投，9成支持獨立 12.6 哈薩克各國獨立 12.30 俄與獨立各國成立獨聯體(CIS)，蘇聯瓦解

歐　洲	美　洲
1993　1.1 捷克、斯洛伐克分離 3.28 法國保守及在野黨聯合選勝 4.4 亞美尼亞軍佔亞塞拜然的克利夏巴爾 9.18〔俄〕葉爾欽宣佈解散人代會及最高會議 10.3〔俄〕宣佈非常事態 11.1〈馬斯垂克條約〉生效，EU成立(歐盟) 12.15 英、愛爾蘭兩國首相，迫IRA放棄武力、北愛問題和平解決宣言 1994　2.1 捷、匈、斯洛伐克、波蘭簽訂中歐自由貿易聯合 4.10 NATO軍炸塞爾維亞 5.6 英法海峽隧道開通 7.21 英工黨布萊爾為新黨魁 9.1 IRA無條件停戰 12.11 俄軍入侵車臣	1993　2.26 紐約市世貿大樓爆炸案 5.13 美停止雷根政權以來的星際大戰計劃 5.25 瓜地馬拉政變 6.5〔加〕坎培爾為女性總理 10.25〔加〕進步保守黨慘敗 11.4〔加〕自由黨克列提恩組閣 12.2 哥倫比亞毒梟卡爾提爾被打死 1994　1.1〔墨〕薩巴達國民解放軍起義 5.1 薩爾瓦多新議會上，前游擊隊佔21席 6.3 美軍開始撤出巴拿馬運河 8.9 哥共領導人塞佩議員被暗殺 9.19 美軍登陸海地，重扶阿里斯蒂德為總統

亞　洲	印度・西亞・非洲
1993　2.23〔台〕連戰就任行政院長 　　　4.27 辜振甫、汪道涵新加坡會談 　　　5.25 西藏人反中國起義 　　　6.6〔蒙古〕歐切爾巴特當選總統 　　　8.22〔台〕國民黨脫黨者另立「新黨」 　　　11.19 台灣參加APEC 1994　1.1〔中〕廢外匯券 　　　3.31 台灣旅客在中國浙江千島湖遭強盜殺害32人 　　　7.8 金日成去世，其子金正日繼位 　　　12.10〔日〕新生、公明等黨成立「新進黨」	1993　1.6 印度部隊攻擊克什米爾獨立派 　　　4.10 南非共產黨書記長克里斯・哈尼遭暗殺 　　　4.27 南北葉門統一後選舉 　　　6.8 土耳其庫德人工黨(PKK)宣佈武裝鬥爭 　　　6.27 美軍炸伊拉克的情報機關 　　　9.13 以色列和PLO同意關於巴勒斯坦暫定自治原則 1994　2.4 美解除對越南的經濟制裁 　　　3.15 西非經濟共同體解散 　　　4.6 盧安達總統哈比亞利馬那搭機被擊落 　　　5.10 南非曼德拉當選總統 　　　10.3 約旦、以色列和平條約 　　　11.29 尼泊爾共產黨阿迪卡利組閣

昭明歷史手冊

歐　洲	美　洲
1995　1.1 瑞、芬、奧加入EU 　　　5.7〔法〕保守聯合席拉克當選 　　　總統 　　　10.1 葡大選，社會黨再執政 　　　11.9 波蘭民主左翼聯盟庫法西 　　　尼耶夫斯基擊敗華勒沙當選總 　　　統 　　　12.17 俄羅斯下議院選舉，共產 　　　黨獲勝 1996　2.18 波斯尼亞、克羅埃西亞、 　　　塞爾維亞三國和會結束 　　　3.3〔西〕上下兩院總選舉，國 　　　民黨敗給社會勞動黨 　　　3.20 英國人感染狂牛病 　　　4.23 車臣杜達耶夫總統證實死 　　　亡 　　　6.13 法國參加NATO國防部長 　　　會議 　　　7.3 葉爾欽再當選俄羅斯總統 　　　8.28 英國戴安娜王妃離婚 　　　9.15〔義〕北部同盟波希書記 　　　長宣佈「帕達尼亞共和國」獨 　　　立宣言 　　　12.20 俄、車臣停火協議，擱置 　　　車臣獨立問題五年	1995　1.1 南美南部共同市場 　　　(MERCOSUR)開始 　　　3.24 美眾議院通過削減福利案 　　　4.19 奧克拉荷馬市聯邦大樓爆 　　　炸案，死169人 　　　7.11 美、越建交 　　　10.16 華盛頓百萬黑人大遊行 　　　10.30 魁北克省獨立公投失敗 1996　7.25〔美〕奧運會的亞特蘭大 　　　公園爆炸案 　　　11.5 柯林頓連任總統 　　　12.17 祕魯「光明之路」游擊 　　　隊攻佔日本大使館，劫持數 　　　百人質

亞　洲	印度・西亞・非洲
1995　1.17〔日〕阪神大地震 　　　3.20〔日〕東京地下鐵沙林毒 　　　氣事件，死12人，輕重傷超過 　　　5500人 　　　4.30 江澤民對台灣發表〈江八 　　　點〉 　　　6.7〔台〕李登輝訪美 　　　11.16~12.3〔韓〕前總統盧泰 　　　愚、全斗煥接受審訊 　　　12.13 中共以陰謀、顛覆罪名判 　　　處異議人士魏京生有期徒刑14 　　　年 1996　3.8~25 中共在台灣周邊軍事演 　　　習 　　　3.23 李登輝、連戰當選台灣 　　　正、副總統 　　　6.30 蒙古非共產黨民主聯合選 　　　勝 　　　8.12 韓國大學總學生會聯合佔 　　　領延世大學(~20) 　　　9.1〔中〕京九線通車 　　　9.30 中共異議份子王丹被判11 　　　年徒刑 　　　11.27 南非與台灣斷交 　　　12.9 緬甸政府關閉仰光市內各 　　　大學 　　　12.11 香港特區首長董建華(上 　　　海人) 　　　12.16 盧泰愚、全斗煥判刑17 　　　年	1995　5.11〔印〕克什米爾清真寺大 　　　火，穆斯林與政府軍衝突 　　　6.26 埃及穆巴拉克總統遇刺未 　　　遂 　　　7.28 摩洛哥法國傭兵政變失敗 　　　9.10 尼泊爾共產黨政權垮台 　　　11.4 以色列總理拉賓被暗殺 1996　1.20 阿拉法特當選巴勒斯特自 　　　治政府議長 　　　3.2 澳洲大選，工黨慘敗，哈瓦 　　　特的自由、國民黨聯合執政 　　　8.1 統一索馬利亞會議的愛迪特 　　　將軍戰死 　　　8.31 伊拉克出兵庫德族自治區 　　　9.2 菲政府與莫洛民族解放陣線 　　　和解

昭明歷史手冊

歐　洲	美　洲
1997　5.1 英工黨選勝 　　　5.2〔英〕布萊爾組閣 　　　7.19 北愛IRA無條件停戰宣言 　　　8.31〔英〕前王妃戴安娜在巴黎被狗仔隊追蹤，死於車禍 　　　11.16〔義〕大都市市長選舉，中間、左派聯合「橄欖之木」選勝 1998　3.22 葉爾欽解散內閣 　　　8.23 葉爾欽將基利燕科總理解職 　　　4.10 北愛和平談判、英、愛兩政府及北愛天主教、新教四方代表同意成立地方議會 　　　9.28 德國社會民主黨選勝，結束柯爾16年政權 　　　10.27〔德〕社民、綠黨聯合，施洛德就任總理	1997　4.22 祕魯日本大使館劫持案被軍警攻破而結束 　　　7.12 格瓦拉遺骨被迎回古巴 　　　9.25 美南方軍司令部撤出巴拿馬運河 　　　10.8 古巴共產黨「五大」再堅持社會主義 　　　12.11〔墨〕政府派民兵殺害54名薩巴達派支持者 1998　1.22 柯林頓和李文斯基性醜聞案表面化 　　　12.19 眾議院決議彈劾柯林頓

262

亞　洲	印度・西亞・非洲
1997　2.19 鄧小平去世(1904~) 　　　7.1 香港回歸中國，成立特別 　　　行政區 　　　7.2 泰幣對美元大貶值，引發亞 　　　洲金融風暴 　　　9.12 中共「十五大」，江澤民 　　　再任總書記 　　　10.18 金正日就任朝鮮勞動黨總 　　　書記 　　　11.22〔日〕山一證券倒閉 　　　11.29〔台〕選舉，民進黨獲 　　　　43.3%選票 1998　2.25 金大中就任韓國總統 　　　3.17 中共人大會選出朱鎔基為 　　　總理 　　　5.5 印尼人民抗議油價暴漲 　　　5.12 印尼治安部隊向大學生開 　　　槍 　　　5.21 印尼蘇哈托總統辭職， 　　　副總統哈比比繼任 　　　6.27 柯林頓訪中共，表明承認 　　　一個中國，不支持台灣獨立等 　　　立場 　　　7.12〔日〕自民黨敗選 　　　7.30〔日〕小淵惠三內閣 　　　12.5 台北市長選舉，國民黨馬 　　　英九擊敗現任市長陳水扁 　　　12.25 江澤民訪日本	1997　5.10 伊朗北部大地震 　　　6.5 阿爾及利亞多黨大選 　　　剛果內戰(~10.16) 　　　7.25〔印〕不可觸賤民塔利托 　　　就任印度總統 1998　2.4 阿富汗東北部六點一級地 　　　震 　　　3.19〔印〕印度至上主義的人 　　　民黨主導聯合內閣 　　　8.7 肯亞奈洛比及坦尚尼亞的美 　　　國大使館爆炸案 　　　8.20 美攻擊阿富汗及蘇丹以示 　　　報復

昭明歷史手冊

歐　洲	美　洲
1999　1.1 歐洲聯合發行統一貨幣 　　　　「歐元」（EURO） 　　　3.12 匈、捷、波加入NATO 　　　3.24 NATO、UN安理會決議轟 　　　　炸南斯拉夫 　　　5.7 NATO軍機誤炸貝爾格勒中 　　　　共大使館 　　　6.3 南國接受和平方案 　　　6.10 停止轟炸 　　　6.12 俄、NATO軍進駐科索沃 2000　2.1 奧極右派自由、保守兩黨 　　　　聯合政權，EC決定經濟制裁 　　　　（~9.12） 　　　3.1 芬蘭女總統哈羅涅就任 　　　3.26 普京當選俄羅斯總統 　　　8.12 俄核子潛水艇庫魯斯克號 　　　　在巴連茨海沉沒，死118人 　　　12.15 關閉車諾比核電廠	1999　1.7 美參議院彈劾柯林頓 　　　2.22 未達必要票數，宣佈總統 　　　　無罪 　　　4.20 美科羅拉多州登巴高中生 　　　　向學生亂開槍 　　　12.31 美把巴拿馬運河經營權交 　　　　還巴拿馬 2000　4.22 巴西農民運動（MST）及原 　　　　住民抗議葡萄牙人到達500周 　　　　年紀念 　　　4.29 〔哥〕游擊隊成立玻利瓦 　　　　爾運動黨 　　　5.24 美眾議院決議永久給予中 　　　　共最惠國待遇 　　　5.28 祕魯藤森作票而第三次連 　　　　任總統 　　　11.2 祕魯總統藤森（在日本）宣 　　　　佈辭職 　　　11.7 美國總統大選，計票混亂 　　　12.13 高爾敗給共和黨的布希
思　想	文　學
1991　B.Anderson "Imagined 　　　　Communities" 1992　海那繆拉《人類的孤獨》 1993　Said《文化與帝國主義》 1995　Derrida《馬克思的幽靈》 　　　Giddens《超越左派右派》 1997　Issaih Berlin去世（1909~） 　　　Jared Diamond "Gun, Gems, 　　　and Steel" 2000　Bourdieu《帕斯卡沉思錄》	1991　伊利娜‧拉托辛斯卡婭《歡迎 　　　集中營》 　　　Martin Amis "Time's 　　　Arrow" 1993　克里斯多夫《惡童日記》 1994　〔印〕Vikram Seth "A 　　　Suitable Boy" 1995　Pat Barker "The Ghost Road"

亞　洲	印度・西亞・非洲
1999　7.9 李登輝宣稱中、台為國與國的特殊關係(**兩國論**) 7.22〔中〕禁止法輪功 9.21 台灣中部芮氏七點七級地震 12.20 澳門回歸中國 2000　3.18 台灣民進黨陳水扁、呂秀蓮當選中華民國正、副總統 3.24 李登輝辭國民黨主席 4.2〔日〕小淵首相腦梗塞入院(5.14去世) 4.5〔日〕森喜朗繼任首相 6.13 金大中訪北韓 10.27〔台〕行政院宣佈停建核四廠，不久又再決定復建	1999　1.25〔柬〕波布派向政府投降 2.7 約旦國王胡笙去世 4.21 東帝汶獨立派及印尼殘餘派簽訂和平協定 5.18 以色列工黨選勝(巴拉克) 6.7 印尼大選，鬥爭民主黨大勝 8.30 公投有78.5%支持東帝汶獨立 10.12 巴基斯坦政變，夏利夫下台 10.20 印尼國會協議會宣佈合併東帝汶為無效 瓦希德為總統，副總統梅嘉娃蒂 2000　2.9〔土〕庫德人勞動黨(PKK)聲明放棄武裝暴動路線 6.4 印尼西巴布亞人決定獨立 7.4 斯里蘭卡「塔米爾虎」和政府軍開火 10.12 葉門亞丁港美艦被炸 10.18 菲眾議院彈劾總統收賄

藝　術

1991　阿巴卡諾維奇《華沙40人的背脊》(雕) Demme〈沉默的羔羊〉(影) 1992　Annaud〈情人〉(影) 1993　Tomas Gutierrez Alea〈草莓與巧克力〉(墨) Spielberg〈辛德勒的名單〉(影) 1995　Egoyan〈色情酒店〉(影) 1996　Kassoritz〈仇恨〉(影) Coen〈冰雪暴〉(影) 1997　今村昌平〈鰻魚〉(影) Benigin〈美麗人生〉(影) 1998　Spielberg〈拯救雷恩大兵〉(影) Salles〈中央車站〉(影) 2000　Lars von Trier〈黑暗中的舞者〉(影)

科　技

1991　英國將老鼠的性別改變成功(5.8) 1993　羅馬教宗若望保祿二世解除伽利略長達359年四個月的破門之禁 1994　Windows新版電腦，展開戰國時代 1995　網際網路(World Wide Web，WWW)開發成功 1996　11.5 美、俄太空站再度對接 1998　馬來亞Kuala Lumpur的Petronas Tower落成

歐　洲	美　洲
2001　2.22 英傳出口蹄疫病情 　　　3.15 俄國客機被車臣人劫持 　　　6.29 前南斯拉夫總統米洛塞維 　　　奇被引渡至海牙聯合國戰犯法 　　　庭 　　　7.5 馬其頓政府與境內阿爾巴尼 　　　亞人游擊隊達成停火協議 　　　10.23 北愛共和軍(IRA)宣佈解 　　　除武裝行動	2001　4.12〔美〕辛辛那提白人警察 　　　惡意攻擊一名黑人，引發黑人 　　　暴動 　　　5.18 哥倫比亞右派民兵釋放 　　　210名人質 　　　9.11 恐怖份子劫持四架民航 　　　機，自殺式撞擊紐約世貿大 　　　樓雙塔，第三架撞擊五角大 　　　廈 　　　9.19 美宣佈「無限正義」打擊 　　　恐怖份子軍事行動 　　　10.8 美、英聯軍攻擊阿富汗 　　　10.14 美傳出多起炭疽熱病例

亞　　洲	印度・西亞・非洲
2001　1.8《天安門祕件》英文版出刊 1.12〔中〕判處東土耳其斯坦伊斯蘭真主黨艾爾肯阿布拉死刑 2.23 小林善紀漫畫《台灣論》風暴 4.1 美國海軍EP-3偵察機遭中共戰機攔截撞阻，迫降於海南島 4.22~26 李登輝赴日本岡山治病 5.3~4 金正日之子持假護照被日本遣送北京 7.23 印尼總統瓦希德被國會罷免，梅嘉娃蒂繼任 7.24 黃主文成立「台灣團結聯盟」 8.22〔中〕解放軍在東山演習 9.1〔日〕東京新宿區一棟大樓爆炸 9.6 法倫提爾贏得東帝汶大選 10.19 布希、江澤民上海會談	2001　1.16 剛果總統卡畢拉被殺 3.1 阿富汗神學士政權摧毀千年佛教雕像 4.4 蘇丹副國防部長艾丁及13名將領墮機身亡 4.6 教宗若望保祿二世訪大馬士革清真寺 6.1 尼泊爾王子狄潘拉在宴會上打死11名王室成員後自盡 7.20 巴基斯坦穆夏拉夫政變 10.17 以色列觀光部長齊雅在耶路撒冷被殺

中 國

周			
武	王	前1134～1116	
成	王	1115～1079	
共	王	前946～935	
懿	王	934～910	
孝	王	909～895	
夷	王	894～879	
厲	王	878～828	
宣	王	827～782	
幽	王	781～771	
平	王	770～720	
桓	王	719～697	
莊	王	696～682	
僖	王	681～677	
惠	王	676～652	
襄	王	651～619	
頃	王	618～613	
匡	王	612～607	
定	王	606～586	
簡	王	585～572	
靈	王	571～545	
景	王	544～521	
悼	王	520	
敬	王	519～476	
元	王	475～469	
貞 定	王	468～442	
哀	王	441	
思	王	441	
考	王	440～426	
威 烈	王	425～402	
安	王	401～376	
烈	王	375～369	
顯	王	368～321	
慎 靚	王	320～315	
赧	王	314～256	
惠	公	255～250	

秦			
莊 襄	王	249～247	
始 皇 帝		246～210	
二世胡亥		209～207	
三 世 嬰		207	

康	王	1078～1053
昭	王	1052～1002
穆	王	1001～ 947

漢		
高 祖		206～195
惠 帝		195～188
少 帝 恭		188～184
少 帝 弘		184～180
文 帝		180～157
景 帝		157～141
武 帝		141～ 87
昭 帝		87～ 74
宣 帝		74～ 49
元 帝		49～ 33
成 帝		33～ 7
哀 帝		7～ 1
平 帝		前1～後5
孺 子 嬰		後6～ 8

新		
王 莽		8～ 23
(漢)淮 陽 王		23～ 25

後漢		
光 武 帝		25～ 57
明 帝		57～ 75
章 帝		75～ 88
和 帝		88～105
殤 帝		105～106
安 帝		106～125
少 帝（北鄉侯）		125
順 帝		125～144
沖 帝		144～145
質 帝		145～146
桓 帝		146～167
靈 帝		168～189
少 帝（弘農王）		189
獻 帝		189～220

三國		
蜀		
昭 烈 帝		221～223
後 主		223～263
魏		
文 帝		220～226

中　國

明　帝	226～239	
齊　王	239～254	
高貴鄉公	254～260	
元　帝	260～265	
吳		
大　帝	222～252	
會稽王	252～258	
景　帝	258～264	
烏程公	264～280	
晉		
武　帝	265～290	
惠　帝	290～306	
懷　帝	306～311	
愍　帝	313～316	
東晉		
元　帝	317～322	
明　帝	322～325	
成　帝	325～342	
康　帝	342～344	
穆　帝	344～361	
哀　帝	361～365	
廢　帝	365～371	
簡文帝	371～372	
孝武帝	372～396	
安　帝	396～418	
恭　帝	418～420	
五胡十六國		
成		
李　特	302～303	
武帝雄	303～334	
哀帝班	334	
廢帝期	334～337	
昭文帝壽（漢）	338～343	
歸義侯勢（漢）	343～347	
前趙		
光文帝劉淵	304～310	
李　和	310	
昭武帝劉聰	310～318	
隱　帝	318	

劉　曜	318～329
後趙（羯）	
明帝石勒	319～333
廢帝弘	333
武帝虎	334～349
廢帝世	349
遵	349
鑒	349～350
祗	350
冉閔	350～352
前燕（鮮卑）	
景昭帝儁	349～360
幽帝暐	360～370
後燕（鮮卑）	
成武帝垂	384～396
惠閔帝寶	396～398
昭武帝盛	398～401
昭文帝熙	401～407
惠懿帝雲	407～409
西燕（鮮卑）	
濟北王泓	384
威帝沖	385
燕王段隨	386
燕王顗	386
瑤	386
忠	386
永	386～394
南燕（鮮卑）	
獻武帝德	398～405
超	405～410
北燕（漢）	
文成帝馮跋	409～431
昭成帝弘	431～436
前秦（氐）	
景明帝健	351～355
廢帝生	355～357
宣昭帝堅	357～385
哀帝丕	385～386
高帝登	386～394

中　國

崇	394	歆	417～420
後秦（羌）		恂	420～421
武昭帝萇	384～393	**南北朝**	
文桓帝興	394～416	**（南　朝）**	
泓	416～417	**宋**	
西秦（鮮卑）		武　　帝	420～422
宣烈王乞伏國仁	385～388	少　　帝	422～424
武元王乾歸	388～412	文　　帝	424～453
文昭王熾磐	412～428	孝　武	453～464
暮　末	428～431	前　廢　帝	464～465
夏（匈奴）		明　　帝	465～472
武烈帝赫連勃勃	407～425	後　廢　帝	472～477
昌	425～428	順　　帝	477～479
定	428～432	**齊**	
前涼（漢）		高　　帝	479～482
西平公張軌	313～314	武　　帝	482～493
西丼元公寔	314～320	鬱　林　王	493～494
涼成烈王茂	320～324	海　陵　王	494
涼文王駿	324～345	明　　帝	494～498
西平敬烈公重華	346～352	東　昏　侯	498～501
西平哀公曜靈	352	和　　帝	501～502
涼廢王祚	352～355	**梁**	
西平冲公玄靚	355～363	武　　帝	502～549
涼王天錫	363～376	簡　文　帝	549～551
後涼（氐）		豫　章　王	551～552
懿武帝呂光	386～398	元　　帝	552～554
隱　王　紹	398	貞　陽　侯	554～555
靈　王　纂	398～400	敬　　帝	555～557
隆	400～403	**後梁**	
南涼（鮮卑）		宣　　帝	555～562
武王禿髮烏孤	397～399	明　　帝	562～585
康王利鹿孤	399～402	靖　　帝	585～587
景王傉檀	402～414	**陳**	
北涼（匈奴）		武　　帝	557～559
段　業	397～401	文　　帝	559～566
武宣王沮渠蒙遜	401～433	臨　海　王	566～568
哀王牧健	433～439	宣　　帝	568～582
西涼（漢）		後　　主	582～589
涼公李暠	400～417		

270

中　國

（北　朝）		唐		
北魏			高　　祖	618～626
道　武　帝	386～409		太　　宗	626～649
明　元　帝	409～423		高　　宗	649～683
太　武　帝	423～452		中　　宗	683～710
南　安　王	452		（睿　　宗）	684
文　成　帝	452～465		（則天武后）（周）	684～705
獻　文　帝	465～471		睿　　宗	710～712
孝　文　帝	471～499		玄　　宗	712～756
宣　武　帝	499～515		肅　　宗	756～762
孝　明　帝	515～528		代　　宗	762～779
孝　莊　帝	528～530		德　　宗	779～805
敬　　帝	530～531		順　　宗	805
節　閔　帝	531		憲　　宗	805～820
廢　　帝	531～532		穆　　宗	820～824
孝　武　帝（出帝）	532～534		敬　　宗	824～826
西魏			文　　宗	826～840
文　　帝	535～551		武　　宗	840～846
廢　　帝	551～553		宣　　宗	846～859
恭　　帝	554～556		懿　　宗	859～873
東魏			僖　　宗	873～888
孝　靜　帝	534～550		昭　　宗	888～904
北周			哀　　帝	904～907
孝　閔　帝	557	**五代**		
孝　明　帝	557～560	**後梁**		
武　　帝	560～578		太　　祖	907～912
宣　　帝	578～579		友　　珪	912～913
靜　　帝	579～581		末　　帝	913～923
北齊		**後唐**		
文　宣　帝	550～559		莊　　宗	923～926
廢　　帝	559～560		明　　宗	926～933
孝　昭　帝	560～561		閔　　帝	933～934
武　成　帝	561～565		廢　　帝	934～936
後主溫公	565～577	**後晉**		
幼主高恆	577		高　　祖	936～942
隋			出　　帝	942～946
文　　帝	581～604	**後漢**		
煬　　帝	604～617		高　　祖	947～948
恭　　帝	617～618		隱　　帝	948～950

中　國

後周			
太	祖		951～954
世	宗		954～959
恭	帝		959
十國			
吳			
楊	行	密	902～905
楊	渥	演	905～908
楊	隆	演	908～920
楊	溥		920～937
南唐			
李	昇		937～943
李	璟		943～961
李	煜		961～975
前蜀			
王	建		907～918
王	衍		918～925
後蜀			
孟	知	祥	934
孟	昶		934～965
南漢			
劉	龑		917～942
劉	玢		942～943
劉	晟		943～958
劉	鋹		958～971
楚			
馬	殷		927～930
馬	希	聲	930～932
馬	希	範	932～947
馬	希	廣	947～950
馬	希	萼	950～951
馬	希	崇	951
吳越			
錢	鏐		907～932
錢	元	瓘	932～941
錢	弘	佐	941～947
錢	弘	倧	947
錢	弘	俶	948～978

閩			
王	審	知	909～925
王	延	翰	925～926
王	延	鈞	927～935
王	昶		935～939
王	曦		939～944
王	延	政 （大殷國）	942～944
荆南 （南平）			
高	李	興	925～928
高	從	誨	928～948
高	保	融	948～960
高	保	勖	960～962
高	繼	冲	962～963
北漢 （東漢）			
劉	崇		951～954
劉	承	鈞	954～968
劉	繼	恩	968
劉	繼	元	968～979
北宋			
太	祖		960～976
太	宗		976～997
眞	宗		997～1022
仁	宗		1022～1063
英	宗		1063～1067
神	宗		1067～1085
哲	宗		1085～1100
徽	宗		1100～1125
欽	宗		1125～1127
南宋			
高	宗		1127～1162
孝	宗		1162～1189
光	宗		1189～1194
寧	宗		1194～1224
理	宗		1224～1264
度	宗		1264～1274
恭	宗		1274～1276
端	宗		1276～1278
衞	王		1278～1279

中　國

遼		
太　祖		907～926
太　宗		926～947
世　宗		947～951
穆　宗		951～969
景　宗		969～982
聖　宗		982～1031
興　宗		1031～1055
道　宗		1055～1101
天　祚　帝		1101～1125

金		
太　祖		1115～1123
太　宗		1123～1135
熙　宗		1135～1149
帝　亮		1149～1161
世　宗		1161～1189
章　宗		1189～1208
永　濟		1208～1213
宣　宗		1213～1223
哀　宗		1223～1234

元		
太　祖		1206～1228
太　宗		1229～1241
脫列哥那（皇后）		1241～1246
定　宗		1246～1248
海迷失（皇后）		1248～1251
憲　宗		1251～1259
世　祖		1260～1294
成　宗		1294～1307
武　宗		1307～1311
仁　宗		1311～1320
英　宗		1320～1323
晉　宗		1323～1328
天　順　帝		1328
文　宗		1328～1329
明　宗		1329
文　宗		1329～1332
寧　宗		1332
順　帝		1333～1367
高　宗		1735～1796
仁　宗		1796～1820
宣　宗		1820～1850
文　宗		1850～1861

西夏		
景　宗		1032～1048
毅　宗		1048～1067
惠　宗		1068～1086
崇　宗		1086～1139
仁　宗		1139～1194
桓　宗		1194～1206
襄　宗		1206～1211
神　宗		1211～1223
獻　宗		1223～1226
李　晛		1226～1227

明		
太　祖		1368～1398
惠　帝		1398～1402
成　祖		1402～1424
仁　宗		1424～1425
宣　宗		1425～1435
英　宗		1435～1449
景　帝		1449～1457
英　宗（重祚）		1457～1464
憲　宗		1464～1487
孝　宗		1487～1505
武　宗		1505～1521
世　宗		1521～1566
穆　宗		1566～1572
神　宗		1572～1620
光　宗		1620
熹　宗		1620～1627
毅　宗		1627～1644
福王由崧		1644～1645
唐王聿鍵		1645～1646

清		
太　祖		1616～1626
太　宗		1626～1643
世　祖		1643～1661
聖　祖		1661～1722
世　宗		1722～1735
穆　宗		1861～1874
德　宗		1874～1908
宣　統　帝		1908～1911

國家圖書館出版品預行編目資料

昭明歷史手冊 ／ 楊碧川 編著. --第一版. --臺北
市：昭明． 2003〔民 92〕
面； 公分. --（昭明文史；40 ）

ISBN 986-7746-08-2 （平裝）

1. 歷史 – 年表

602　　　　　　　　　　　　92007012

昭明文史　40

昭　明　歷　史　手　冊

編　　著／楊碧川
出　　版／昭明出版社
　　　　　106 臺北市新生南路三段 58 號 6 樓
　　　　　Tel：(02)2364-0872　Fax：(02)2364-0873
登 記 證／北縣商聯甲字第 ○八八○五六一七 號
總 經 銷／紅螞蟻圖書有限公司
　　　　　臺北市內湖區舊宗路 2 段 121 巷 28-32 號 4 樓
　　　　　Tel：(02)2795-3656　Fax：(02) 2795-4100
出版日期／2003 年 6 月　第一版第一刷
定　　價／250 元
網　　站／http://www.clio.com.tw
　E-mail　／reader@clio.com.tw

ISBN　986-7746-08-2　　　　　　　　　Printed in Taiwan